互联网环境下基础教育教学改革丛书

"爱种子"模式下小学语文教学范式的构建与实践

罗爱珍 主编

中山大学出版社
·广州·

版权所有　翻印必究

图书在版编目（CIP）数据

"爱种子"模式下小学语文教学范式的构建与实践/罗爱珍主编．—广州：中山大学出版社，2021.8

（互联网环境下基础教育教学改革丛书）

ISBN 978-7-306-07175-0

Ⅰ．①爱…　Ⅱ．①罗…　Ⅲ．①小学语文课—教学模式—教学研究　Ⅳ．①G623.202

中国版本图书馆 CIP 数据核字（2021）第 055421 号

"AI ZHONGZI" MOSHI XIA XIAOXUE YUWEN JIAOXUE FANSHI DE GOUJIAN YU SHIJIAN

出 版 人：	王天琪
策划编辑：	张　蕊
责任编辑：	张　蕊
封面设计：	林绵华
责任校对：	邱紫妍
责任技编：	何雅涛
出版发行：	中山大学出版社
电　　话：	编辑部 020-84111997，84113349，84110283，84110779，84110776
	发行部 020-84111998，84111981，84111160
地　　址：	广州市新港西路 135 号
邮　　编：	510275　　传　真：020-84036565
网　　址：	http://www.zsup.com.cn　　E-mail：zdcbs@mail.sysu.edu.cn
印 刷 者：	广州市友盛彩印有限公司
规　　格：	787mm×1092mm　1/16　15.75 印张　330 千字
版次印次：	2021 年 8 月第 1 版　2021 年 8 月第 1 次印刷
定　　价：	50.00 元

如发现本书因印装质量影响阅读，请与出版社发行部联系调换

编 委 会

主　　编：罗爱珍

副 主 编：莫莎莎　林淑珍　黄翠连　蔡桂梅

编写成员：（按姓氏音序排列）

蔡桂梅　陈清涛　胡美容　黄彩青

黄翠连　黄丽娜　赖向英　黎容弟

林淑珍　林展图　罗爱珍　莫莎莎

苏军强　谭健平　汤玉萍　冼海燕

杨丽君　钟秋群

序

党的十九届五中全会提出要发展更加公平、更高质量的教育，并提出在"十四五"期间要大力开发优质数字教育资源，在建设高质量教育体系中推动信息时代教育创新，促进信息技术与教育教学深度融合，培育教育高质量发展新动能。

"爱种子"课堂教学改革模式是基于信息技术与教育教学深度融合理念，依托"互联网+教育"环境，通过信息化教学平台，解构教学资源的供给方式，重构课堂教学模式，应用大数据实现教学精准化、个性化，从而实现公平而有质量的教育。

《"爱种子"模式下小学语文教学范式的构建与实践》一书，由清远市清城区"爱种子"教改实验区的一线教师团队编写。该书立足于"爱种子"课堂教学改革模式，以语文学科教学改革实践应用为导向，以课型教学范式的体系化构建为突破口，发挥范式的引领作用，增强模式的高借鉴性、可复制性和操作性，促进优质资源共享，提升教育公平度；围绕范式建设教学资源，有效降低教师应用教学资源的难度，促使模式规模化、常态化实施，让新教学思维和新教学行为成为一种习惯，有效解决模式落地的瓶颈问题。本书不仅提供了具体的语文教学范式、教研的实施案例和学生评价指导方法，还对多元评价策略尤其是对用数据驱动语文课堂教学、实现精准导教和导学进行了有益的探索，引导教育教学工作者转变思维，树立以学生为中心的教育改革理念，引导教师从以知识为本转向以素养教育为本，把学习的自主权和课堂真正交给学生，培养学生自主、合作和协同学习的能力。本书是对"爱种子"语文教学实践的总结。本书的出版，对我省开展互联网环境下基础教育教学改革有着重要的指导意义和借鉴价值。

当前，我省正在推广互联网环境下基础教育教学改革，目的是通过"互联网+教育"促进信息技术与课堂教学深度融合，探索人才培养的新模式、新理论、新方法和新途径。希望广大教育工作者转变观念，大胆改革，不断创新，为广东教育高质量发展做出应有的贡献。

胡钦太

广东工业大学党委书记、教授、博士生导师
教育部教育信息化专家组成员
教育部基础教育信息化教学指导专业委员会主任委员
广东省基础教育与信息化研究院院长
2021年4月

目 录

第一章 小学语文"爱种子"教学范式概述 … 1

第二章 小学语文"爱种子"教学范式的构建 … 5

第一节 小学语文"爱种子"教学范式构建的意义和价值 … 6
一、促进理论向实践的转化 … 6
二、架设设计者与实施者沟通的桥梁 … 7
三、加速从旧思维向新思维的转变 … 7
四、引领教师的专业发展 … 7
五、引领学生的学习发展 … 7

第二节 小学语文"爱种子"教学范式构建的原则 … 8
一、实用性原则 … 8
二、适切性原则 … 8
三、可复制性原则 … 8
四、科学性原则 … 9
五、开放性原则 … 9
六、系统性原则 … 9
七、本体性原则 … 9
八、渐进性原则 … 10

第三节 小学语文"爱种子"教学范式构建的策略 … 10
一、体现模式的机理和特点 … 11
二、符合语文课程的理念和要求 … 14
三、体现教科书编排特点 … 16
四、适应社会发展，体现时代要求 … 19
五、了解教学现状，立足教情、学情 … 20
六、整合平台资源，凸显技术赋能 … 25

第四节 "爱种子"教学范式的分类及内容构成 … 25
一、主体性范式和辅助性范式 … 26

二、基本式和变式 ………………………………………………… 27

第三章　小学语文"爱种子"教学范式的特征及应用策略 …… 31

第一节　小学语文"爱种子"各环节教学范式的关系 ………… 32
一、形成完整的闭环系统 ………………………………………… 32
二、"三环"与"四得"的关系 ………………………………… 32
三、三环节之间相互渗透 ………………………………………… 33

第二节　小学语文"爱种子"主体性教学范式 ………………… 33
一、"自主学习"环节教学范式 ………………………………… 34
二、"互动探究"环节教学范式 ………………………………… 42
三、"主题拓展"环节教学范式 ………………………………… 47

第三节　小学语文"爱种子"辅助性教学范式 ………………… 56
一、学生学习共同体建设范式 …………………………………… 56
二、小学语文课堂即时评价语言范式 …………………………… 58
三、思维导图学习范式 …………………………………………… 61

第四章　小学语文"爱种子"教学范式资源的建设 …………… 67

第一节　"爱种子"教学范式教学资源建设的意义 …………… 68
一、更好地落实"三用" ………………………………………… 68
二、起到"拐棍"作用 …………………………………………… 69
三、减轻教师负担，提升师生获得感和幸福感 ………………… 69
四、提高教学、教研效果 ………………………………………… 69

第二节　基于"爱种子"教学范式基础的资源建设的策略 …… 70
一、范式资源构建的手段、方法 ………………………………… 70
二、范式资源的分类及建设 ……………………………………… 73

第五章　小学语文"爱种子"教学范式资源的应用 …………… 95

第一节　小学语文"爱种子"教学范式资源应用的基本策略 … 96
一、使用原则 ……………………………………………………… 96
二、基本策略 ……………………………………………………… 96

第二节　基于"爱种子"教学范式基础的导学案资源应用常见问题及对策 … 105
　　一、缺乏"语文味" …………………………………………………… 105
　　二、生搬硬套导学案资源 …………………………………………… 107
　　三、自主、合作、探究的学习方式落实不到位 …………………… 111
　　四、过于依赖平台评价工具，忽略即时性的语言评价 …………… 112
　　五、课堂教学环节的时间把握不准 ………………………………… 113
　　六、共同体合作学习流于形式 ……………………………………… 115
第三节　基于"爱种子"教学范式基础的平台资源使用常见问题及对策 …… 117
　　一、滥用平台课件资源 ……………………………………………… 117
　　二、机械使用平台资源 ……………………………………………… 120
　　三、数据的分析与应用不能有效对接 ……………………………… 122
　　四、不重视个性化学习 ……………………………………………… 124
　　五、不会处理简单的技术问题 ……………………………………… 125
第四节　学生学习资源的使用 ……………………………………………… 126
　　一、合理利用微课资源，深化课文学习 …………………………… 126
　　二、适度引入电子阅读，拓展阅读范围 …………………………… 127
　　三、充分利用搜索功能，扩充知识体系 …………………………… 127
　　四、积极利用通信软件，分享学习成果 …………………………… 128
第五节　教师研修资源的使用 ……………………………………………… 128
　　一、范式研修资源的使用 …………………………………………… 128
　　二、专题性研修资源的使用 ………………………………………… 129
第六节　以"三用"进阶机制促进教师的专业发展 …………………… 135
　　一、"三用"进阶机制的内涵及评定条件 ………………………… 135
　　二、"三用"进阶机制建立的意义和价值 ………………………… 137
　　三、"三用"进阶机制的运作 ……………………………………… 138

第六章　小学语文"爱种子"教学范式应用效果评价 …………… 147

第一节　小学语文"爱种子"课堂观察表的设计 ……………………… 148
　　一、课堂观察表设计的原则 ………………………………………… 148
　　二、"爱种子"课堂观察表的设计 ………………………………… 149
　　三、课堂观察表的使用方法 ………………………………………… 161
第二节　利用课堂观察完善教学范式 …………………………………… 183

一、对不同课型范式的共性问题进行优化和创生……………………184
　　二、对范式的个性问题进行优化和创生……………………………186
　第三节　利用课堂观察表评价教学范式的应用效果…………………199
　　一、实验前期和后期进行对比观察…………………………………199
　　二、从数据得出范式应用的效果……………………………………201
　第四节　"爱种子"课堂观察表的应用效果……………………………203
　　一、完善了教学范式和资源……………………………………………203
　　二、促进了教师的教学…………………………………………………204
　　三、促进了学生的学习…………………………………………………204
　　四、提高了教师教育科研能力…………………………………………205

附录一　"爱种子"主体性教学范式（部分）……………………………207

附录二　"爱种子"辅助性教学范式（部分）……………………………233

参考文献………………………………………………………………………243

后　　记………………………………………………………………………244

第一章
小学语文"爱种子"教学范式概述

广东省教育厅根据教育发展的规律和国家教育发展战略，提出了"用信息技术推动义务教育教学改革"的思想和行动计划，从2015年开始，组织专家进行教育公平且有质量发展的改革探索，并与华南师范大学联合创办广东省基础教育与信息化研究院。该研究院联合政府、学校、企业协同创新，围绕基础教育与信息化融合创新项目——"爱种子"教育改革项目开展工作。基于此，该研究院创建了"爱种子"教学模式。

"爱种子"教学模式以"坚持信息技术与教学深度融合、坚持学生为中心、坚持素质教育在课堂、坚持教为学服务"为指导思想，基于智能化教学环境和智慧学习理论研究，依托"互联网＋教育"大平台，通过重构教学资源的供给方式，重塑课堂教学模式，应用大数据指导教学精准化、个性化，从而实现高效教学，培养知识、技能和综合素养全面发展的学生。"爱种子"教学模式，简称"三环四得"模式，是在"互联网＋"背景下，运用"互联网＋教育"的新思维、新理论和新方法，通过自主学习、互动探究与主题拓展三个课堂教学环节，辅以"学得、习得、评得、教得"的思维教学策略，利用智能信息技术形成发展性评价指导课堂教学，从而使课堂教学的理念重塑、结构重构、内容重组、教学流程优化与再造，驱动课堂开展基于"学得、习得、评得、教得"的思维学习和教学策略，提高课堂教学效率与质量，促进教育公平。

为破解我省教育二元结构的困局，借助"互联网＋"，探索出促进教育均衡发展的路径，2018年9月，广东省"爱种子"模式教学改革项目落户清远市清城区飞来峡镇。飞来峡镇地处清城区的边远地区，教师年龄结构偏大，师资力量薄弱，留守儿童较多，无论是师资还是生源，均在我省农村地区具有典型性。实验第一年，参与实验的四所小学的语文在职在编教师平均年龄48周岁。清城区飞来峡镇四所小学作为语文、数学、英语三科试点，开展了为期三年的广东省"爱种子"课堂教学模式试验。实验教师凭借项目组根据教科书内容组织设计的导学案和根据导学案制作的课件、评价工具等平台资源，在课堂上实施"点点用"教学。我们发现，项目组提供的教学资源理念先进，但实施起来无论是教师还是学生，都倍感吃力。主要原因有以下几点。第一，有关导学案资源的设计，在进行教学实施时出现了"水土不服"的情况，不符合本地学生的学情，对学生要求过高，学生接受不了；第二，导学案过于简单，教师们普遍不知道如何设计具体的教学环节及通过何种方式、路径达成教学目标，导致走过场式地简单机械地"点点用"，效果不理想；第三，教师教学观念陈旧，不懂得如何把新的教学理念转变为具体的教学行为，课堂上"穿新鞋，走老路"的现象很普遍。我们发现，教师们都知道改革的原因是什么、新的教学理念是什么，但不懂得在具体教学中该如何操作。他们最迫切需要学会的是在具体教学中应该"如何做"。

针对以上问题，我们以构建适切性的各学科教学范式和建设教学范式资源为突破口，以指导教师熟练使用教学范式资源为抓手，帮助教师在转变教学行为的基础上转变教学观念，进而转变学习方式，实现"爱种子""三环四得"教学模式落地。

在"爱种子"教学范式的引领下，经过三年实验，飞来峡试验区的课改实验取得了良好成效。"爱种子"的理念已扎根在教师的心田，融化在教师的血液中，教师完成了思想和思维的转变。与实验开始相比，大多数教师实现了从以满堂灌为特征的"独白式"教学向"以学生为中心，教为学服务"的转变。具体表现在：课堂上教师分析、讲解的时间明显减少，为学生的自主、合作学习腾出的时间和空间增多，有意识地让学生在自主、合作、探究的实践中学习，增强了课堂教学效果。大部分教师能较好地把握"爱种子"教学模式的精髓，熟练地掌握其操作要领，尤其是在课堂教学中，能抓准教学的核心问题组织学生自主、合作、探究学习，做到注重参与，关注学情，敢于放手。大部分教师能熟练运用平台的评价工具；还有一部分素质较高的教师，通过平台数据，分析学情，顺学而导，以学定教，精准指导，提高了学生学习的积极性、主动性，较好地达成了教学目标。

教师思维、教学观念和教学行为的转变，有效地促进了学生思维和学习方式的转变。实验班学生主动参与学习的意识逐步增强，在自主、合作和探究性学习过程中也变得更为自信、更为主动。不少学生已养成了由接受式学习向主动学习、协同学习转变的习惯。各层面学生都有不同程度的发展。

飞来峡试验区之所以有如此明显的变化，除了各方的努力外，我们认为，构建适切性的基于"爱种子"模式下学科教学范式是主要原因。

第二章
小学语文"爱种子"教学范式的构建

第一节　小学语文"爱种子"教学范式构建的意义和价值

小学语文"爱种子"教学范式的构建，解决了"爱种子"模式落地的瓶颈问题，它促使师生转变教与学的方式，更新教师教学观念，促进了教师的专业发展和学生的生命成长。

一、促进理论向实践的转化

"爱种子"教学模式体现了新理念、新方法、新思维和新技术。它直面未来人才培养的方向。它不是小打小闹式的修修补补，而是需要对课堂教学的理念重塑、内容重组、结构重置，对教学流程优化与再造，因而，其改革的力度是革命性的。在实施过程中，它需要广大教师从"独白式""牵引式"的传统教学方式中转到以学习者为中心的自主、合作、探究的学习方式上；从对信息技术的简单运用转到"互联网+教育"和"人工智能+教育"上，实现信息技术与教学的深度融合，促进学生的学习发展。

而"爱种子"教学模式，着眼点是促进教育优质均衡发展，需要通过在规模化、常态化的实施中，在教学与教研中，引领广大教师改善课堂生态，促进专业发展，进而转变教与学的方式。

由于"爱种子"项目面向的群体是广大教师，而非教学骨干，教师素质参差不齐，尤其是广大农村地区的教师和年龄结构偏大的教师，其陈旧的教学方式、方法长期受旧观念、旧思维的影响，已经固化，教学行为深受惯性思维的影响。那么，在新理念、新思维和新方法的冲击下，他们如何面对挑战，模式如何落地，这是横亘在广大实验教师和改革参与者面前的鸿沟。"爱种子"项目向教师提供了由优秀教师根据"爱种子""三环四得"教学模式设计的导学案资源和平台资源，供教师教学使用，是教师教学实施的依据。但是，由于导学案资源是他人设计的，体现的是他人的意图，因此一线教师在使用时往往感到困惑，使用效果不佳。而教学范式作为教师使用导学案资源的"拐棍"，是解决以上问题的重要抓手。通过教学范式的构建，向一线教师提供资源使用的具体行动方案，解决资源使用的策略和方法问题，帮助教师了解"爱种子"教学理念在各环节教学中如何体现，通过哪些路径、方式、方法去落实，帮助教师实现从理念向实践的转化。

二、架设设计者与实施者沟通的桥梁

"爱种子"项目是一个开放型的改革项目。它鼓励各地区基于"爱种子"教学模式,开发本地区教学资源。各地区应当根据区域教学实际,开发符合本地实际的"爱种子"项目资源。因此,我们在"爱种子"教师模式指引下,立足区域实际,构建适切性的教学范式,做好资源建设的顶层设计很有必要。在教学范式的引领下,组织团队开发相应的教学范式资源,供广大教师使用。作为资源使用者的广大教师借助教学范式,了解资源中各教学环节的设计意图,能更好地贯彻设计者意图,确保资源使用的效果。从这个意义上说,教学范式可以成为沟通资源设计者与教学实施者的桥梁,使作为资源使用者的教师更好地理解和实现资源设计的意图,提高资源使用的效果,有效促进模式的落地。

三、加速从旧思维向新思维的转变

因受应试教育的长期影响,语文课堂上"我讲你听""我不讲学生就不懂"的观念和行为已根深蒂固。教师习惯了对教材内容的讲解分析,习惯了从教材中挖掘知识点,对学生进行机械式训练。一线教师的观念更新对教学改革的成败起到至关重要的作用。由以教为主转向以学习者学习为主的教学观念和行为,是"爱种子"教学模式成功落地的关键。在教学范式的引领下,设计以"学生为中心"的教学资源,以资源倒逼教师教学行为的转变,是帮助教师清空旧思维、旧方法,植入新思维、新方法的重要手段。

四、引领教师的专业发展

"爱种子"教学范式,往往是由区域的一群教学骨干形成教研共同体,在浸泡式的实验过程中不断发现问题,在不断完善和验证中建构而成的。此过程促进了区域教研骨干的专业成长。同时,广大实验教师借助范式,在"点点用"中形成新的教学思维和行为习惯,进而提升至"改改用""创创用",利用信息技术赋能,优化教学方式,提升教师教学水平和信息素养,助力教师专业发展。

五、引领学生的学习发展

"爱种子"教学范式,是以体现"自主、合作、探究"的学习方式为主要特征。随着教师教学方式的转变,学生在常态化的应用过程中,自主、合作、探究的机会明显增多,对该学习方式逐步适应并形成习惯,真正成为课堂的主人。

第二节　小学语文"爱种子"教学范式构建的原则

一、实用性原则

"爱种子"项目实施，直面两大问题：第一，模式实施群体具有"草根性"特点，其人员构成复杂，无论从年龄结构、教学水平还是个体素质来看，差异极大；第二，"爱种子"模式的实施，是体系性和结构性改革，是理念的重塑，是教学结构的重组，是流程的优化与再造，是信息技术与课堂教学的深度融合。"爱种子"模式能否落地，是实验成败的关键。教学范式是教师实施"爱种子"模式的"拐棍"，因此，教学范式必须具有实用性。构建教学范式时，无论是语言的表达还是操作的方式方法，都应该清楚明了、接地气，让教师借助范式，懂得教什么、如何教，把理论转化为具体的教学行动。

二、适切性原则

首先，教学范式必须符合"爱种子""三环四得"教学模式的理念，体现自主、合作、探究的学习方式；符合"自主学习、互动探究、主题拓展"三个学与教环节；利用信息技术把学生在"四得"（学得、习得、教得、评得）过程中反馈的数据采集起来，通过诊断和形成性评价，把学习问题暴露出来，引导和激发学生自我反思或互评反思，驱动教师根据问题精准施教，以学定教。其次，教学范式要适合区域教情、学情。俗话说，合适的才是最好的。构建的教学范式符合本土实际，教师借助范式，恰当使用资源，把资源用好用活的同时，减轻学生负担，真正实现教学相长。教学范式的构建不能盲目照搬，只有立足于实际，根植于本土，在实践中不断完善和发展，才具有生命力。

三、可复制性原则

可复制性原则有两方面的含义：第一，构建的教学范式在某一类型的教学中具有规律性和普适性。相对固定的教学范式能让广大教师易于掌握并促使师生形成新的思维和行为习惯；第二，构建的教学范式应减少复杂头绪，以便于教师理解和操作。具复制性的教学范式，利于大面积推广和应用，利于区域教研和群体性精准指导，能在较短时间内"倒逼"教师教学行为的转变，并形成事实上的观念转变。

四、科学性原则

"爱种子""三环四得"教学模式,不是标新立异,不是推倒重来,不是为改革而改革,而是植根于课堂,为高效达成教学目标服务。因此,教学范式的构建,必须依据不同学段学生的认知水平、年龄特点,紧扣课程标准和教科书编写特点,进行科学构建,不应随意拔高或降低要求,只有这样,才能引领教师扎实有效地开展教学改革,在达成学科教学目标的同时,培养学生在现实世界综合解决问题的能力,适应新时代发展的需要。

五、开放性原则

好的教学模式,应该是活化而非僵化的。把"爱种子"模式用活,是确保模式顺应教学变化和实际需要的必然要求。同理,模式之下的教学范式构建应坚持开放性理念,在相对固化的教学环节、方法和要求的基础上,给予一定的开放空间,让教师更好地应对教学生成,教学空间的开放度由教师的教学水平而定。同时,教师既是教学范式的使用者也是构建者,在教学即教研的过程中,形成教研共同体,不断完善范式使用过程中暴露的问题,发展和迭代范式。

六、系统性原则

"爱种子"项目是系统性的改革,是涵盖了学科教学各个层面的课堂革命。在一个学科中,从模式的设计到资源建设及应用,再到评价,是横向到边、纵向到底的全方位和系统性的改革。因此,小学语文教学范式的构建,必须是体系化构建,应涉及语文教学的各种类型以及在各类型教学实施过程中的一些重要的辅助手段。不同教学类型范式的构建,除了要明确教什么、怎么教,还要有"教得怎样"的评价指引,以适应"爱种子"模式系统性改革的要求。

七、本体性原则

义务教育不同学科课程标准均从"知识与能力,过程和方法,情感、态度与价值观"三个维度确定课程目标,而"知识与能力"目标是学科课程的本体性目标,也是学科课程的核心目标。基于不同学科教学的性质、特点和目标的不同,教育教学的方式、方法、手段及策略也是有区别的。语文教学范式的构建必须充分考虑达成本体性教学目标的路径和方法,充分体现语文学科教学的本体性特征。只有这样,才不至于将语文课上成别的课,不至于出现"种了别人的田荒了自家的园"

的状况。

八、渐进性原则

教学范式的构建要坚持循序渐进的原则,对于刚参与"爱种子"项目的师生,在达成课程目标的前提下,操作方法宜简单易行,接近师生的最近发展区,让师生对教学模式有个适应期,切忌为单纯追求高大上的目标而脱离教学实际,让师生产生畏难情绪乃至抵触情绪,这样的结果只会适得其反。从单个教学范式看,可先降低操作难度,在师生逐步适应了模式的教学后,再逐步提高要求;随着学生学习能力的增强和教师教学水平的提升,应提高操作的灵活性,给予师生更大的操作空间。例如,自主识字教学范式中的"写字有方"环节,对于初始使用教学范式的班级,安排了以下五个环节。

(1) 初写字,感知难写字。
(2) 用应答器选择难写字。
(3) 用"四看法"观察难写字。
(4) 观察后再写字。
(5) 对比前后两字的书写,体会"四看法"对书写的作用。

经过一段时间的学习,当学生已经养成了先用"四看法"观察字后再写字的习惯,就可以把以上环节精简至以下三个环节。

(1) 用"四看法"观察生字后书写一遍生字。
(2) 展示有代表性的书写,组织用"四看法"观察有关书写情况后进行交流点评。
(3) 再次自我观察后,不满意的字,再书写一遍。

此外,从构建者角度看,应注意先易后难,先从构建难度较低的自主识字教学范式入手,待构建者酝酿成熟后,再到整合强度大、较难把握的互动探究课和主题拓展课等教学范式。从实施者角度,也应注意循序渐进,避免一开始便产生畏难情绪。先让教师熟练掌握难度低的范式,体会范式的作用,逐步建立自信,在此基础上,再逐步推进掌握难度较大的范式。

第三节　小学语文"爱种子"教学范式构建的策略

好的教学范式,就是一位"良师",在为教师提供教学实践方法的同时,以新的理念、新的思维引领教师不断成长。要构建好小学语文教学范式,必须多角度思考、多维度考量,采取合适的策略进行构建。

一、体现模式的机理和特点

构建"爱种子"教学模式下的教学范式,要先对模式机理进行充分研究。教学范式的构建要为模式的实施服务,要体现"爱种子"模式在语文教学过程中的特点。

(一)基于"三环"

以学生的学习为中心,充分落实自主、合作、探究的学习方式,围绕"自主学习""互动探究""主题拓展"三环节,引导学生在课堂实践中走向深度学习与提升思维品质。我们以课型和学段为分类依据,构建了多种课型"三环"教学范式,如中高年段阅读教学的自主学习范式、互动探究范式和主题拓展范式;普通习作教学的自主学习范式、互动探究范式和主题拓展范式。每种课型的教学范式,均体现了让学生经历从浅层学习走向深度学习的过程,在此过程中,建构与运用语言,发展高阶思维,培养语言的审美与创造力和运用语言工具解决问题的能力。下面,以中高年段阅读单元教学范式为例,阐明"三环"在不同课型教学中是如何有效落实的。

第一环节:自主学习,分为单元导读和自主识字两节课。单元导读课,主要通过"通览单元,感知主题;交流分享,整体感受;引导质疑,提升感悟;元认知评价"四个教学流程,让学生整体感知单元学习内容,在此基础上提出有价值的问题,培养质疑能力。自主识字课,通过"听文认字,互教互学,写字有方,初读与质疑"教学流程,引导学生自主运用识字方法,达成会认读、会写字、写好字的学习目标。在此基础上,在初读课文的强化语境中识字,并围绕有关课文提出互动探究课中要解决的主问题。

第二环节:互动探究。通过"复习与引入,品读与探疑,交流与感悟,拓展与提升"四个教学流程,巩固生字词,紧扣自主识字环节提出的主问题,对单篇课文进行互动探究,落实一课一得,实现由知识向能力的转化。

第三环节:主题拓展,以分享课外探究成果为主。在自主学习和互动探究环节学习的基础上,围绕单元语文要素或人文要素,找准"联结点",创设问题情境,提出探究性问题,引导学生个体或学习共同体综合运用前两个环节的学习所得;通过课内外融合、线上线下融合,拓宽学习空间,探究解决问题的路径和策略,形成多维度的问题解决方案。通过"导入汇报主题 → 宣布活动奖项,激发探究动力 → 分享探究成果,开展合作交流 → 参与学习评价,促进协同发展 → 元认知评价,强化自我反思"教学流程,让学生分享课外学习成果。课上,以分享、激励、互评、促思为主要目的,让学生体会合作、探究的快乐,产生学习成就感,建立学习自信。

(二) 体现"四得"

一是学得。基于"双师"的学习资源,学生在教师的引导下开展自主学习、合作学习,建构知识与掌握方法。例如,构建单元导读课教学范式时,设置单元导读预习单模板,供学生课前进行相应内容的预习;在课堂上针对预习情况组织学习共同体进行汇报交流及评价。

二是习得。在教师指导下通过问题探究和主题创设,学生习得解决问题的能力、知识迁移能力和创新能力。如上述互动探究环节的最后一个流程"拓展与提升",该环节是对课内阅读所得的迁移与运用,或拓展一篇、多篇课外文本阅读,或进行读写结合,实现语文能力的迁移和提升。又如前述的主题拓展环节,就是通过深度学习和语文知识的综合运用,丰富语言经验,提升语文素养,提升思维品质,习得解决问题的方法。

三是评得。通过评价他人和评价自己,促进自我反思,发展批判性思维,并通过教师的评价获得学习反馈、掌握学习进度与效果。在每一种课型的教学范式构建中,我们均注重"评得"的落实,如在每一课型都落实促进自我反思的"元认知评价"。

(1) 拼音教学的"元认知评价"。(见图 2-3-1)

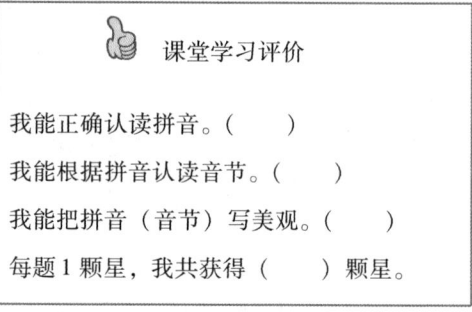

图 2-3-1 拼音教学的"元认知评价"

(2) 同桌互评。学生听写生字词语,并进行评价(见表 2-3-1)(用平台收集数据)。①听写考查。写完后,同桌交换批改,用红笔圈出错的字词。②同桌交换应答器进行评价,看看同伴的听写能得多少颗星。(用平台收集数据)

表 2-3-1　同桌互评标准

考查能力	评价标准	星数
识字能力	正确书写五个词语	☆☆☆☆☆
	正确书写四个词语	☆☆☆☆
	正确书写三个词语	☆☆☆
	正确书写两个词语	☆☆
	正确书写一个词语	☆

（3）习作教学范式中习作讲评课的学习小组评价（见表 2-3-2）。①在四人小组内分享自己修改最满意的地方。②四人小组评价组员修改情况。

表 2-3-2　习作讲评课的学习小组评价

考查能力	习作修改的情况	星数
语言运用能力	修改后习作质量高	☆☆☆
	修改后习作质量一般	☆☆
	认真修改，但修改后习作质量更低	☆

四是教得。"教得"融合在三个环节中，利用信息技术，把学生在学习过程中的反馈数据采集起来，通过诊断性评价和形成性评价把学习和教学中存在的问题与困惑充分暴露出来，引导和激发学生自我反思或互评反思，驱动教师根据问题开展精准施教，以学定教，提升教学效率和质量。在范式构建中，要重视数据的运用，充分利用数据进行学情分析，围绕共性问题进行集中引导，根据个性化问题进行个别施教（包括教师施教和同伴施教）。

（1）围绕共性问题进行集中引导，如自主识字教学范式的"写字有方"环节。

学生用应答器选出最难写的字。教师根据学生的选择，选出最难写的几个字进行写字指导……教师找出有代表性的书写投影到幻灯片上，组织全班点评。

（2）根据个性化问题进行个别施教，如自主识字教学范式的"互教互学"环节。

选择最难认的字：请你用应答器选出较难认读的字。（平台收集数据）小组互教：针对同伴难认的字，组织交流"我是用什么方法记住这些生字的""比一比谁的方法最好用"。

（3）注意"三环"之间的紧密联系。"爱种子"自主学习、互动探究、主题拓展这三个环节是一个互相渗透的有机整体。因此，要注意各环节之间的紧密联系，如自主学习与互动探究的联系，互动探究与主题拓展的联系。"三环"既是由浅入深的认知过程，也是思维由理解到运用再到分析、综合的过程。

二、符合语文课程的理念和要求

好的语文教学范式，应具有鲜明的语文学科教学特征，充分彰显"语文性"，落实《义务教育语文课程标准》的理念及要求，与教学改革的方向保持一致，对语文教学起到引领和指导作用。我们在构建语文教学范式时，要着力体现以下几方面的教学思想和理念。

（一）符合语文课程标准的目标要求

《义务教育语文课程标准》（以下简称《课标》）是语文课程的纲领性文本。教学范式的构建，必须紧扣课标的总目标，结合各学段的目标，认真研读教材，了解编者意图，把握好各学段的教学目标。如《课标》明确指出，"识字、写字是阅读和写作的基础，是第一学段教学重点"，"要求学生写字姿势正确，指导学生掌握基本的书写技能，养成良好的书写习惯，提高书写质量"。在第一学段自主识字教学范式中，从听文认字、互教互学到自由读文、写字有方，都指向识字与写字；从会认、会写到学习正确流利地读课文，从认字方法到写字方法的习得，都以识字教学为重点；并且，在第一学段课文的互动探究中，也把识字与阅读紧密联系起来，从复习与引入、初读与感知到阅读与理解、表达与拓展，各环节都重视多种形式的读，在读中多次与生字见面，在读中理解、积累和运用词语，在语文实践中习得规范的语言表达方法。

（二）落实语文课程的理念

1. 体现多元性

"一千个读者就有一千个哈姆雷特"，这句话凸显了语文教育的多元性特点。《课标》指出，"语文课程丰富的人文内涵对学生精神世界的影响是广泛而深刻的，学生对语文材料的感受和理解又往往是多元的"，"不应以教师的分析来代替学生的阅读实践"。而当前，以教师的分析代替学生的阅读感受，把分析讲解作为语文教学的"重头戏"，这是语文教学的"顽疾"。教师"你讲我听"的教学方式，压制了学生的多元解读。在阅读教学的范式构建中，我们特别重视落实《课标》的有关要求。在"互动探究"环节范式构建中，我们对《课标》的要求做了特别强调,并针对教学中突出的问题提出了以下具体建议。

要注重培养学生感受、理解、欣赏和评价的能力。具体来说,第一,教师应加强对学生阅读的指导、引领和点拨,但不应以教师的分析来代替学生的阅读实践,不应以模式化的解读来代替学生的体验和思考;在解决重要而有必要通过合作来解决的问题时,要善于通过合作学习解决阅读中的问题,但也要防止以集体讨论来代替个人阅读。第二,教师要把学习的主动权交给学生,做到精讲巧问,避免问无价值的问题,防止碎片化的过多过滥的提问,防止自始至终都是教师问、学生不假思索地集体回答的现象发生。

这样的指引直击痛点,能够引导教师在教学设计和教学实施时进行自我纠正。

2. 体现实践性和综合性

《课标》指出,"注重听说读写之间的有机联系,加强教学内容的整合,统筹安排教学活动,促进学生语文素养的整体提高","让学生在语文实践中学习语文,学会学习。善于通过专题学习等方式,沟通课堂内外,融合听说读写","开展综合性学习活动,拓宽学生的学习空间","综合性学习第三、四学段要多关注学生在语文活动中提出问题、探究问题以及展示学习活动成果的能力"。我们认为,"爱种子"语文教学模式的阅读单元主题拓展属于语文综合性学习范畴。我们在构建该课型教学范式时,充分体现了这方面的要求。以下是该课型教学范式的部分内容。

(1)围绕单元语文要素、人文要素或本单元有价值的地方设计探究问题。

(2)探究活动应以听、说、读、写和实地调查、资料收集、访谈等实践活动为主。此过程能丰富学生的语言经验,提升他们的语言运用能力,促进其思维的发展,培养综合能力。

(3)成果展示形式要紧扣问题探究,体现探究活动的成果,可以是研究报告、思维导图、手抄报等。成果汇报力求用语文的形式。

(4)为激发学生产生持续的探究动力,建议探究活动开始前,公布本次主题拓展活动的奖项设置,如最有创意奖、最有价值奖、最佳合作奖、最佳进步奖等。

3. 体现本体性

《课标》在"课程性质"中明确指出:"语文课程是一门学习语言文字运用的综合性、实践性课程。"这句话明确了语文区别于其他学科的本体性特征,说明语文是一门学习语言文字运用的综合性、实践性课程。当前,小学语文阅读教学普遍存在本体性体现不充分、语文味不浓的现象。教师未能发挥课文作为"例子"的作用,不重视在语言文字的学习中积累语言经验、体会表达效果、习得表达方法。正如上海师范大学吴中豪教授所说,语文教学要实现"从非本体到本体,从教课文到教语文,从教过到学会的转变"。也就是说,要以"语文知识与能力"为核心目标开展教学,强化语言文字运用的学习。在建构教学范式时,我们尤为注重语文核心目标的落实。如单元阅读的低年段和高年段的互动探究课的"表达与拓展"

"拓展与提升"环节，便是对本课习得的语文知识和方法的迁移与运用。

  例1 低年级：表达与拓展（10分钟）
  （1）表达。学习课文重点词句的表达方式，可以是仿说词语、仿说句子、练写句子等，训练学生对语言文字的运用能力、落实"一课一得"。
  （2）拓展。按照"1+X"的模式，以课文为"1"，拓展一篇或多篇课外阅读文本，提高识字、理解和阅读能力，丰富语言积累，增加课外阅读量。

  例2 中高年级：拓展与提升（约9分钟）
  该环节是课内阅读与课外延伸的有效结合。课内外的结合点一定要紧扣教学重点。教师紧扣"交流与感悟"中的阅读感悟，紧扣"一课一得"中的"一得"，或拓展一篇、多篇课外阅读文本，或进行读写结合，从课文习得写法后进行相应的练笔……实现语文能力的迁移和提升。

三、体现教科书编排特点

（一）根据统编教科书的内容编排特点构建

  "爱种子"教学范式构建的目的之一，是建设基于教科书教学的范式资源，因此，教学范式的构建必须体现教科书的编排特点，力求与教科书编排内容和结构保持一致。
  统编教科书教学内容编排大致如下：①识字与写字；②阅读；③口语交际；④习作；⑤综合性学习。
  教科书基本结构大致如下：①识字与写字；②阅读；③口语交际；④习作；⑤综合性学习。
  结构的安排与目标内容保持一致。下面以三年级教材为例，了解中高年级教科书的基本结构。

```
            ┌ 导语
            │        ┌ 精读（识字、写字、思考练习题） ┐
            │ 课文  ┤                                   ├ 资料袋、阅读链接
            │        └ 略读（识字、阅读提示）           ┘
阅读单元   ┤ 口语交际
            │ 习作
            │              ┌ 交流平台、词句段应用、日积月累
            └ 语文园地   ┤
                           └ 识字加油站、书写提示
```

  每一学期都有一个固定的栏目——"快乐读书吧"。

```
          ┌ 导语
          │ 精读
          │ 交流平台
习作单元 ┤ 初试身手
          │ 习作例文 ┤ 批注
          │          └ 思考练习题
          └ 习作
```

我们在构建语文教学范式时，根据以上内容安排，中高年级分为识字与写字、阅读单元、习作单元、口语交际、习作、语文园地和综合性学习等七个课型范式，每个板块按照"自主学习、互动探究、主题拓展"三个环节构建。力求让"三环"与教科书编排思路和编者意图有效对接，充分挖掘教科书的有利因素，使教师借助范式和范式资源，用好教科书，更好达成教学目标，提高教学效益。

（二）根据"以语文要素整合单元"的特点构建

首先，强化单元整体意识。鉴于统编小学语文教科书是以宽泛的人文主题和语文要素双线组元为编排方式，在构建中高年级的教学范式时，以单元进行教学设计，强化单元语文要素的统领意识和单元内部各组成部分的相互联系及与教学目标之间的纵横联系。如阅读单元，在语文要素的统领下，精读课、略读课和语文园地的"交流平台"是一个整体，略读课是精读课习得学习方法之后进行的学法迁移和运用，交流平台是对本单元课文学习方法的提示和小结。又如阅读单元，围绕自主学习课（单元导读课和自主识字课）、互动探究（课）和主题拓展（课）三个环节构建教学范式，一个环节即一种课型。其中，单元导读课是对本单元所学内容和教学要求的整体把握；自主识字课是对本单元生字的整合式学习；互动探究课重在落实单元语文要素，习得学习方法；在此基础上，围绕单元语文要素开展以语文综合性学习为主要形式的主题拓展活动，促进深度学习，开阔知识视野，提升语文素养和综合能力，各环节环环相扣，形成一个单元的有机整体，相辅相成又相互促进。

其次，凸显单元语文要素。在范式构建中，让单元语文要素落实在各环节中。例如，中高年级自主识字教学范式中的"初读与质疑"环节的指引如下所示。

> 本环节的重点，是教师要紧扣语文要素，以课后问题和本课教学重点为依据引出文本的主问题，主问题指向的答案一定是语文本体性的内容，一定是突出教学重点的核心问题。主问题的提出可以是学生，也可以是教师，视学情而定，比较理想的状态是：教师能抓住学生的质疑，因势利导，巧妙提炼主问题。该环节提出的主问题，是互动探究课中"品读与探疑"中探究的主问题。

又如，互动探究课中落实语文要素目标后，在单元主题拓展课教学范式中做出以下提示。

围绕单元语文要素、人文要素或挖掘与本单元相关的有价值的问题，设计适合学生开展探究活动的问题，并布置学习小组或个体完成探究任务。

总之，在构建教学范式时，从单元入手，通盘考虑，统筹设计，让教学范式凸显单元整体性，同时强调语文要素在各环节中的落实。

中高年级教学范式的构建，除了遵循教科书以语文要素组合单元内容的特点，也是基于从单一学习走向综合性学习的需要。从单元着手构建教学范式，强化知识的纵横联系，给学生以更广阔的学习空间和思维空间，为高阶思维的发展提供更多可能性。

（三）根据不同学段的编排特点构建

与中高年级不同的是，统编教科书在组织低年级的阅读单元时，没有按语文要素组织单元。基于学生学习经验尚浅，认知水平和思维能力较低，在构建低年级教学范式时，我们应遵从教科书的编排特点，实行单课构建。识字是低年级教学的重点，学生识字任务较重，因此，实行单课识字，低年级阅读课中的自主识字课安排一课时完成。该范式设计了"听文认字、互教互学、自由读文、写字有方"四个教学环节，强调在语境中学习生字，让识字与学词学句紧密结合，把识字与写字、学词句篇融为一体，增强学习效果；学生在读读、记记、猜猜、写写、背背、说说等多种形式的学习中更好地培养语感，受到文化和情感的熏陶感染，积累语文经验，提升语文能力。到了中高年级，识字已不是重点，生字量相对减少，学生已有了较强的识字能力，因此，在中高年级阅读单元的自主识字课中，进行跨课整合识字，并适当减少识字时间，增加了指向文本阅读的"初读与质疑"环节，在读文巩固识字的同时，培养学生整体把握内容的能力和质疑能力，也为下一节互动探究课腾出了学习空间，体现了"爱种子"模式实施的灵活性和务实性。

（四）落实"三位一体"，加强课外阅读

《课标》统编教科书是围绕"教读、自读、课外阅读"三位一体的结构编写的。使课外阅读课程化，实现语文教科书历史性的突破，是大语文观在教材编写中的践行。在课后题和每册的"快乐读书吧"中，分别凸显了对课外阅读的重视。我们在构建教学范式时，特别重视对课外阅读的关注。除了设置低年级和中高年级阅读教学单元的"互动探究"课的"表达与拓展"与"拓展与提升"环节，落实一篇带一篇或多篇的课外阅读外，还针对"快乐读书吧"进行了整本书阅读教学

范式的构建，分别构建了整本书导读课、整本书阅读推进课和整本书阅读成果分享课三种课型的教学范式，让整本书阅读落到实处。

四、适应社会发展，体现时代要求

（一）以核心素养为导向

核心素养是当前教育的总目标，是人才培养的方向，顺应了时代发展的要求。我们以语文核心素养为导向，围绕"语言的建构与运用""思维的发展与提升""审美的鉴赏与创造""文化的传承与发展"几个方面进行范式的构建，确保教学范式在体现《课标》要求的同时，关注语文的核心素养，为学生适应未来社会的发展奠定坚实的基础。（见表2-3-3）

表2-3-3 教学范式在语文核心素养方面的例子

核心素养	例子
语言的建构与运用	低年级互动探究课的"品读与理解""拓展与表达"环节 高年级互动探究课的"品读与探疑""表达与拓展"环节
思维的发展与提升	整本书阅读分享课 主题拓展分享课 自主识字课的"初读与质疑"环节 互动探究课的"品读与探疑"环节
审美的欣赏与创造	互动探究课的"品读与探疑"和"拓展与表达""拓展与提升"环节
文化的传承与发展	结合单元导读的"人文主题"渗透

（二）以能力培养为重点

俗话说"授人以鱼，不如授人以渔"。培养学生自主解决问题的能力，是学生在未来社会适应瞬息万变的人工智能时代的安身立命之本，也是社会发展对人才的必然要求。作为教师，如何达到"教是为了不教"的目的，如何培养学生在真实世界中解决复杂问题的能力，这是教师的职责所在。在范式构建中，我们要重视学生学习能力的培养。

以下是单元主题拓展教学范式对单元"主题拓展课"的定位，该案例重在培养学生在真实世界中解决复杂问题的能力。

中高年级的主题拓展课教学范式，主要是在教师的组织、启发和点拨下，由各阅读小组向全班分享探究学习成果，目的是调动学生语文实践活动的积极性，产生学习成就感，开阔知识视野，拓展学习思路，提升语文素养和策划、组织、合作、思维等能力。在单元学习伊始，围绕单元语文要素、人文要素或挖掘与本单元相关的有价值的问题，设计适合学生开展探究活动的问题，并布置学习小组或个体完成探究任务。探究活动以课外活动为主。教师注意设计好学习任务单，让学生有充分的时间开展探究活动和做好课堂汇报的准备。学生探究活动开展期间，教师要做好探究活动和成果展示的指导。

（三）重视学习共同体的建设

随着智能化学习时代的来临，智能教育将会成为人工智能的下一个发展重点，大规模个性化教育将成为可能，多样化、自主化学习将得以实现，人类即将迎来第三次教育大变革。技术赋能让学生得以通过人机对话习得较为普遍性的程序性知识，而一些非技术赋能所能解决的问题则需要学习共同体合作解决。共同体学习是将来不可或缺的学习形式。因此，让学生适应共同体的学习，懂得如何在共同体中与人协作、沟通和交流，是当前教学的重要任务。在教学范式构建中，我们重视学习共同体的建设。学习共同体是由两人或多人构成的学习小组，该学习小组贯穿所有课型的教学，每个课型的教学范式均对学习共同体有学习要求。如习作讲评课教学范式，从学生的习作出发，以学生的学习行为为导向，设计"小组分享写得最满意的地方→同桌互提修改建议→自主修改之后在小组内分享修改最满意的地方"的环节，引导教师把评改的主动权交给学生。再如，主题拓展课和整本书阅读课的教学范式，关于课外的探究活动及课内的分享交流，均以学习共同体为主要的学习方式，充分凸显了学习共同体在解决复杂问题时所发挥的不可或缺的作用。

（四）重视学生信息素养的培养

在构建教学范式过程中，我们重视培养学生利用互联网路径收集信息、解决问题的意识和能力，利用互联网的各种功能为学习服务，如制作小视频、编辑文档、使用幻灯片、制作问卷调查、收集图文信息等。又如主题拓展课教学范式和整本书阅读课教学范式关于成果展示的指引：成果展示形式要能紧扣问题探究，体现探究活动的成果，可以是研究报告、思维导图、手抄报、数据图表、幻灯片、视频等。

五、了解教学现状，立足教情、学情

"爱种子"模式在教学实践中是否符合本地教学实际，这是确保模式能否成功落地的重要因素。因此，在教学范式构建前，我们必须充分了解教与学的状况，如教师的教学观念、教学思维、知识水平及教学方式方法，以及学生的家庭教育、学习方式方法、知识基础、思维水平等。通过听课、座谈、学业成绩查询、问卷调查等形式，我们了解到飞来峡试验区语文教与学的如下状况。

（一）教师教学方面

1. **教学观念陈旧，思维固化严重**

"独白式""牵引式"教学方式固化，教师分析讲解的现象严重，而以学生的学习为中心，自主、合作、探究的学习方式得不到有效落实，教学效益低下。课堂上，教师最舍得花时间在讲解分析上，最舍不得花时间让学生进行自主、合作和探究式学习。实验初期，我们围绕试验区教师的教学时间开展课堂观察，结果显示，实验教师平均讲授时间达22分钟，学生自主学习和合作学习时间平均只有9分钟。如果不用"倒逼"机制，教师的话语霸权难以撼动。

2. **忽略了语文教学的本体性**

教师"教课文"的现象大行其道，有的甚至把语文课上成品德课、科学课。

3. **忽视了学生的认知规律和学习效益**

教师只重视是否教过，而不重视学生是否学会。

4. **不重视思维的发展**

教师普遍存在言语运用和思维发展脱离的现象，主要表现为思维浅表化、简单化。识字止步于机械记忆，阅读满足于多读多背，习作停留于简单移植、生硬模仿。教学中，学生仿佛也在思考，也在释疑，也在答问，然而，深究之，大多停留于形式，缺乏思维价值，也缺乏语言价值。教师提问总是拘泥于知道、理解和应用，长期忽视对分析、综合、评价等思维的培养，导致学生在课堂上对稍有深度和难度的问题、需要深入思考的问题，回答起来都是只言片语，说明学生思维的深度、广度不够，分析、综合和评价等思维能力薄弱。

5. **教师信息素养缺乏**

教师基本围绕一支粉笔、一块黑板和幻灯片等教学工具开展教学，多数教师不会制作课件，没有使用一体机的经验。

（二）学生学习方面

1. **家庭教育缺位**

留守儿童多，在家里基本处于放任状态，学习自觉性低，多数学生没有养成良好的学习习惯，欠缺主动获取知识的欲望，课外阅读量少。

2. **课堂学习处于被动状态**

受教师长期"独白式"教学方式的影响，多数学生学习兴趣低下，学习积极性不高，学习不专心，思维水平低，回答问题很少能具体、清楚地表达观点。学生参与学习活动的机会少，学业水平低。

从以上状况可以看出，飞来峡试验区的教学现状与"爱种子"教学模式的理念和实施要求存在较大差距。"爱种子"模式的实施对实验教师长期形成的旧观念、旧思维和旧方法势必产生巨大的冲击，如果依靠教师对资源的"改改用"和"创创用"促使模式落地，这是不切实际的。因此，我们对教学范式的构建做了以下的定位。

第一，立足于教学行为的导向。直击教学痛点，针对灌输式教学方式所造成的学生学习思维浅表化的现象，针对"我讲你听"的低效教学所造成的"慢、差、废"的种种弊端，积极探索自主、合作、探究的学习方式，通过技术赋能，重塑教学模式，重组教学内容，重造教学流程，实施精准导学和导教，在重视培养学生高阶思维的同时促进学生生命的成长。表2-3-4是语文教学范式在"自主、合作、探究学习方式，深度学习，高阶思维，高效的学习形式和数据驱动教与学"几方面的具体体现。

表2-3-4 语文教学范式在针对教学痛点、立足教学行为导向的具体体现

教学行为导向	环节体现（举例）
落实自主、合作、探究学习方式	自主识字课：用"四看法"观察字的写法； 每节课基本有2次以上的小组合作学习活动； 单元导读课：预习成果的汇报交流； 互动探究课：围绕主问题的自主学习和交流汇报
体现深度学习，防止"牵引式"和过多碎片化的问题	阅读互动探究课围绕主问题的探究过程； 主题拓展课：围绕问题进行课外探究活动，促进深度学习； 整本书阅读课：围绕主问题进行课外探究活动，促进深度学习
《布鲁姆认知领域目标分类》（见图2-3-2）中分析、评价、创造的认知	单元导读课的质疑环节； 阅读单元互动探究课：拓展与表达、拓展与提升环节； 主题拓展课：小组课外探究和成果呈现； 习作指导课的绘制思维导图； 习作教学的同伴互评
指向"学习金字塔"（见图2-3-3）中学习内容留存率达50%以上的讨论、实践和教授他人的学习形式	各种课型的语文实践活动； 各种课型的小组和同桌讨论交流； 自主识字课的互教互学活动

续表 2-3-4

教学行为导向	环节体现（举例）
重视数据采集、分析，以数据导教和导学	每节课的元认知评价； 单元导读课对预习单的评价； 互动探究课对"拓展与提升"环节学习效果的评价； 自主识字课对所学生字的听写检测后的数据采集； 习作指导课对选材情况的评价和组内互评； 每节课对后台评价数据的反馈评价

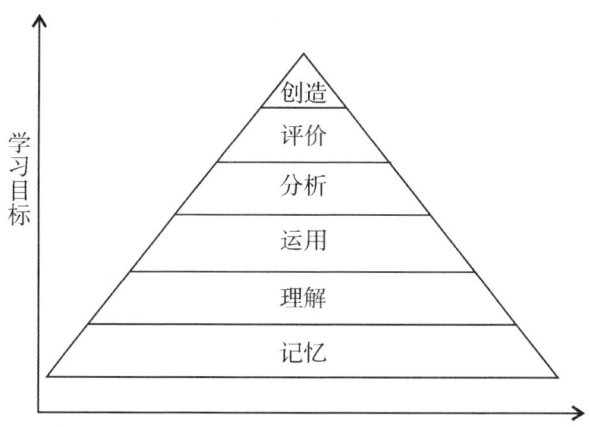

图 2-3-2　布鲁姆认知领域目标分类

资料来源：《学习、教学和评估的分类学》，安德森编，皮连生译，华东师范大学出版社 2008 年版。

图 2-3-3　学习金字塔

资料来源：（美国缅因州）国家训练实验室（National Training Laboratories）。

布鲁姆把认知领域目标按从低到高分成记忆、理解、运用、分析、评价和创造六级水平，按照思维层级，可分成低阶思维、中阶思维和高阶思维。

学习金字塔是美国缅因州的国家训练实验室的研究成果，它用数字形式形象显示了采用不同的学习方式，学习者在两周以后还能记住多少内容（学习内容平均留存率）。学习金字塔是一种现代学习方式理论，是由美国学者、著名的学习专家爱德加·戴尔1946年首先提出的：不同学习方式造成的学生学习内容平均留存率（在大脑里的记忆）是不同的，学习内容留存率在30%以下的，都是个人学习或被动学习；而学习内容留存率在50%以上的，都是团队学习、主动学习和参与式学习。

第二，立足于"点点用"。教学范式的指引应该具体明确，语言表达要清晰，易于明白，操作性强。让教师以教学范式和导学案为"拐棍"，较准确地理解各环节教学的具体要求，并按要求开展教学。如"互动探究"教学范式"品读与探疑"环节，可做如下提示。

> 学生自学完毕，组织学习小组进行讨论交流。教师提示小组长组织组员开展交流活动，保证每位学生都有机会与同伴交流学习结果。对于学困生，组长注意组织组员对其进行细化指导。教师要巡视，了解小组合作情况，并对小组合作交流进行适时的点拨、引导。

这样的表述清晰、易懂，利于教师知晓教学时的具体操作方法。

第三，便于转化成教学行为。阅读单元的互动探究课（讲读课）是语文教学的一块"硬骨头"，不少教师为了让教学公开课上得"好看"，费尽心思，环节繁多，花大力气对教学设计进行消化和吸收。这样的课好看而不实用。"爱种子"模式是基于规模化、常态化开展的，加上作为实施者的教师群体的素质参差不齐，因此，范式的构建应简化头绪，以具复制性、扎实有效、易于理解和操作为宜。我们落实"简简单单教语文"的理念，以学生学习为中心，在落实自主、合作、探究的学习方式基础上达成教学目标。我们构建的阅读单元的互动探究课的教学范式，一篇课文只要求解决一个主问题，落实"一课一得"，设计了"复习与导入、品读与探疑、交流与感悟、拓展与提升"四大环节，减少了大量的低效提问，把更多的课堂时间还给学生，教师只作为学生学习的组织者、启发者和点拨者。这样的范式简单、有效、可复制性强，对于由"灌输式"的教学方式转向以学生学习为中心的教学方式尤为有效。

第四，拓宽学习时空。课堂是实现师生互动交流、精准解决学生所存问题的重要场所，是教学的主阵地。因此，我们应该把课堂的时间用在刀刃上，让课堂成为调动学生学习积极性、突破教学重难点、落实自主合作探究的学习方式的重要场所。在中高年级教学范式构建时，要充分发挥"一主两翼"（课堂为主阵地，课前和课后为两翼)的作用,拓展学习时空,拓宽语文学习和运用的领域,使学生在不同内容和方法的相互交叉、渗透和整合中开阔视野,提高课堂学习效果。充分利用课外时间,让学生先对一些可以前移到课前的或后移到课后的学习内容进行学习。而调动学生课外学习积极性和主动性是提高课外学习效果的重要因素。在范式构建时,我们把对课外学习情况的评价纳入课堂,并成为常规性环节。如在单元导读课上,设立预习情况评价环节,在教师的引导下对学生的预习单进行自评、互评,并适时对预习结果进行展示,长期如此,学生对预习便会越来越重视,课前预习的效果就会提高,学生自主学习习惯就会自然养成,学习能力、学习效果便会提高,课堂生态自然也会自然好转。

六、整合平台资源,凸显技术赋能

互联网教学环境下,教学平台为区域教学资源的共建共享提供了技术支撑,这是互联网环境教学与传统教学的重要区别。教师借助平台工具和素材进行教学资源的整合,利用数据的采集、应用,实现资源共享、人机交互、精准导教和导学等,充分发挥技术赋能的作用,提高教学效果。因此,在教学范式构建前,首先要了解教学平台有哪些资源可供使用,有哪些工具可进行资源设计和优化,把"互联网+思维"带进范式构建中,才能实现"互联网+教育"效益的最大化。在"爱种子"教学范式的构建中,我们充分利用平台的投票功能、课文音频功能等辅助教学。各课型范式中用应答器进行学习效果评价的环节,能精准了解和分析学情,有利于找出普遍性问题,开展个性化、差异化教学,并有效调动学生学习积极性,提高教学效益。例如,自主识字课型范式,用应答器选择难认字和难写字,以及对学生听写情况进行评价等环节,对采集的数据进行分析,并在此基础上进行精准导学,提高识字教学效率。

第四节 "爱种子"教学范式的分类及内容构成

"爱种子"教学范式可按其功能性和稳定性两方面进行分类。按功能性可分为主体性范式和辅助性范式,按稳定性可分为基本式和变式。

一、主体性范式和辅助性范式

（一）主体性范式及其内容构成

主体性范式是教学范式系统的主体，是指根据课程标准和教科书对语文课程的课型分类构建的教学范式，它是进行导学案设计和教师有效实施教学的重要凭证，是最常用的范式。根据年段特点，我们把课型范式进行了年段划分。其中，低年级课型范式包括汉语拼音、识字单元、课文单元、口语交际、整本书阅读教学范式等；中高年级课型范式包括阅读单元、习作单元、普通习作单元、口语交际、综合性学习、整本书阅读教学范式等。其基本内容构成如下。

（1）程序性内容。程序性内容主要有学习流程、学习过程中的各环节。

（2）策略性内容。策略性内容是对各环节教学的指引，包括课前的学习准备、课中的教学实施方法和课后的教学指引。如明确各环节学什么、怎么学、教什么、怎么教，以上内容融为一体，不作简单分割。

（3）提示性内容。提示性内容是针对容易忽略或普遍存在的问题，提出注意事项。如中高年级互动探究课"品读与探疑"环节的事项提醒。

> 备课时，教师要充分预估学情。学生在解决主问题时，可能会遇到哪些情况？（可能有回答不对、不全，体会不到位等）遇到这些情况，教师如何启发、点拨和引导？教师要找出应对策略，并在导学案中加以列出。这是实现顺学而导、以学定教的前提条件。

（二）辅助性范式及其内容构成

辅助性范式是为提高主体性范式实施的效果而构建的范式，是主体性范式的有效补充。辅助性范式一般是围绕某一专题，为解决主体性范式实施中的突出问题而构建，具有很强的针对性。我们构建的"爱种子"辅助性范式包括学生学习共同体建设、课堂即时评价语言、微课制作范式等。其内容构成灵活多样，以让教师易于掌握操作要领为前提，可以是对操作方法的陈述，可以是样式的罗列，也可以是对操作流程的陈述，等等。

如微课制作范式，提示按以下操作流程制作。

第一步，讲清楚本次微课学习要达到什么目标，明确学什么。

第二步，进行知识的讲授或学习的引领。

第三步，进行学习效果的测评。

第四步，元认知评价。

又如，课堂即时评价语言范式，按具体评价语言作为范式的内容，提供具体可直接使用的评价语言。例如，

> 这么难的问题你都能回答得很完整，真是了不起！
> 你这节课发言了好几次，看得出来你是个善于思考的好孩子。
> 你的想法很有创意，看来你是认真思考了。
> 你真爱动脑筋，这么难的题你都能解决！
> 你好厉害！敢于向书本提出问题，你的勇气令人佩服！

二、基本式和变式

好的模式不是僵化的，应具有灵活性和适应性。在"爱种子""三环四得"教学模式的践行中，"三环"在大多数情况下都具有稳定性。因此，我们把按照"爱种子""自主学习—互动探究—主题拓展"三环节先后顺序构建的范式称为基本式；把因应教学需要，或适当地调换"三环"顺序，或在"三环"内容不变的前提下适当增加、减少、重复其中的环节而构建的范式，称为变式。

在构建范式时，基于语文教学的规律、不同课型的教学特点以及教科书的编写意图，对于某些特殊的课型，应在活化模式的基础上活化范式，让模式具有更强的生命力。

（一）根据编者意图变式

"爱种子"主体性范式是根据统编教科书的编排体系和课型进行构建的。在范式构建过程中，基于教学策略需要，对教科书某些特殊板块进行了创造性编排，因此，在"爱种子""三环四得"模式的实施中，我们根据编者意图，对模式进行了主动变式。如统编教材的习作策略单元创新了单元编排的体例，在三至六年级各册书中安排了一个习作策略单元，以习作能力发展为主组织单元内容，改变了传统以阅读为中心的编排体系，强调阅读与习作并重。习作策略单元各项内容环环相扣。根据单元编排特点，我们在构建范式时，对"爱种子"三环节进行了变式处理，以适应本单元编排的特点和编者意图，提高教学效益。以下是习作策略单元教学安排。

第一课时：精读课文　自主学习（自主学习）
第二课时：精读课文　互动探究（互动探究）
第三课时：精读课文　自主学习（自主学习）
第四课时：精读课文　互动探究（互动探究）
第五课时：交流平台　初试身手（主题拓展）

第六课时：习作例文（互动探究）
第七课时：习作指导（主题拓展）
第八课时：习作讲评（主题拓展）

（二）根据语文教学特点变式

《课标》明确指出，第一学段教学的重点是识字与写字。让低年段学生大量识字，扫清阅读障碍，尽早开展阅读，是符合语文教学的特点和规律的做法。相应地，统编语文教科书安排的低年级学生的识字量大，识字任务重。如果按照"爱种子"模式实行大单元设计，在大单元中落实"三环"，就出现了以下的现实问题。

第一，一方面，低年级学生尤其是新入学的一年级学生认知水平较低，学习能力较弱；另一方面，低年级学生要进行大量识字，过好识字关。如果进行大单元设计，把整个单元的识字任务集中教学，学生势必出现囫囵吞枣式的"消化不良"，这是不符合低年级学生的认知特点和语文教学规律的做法。

第二，汉语言学习需要在具体语境中才能更好地识记、理解和感悟，把整个单元的生字词集中在一起学习，脱离具体的语境，不符合汉语教学的规律。

第三，把大量生字集中在一起，让学生认读、识记、书写，显得单调、枯燥，索然无味。对于学习习惯尚未形成、仍处在小学生活适应期的低年级学生来说，势必影响其学习兴趣和积极性。

因此，在进行低年级阅读单元范式构建前，我们先对模式进行了变式，变大单元设计为以单课为主的设计，在此基础上构建相应范式。以下是低年级阅读单元范式的设计框架。

（1）自主学习：单篇课文的自主识字。让学生学习单篇课文的生字词后马上进入语境中进行认读、识记和理解。

（2）互动探究：单篇课文的互动探究。让学生在与文本的多次对话中，巩固生字词，在读中理解并感受词语和句子，培养学生的朗读能力，学习语言的规范表达，培养语感，落实阅读课的教学任务。

（3）单元主题拓展。以识字和词句学习为拓展的主要内容，围绕单元的某个语言特色和语言现象、表达方法等，开展单元主题拓展活动。

（三）为提高教学效益而变式

从模式设计的初衷看，"爱种子""三环四得"教学模式落实的主渠道是课堂。但我们发现，在大语文观的价值引领下，构建开放而有活力的课程是语文课程标准所倡导的。课外是学生学习的大课堂，尤其在一些课型的语文教学中，如果把"三环"局限于课堂，势必影响教学效益，不利于学生的发展。

在"整本书阅读"范式构建中，我们把着力点放在如何通过课内的整本书阅读课有效促进课外阅读。在整本书阅读课中,我们突破课堂的局限性,把"三环"设计置于课内外学习的大环境中考量,对"三环"进行了如下变式。

(1)课内自主学习。整本书导读课,主要任务是激发阅读兴趣,产生认知冲突,确定探究问题,拟好活动计划,设置活动奖项。

(2)课外互动探究。学习共同体围绕探究问题,开展课外阅读探究活动。在活动中进行深度阅读,培养策划、组织、协同学习和高阶思维能力以及收集、处理信息的能力,同时,增长见识,扩大知识视野。此外,对于厚书的阅读,还另设一节课内的厚书阅读推进课,也属于互动探究的范畴。

(3)课内主题拓展。阅读成果分享课,组织各探究小组向全班分享课外阅读成果,通过组织互动点评、评奖活动等,让学生产生阅读成就感,使课堂成为学生课外阅读的"加油站"。

图2-4-1是"爱种子"教学范式的构建体系。

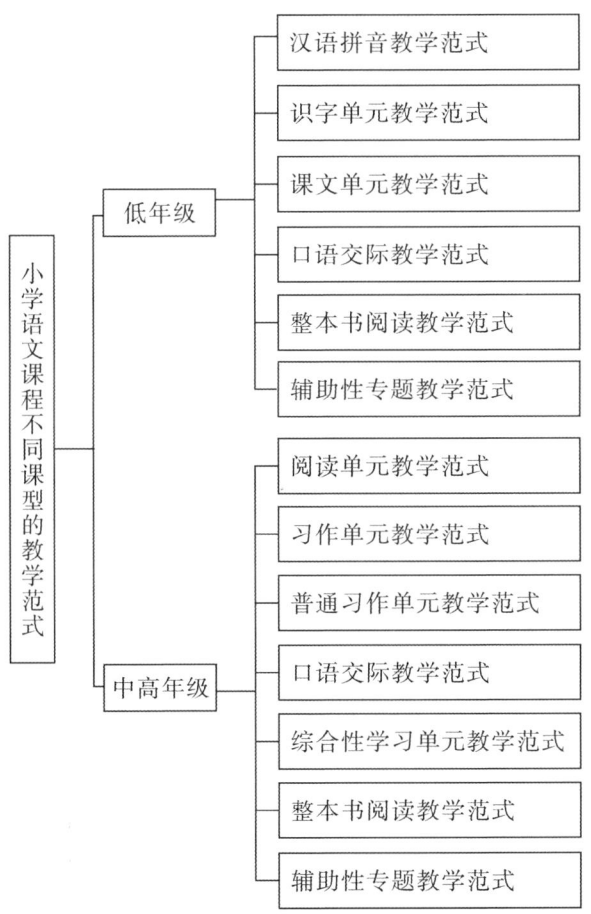

图2-4-1 "爱种子"教学范式的构建体系

第三章
小学语文"爱种子"教学范式的特征及应用策略

第一节　小学语文"爱种子"各环节教学范式的关系

"爱种子"教学模式的"三环四得"是相辅相成、相互融合、逐步深化的教学过程。

一、形成完整的闭环系统

"爱种子"的自主学习、互动探究和主题拓展三大环节形成了一个单元的闭环系统。所谓单元就是组成系统、自为一组的单位。"爱种子"模式下"三环四得"的教学单元，不但指以某一语文要素为主题划分的大单元（这种大单元包括一组课文、口语交际、习作、语文园地等内容），还指自成系统的独立成分（如每一篇课文、口语交际、习作、语文园地等这些相对独立存在的单位，这种是大单元下的小单元）。自主学习、互动探究和主题拓展在大单元之间形成了一个完整的闭环系统。闭环系统指的是在大单元教学中，完成一个循环后，解决了一些问题，还没完成的问题再进入下一个循环，直到完成这个单元的任务。每个大单元的学习包含自主学习、互动探究、主题拓展。自主学习是学生独立自主地思考、学习的过程，每个单元的导读、识字教学以自主学习为主，辅以互动探究、主题拓展；每个单元的阅读教学以互动探究为主，辅以自主学习和主题拓展，而口语交际、综合性学习、语文园地、习作教学以主题拓展为主，辅以自主学习和互动探究。在小单元里也渗透了自主学习、互动探究和主题拓展。例如，以自主学习为主的识字教学，也渗透了互动探究和主题拓展；以互动探究为主的阅读学习，也渗透了自主学习和主题拓展；以主题拓展为主的口语交际、习作教学、语文园地等也渗透了自主学习和互动探究。三个环节在小单元中形成小循环，在大单元中形成闭环系统。

二、"三环"与"四得"的关系

大单元学习的第一个环节是学生的自主学习环节，在该环节通过听文认字、互帮互学、写字有方和初读与质疑四个学习过程形成完整的学习闭环。通过自主学习，学生掌握生字词、初步了解课文、提出主问题，从而提高学习的能力，达到"学得"和"教得"的目标。自主学习是模式中不可或缺的环节，这个阶段学生对基础知识和基本技能掌握好了，之后的两个环节就容易推进了，这个环节是互动探究环节的基础。第二个环节是基于情景互动、探究的环节。在该环节中以学生在自主学习环节学得的知识为基础，围绕知识深化和能力提升的教学目标创设基于情景式的感知、体验、探究、协同式学习教学，达到"习得"和"教得"的教学目标。第三个环节是主题拓展环节。主题拓展可以分为两个阶段：第一个阶段分布在自主学习和互动探究环节，基于知识的学习拓展，实现"学习—拓展—提升"的教学目标。第二个阶段分布在大单元不同的课型的学习中，如单元阅读、综合性学习、口语交际、习作、语文园地等这些能体现综合运用知识、提升学生能力的课型中。这些课型一般在大单元的课文学习完之后，围绕大单元的语文要素，根据各课型的特点，联系实际，进行拓展运用。如阅读单元的综合性学习，以大单元的语文要素为线索，拓展学生的阅读，进行分享汇报，让学生在分享阅读成果的过程中，通过相互学习、评价，实现学生"评得"的教学目标。这个环节是学生进行课外阅读的"加油站"，能激发学生进行课外阅读的兴趣。自主学习环节、互动探究环节、主题拓展环节形成了单元教学的一个闭环，三环节在单元教学中形成了一个系统的教学过程。

三、三环节之间相互渗透

在单元教学中，不同的教学内容采取"爱种子"教学模式的不同教学环节，实现教学目标，但"爱种子"各教学环节之间也不是独立完成的，自主学习、互动探究、主题拓展三大教学环节互相渗透、密不可分。在自主学习环节中融入了互动探究和主题拓展。例如，在识字教学中，以自主学习为主，学生在探讨识字方法时运用了互动探究的学习方式，学生积累词语、拓展词语的过程就是一个主题拓展的环节。阅读教学以互动探究为主，但是思考主问题、自主完成主问题的过程是自主学习的过程，在互动探究过程中，学生交流总结后，运用所学的方法进行"1+X"的拓展阅读，实现一课一得，就是主题拓展的学习环节。在主题拓展的环节中，同样渗透了自主学习和互动探究。例如习作教学，习作的指导是互动探究与自主学习的组合，习作的评讲是自主学习与主题拓展的组合运用。习作指导中指导学生审清题意是互动探究的过程，学生的习作过程是自主学习的过程，师生交流评讲是主题拓展的过程。自主学习、互动探究、主题拓展在教学中相辅相成，你中有我，我中有你，是相互依存而又相对独立存在的。

第二节 小学语文"爱种子"主体性教学范式

为了将"三环四得"进行有效的实施，围绕"爱种子""三环四得"的教学模式，我区小学语文创生了教学范式，在实验过程中进行多次优化，并形成了"自主学习"环节、"互动探究"环节、"主题拓展"环节三个主体性教学范式。

一、"自主学习"环节教学范式

(一)"自主学习"环节教学范式理论与特征

1. "自主学习"环节教学范式的理论

"自主学习"是学习者在把握学习规律的基础上,根据学习内容、学习情境、学习条件、个人特征等因素自觉主动地选择学习方法,组织调控自己的学习活动。"爱种子"模式在自主学习环节中,主要是引导、启发和驱动学生自主学习,掌握课程基本知识和技能,培养学生学会基于问题的反思精神和解决问题的能力。自主学习是通过开展"自主学+合作学+教师精准教"的形式,运用"自主学—评中学—针对教"的策略与方法,进行以学生为主体的学习。

2. "自主学习"环节教学范式的特征

(1)学生自主学习。学生通过自主学习,实现自我成长,学习能力自主发展,从学会到会学,自主学得并获取知识与技能,形成深度学习的基础。自主学习可以通过课堂自主学习、家庭自主学习、课外自主学习等形式进行课内、课外的自主学、合作学。如有精力的学生或者学习能力较弱的学生可安排课前自主预习;在家庭学习环境有平台条件的情况下,学生可进入自主学习系统完成学习任务。

(2)教师精准施教。教为学服务,在学生完成自主学习的任务后,教师可利用平台进行诊断评测,从学得过程的反馈数据,了解学生存在的个性问题和共性问题,再基于问题实行干预,实施精准施教。教师可引导学习共同体进行合作反思,引导和驱动学生开展再次式和反思式学习,让学生的个性问题在共同体中得到解决,培养学生自主学、反思学和合作学的能力。

(3)技术赋能实现。学生可通过平台推送的自主学习资源进行开放式学习和自主学习等。教师可利用"元认知评价"获取学生自主学习中产生的实时数据,并基于数据进行信息采集与反馈,即时发现学习问题,引导学生个性化解决问题或共同体解决问题,同时,利用反馈的数据实现对学习过程的管控,转化为再次反思、学习的资源。

(二)"自主学习"环节教学范式实践与应用

在"自主学习"环节教学范式指引学生自主学习的环节中,教师可以先利用导学案、学习活动、知识微课等学习资源作为学生自主学习的储备,在掌握学习规律的基础上,让学生进行自主学习和合作学习,在个人与共同体两者之间的交融和碰撞中产生认知冲突,再次产生学习疑惑。如何解疑?此时,教师可进行干预,进行个性化指导和精准施教。学生与学习共同体进行自我反思和合作反思,形成新知识和新技能。经过学习,教师引领学生进行学习效果评估(元认知评价),借助互联网收集数据,反馈数据,检测学生学习的目标达成率,同时发现学困问题。这时教师再次充当引领者,进行干预和精准施教,同时借助共同体合作学习解决学困问题,真正让学生自主解决学习问题。

1. 单元导读中"自主学习"的实践与应用

中高年级单元导读作为单元的第一个课时,主要通过学生的自主学习来完成教学。中高年级"自主学习:单元导读"注重引导学生站在单元全局的角度,通过整体的阅读对本单元的学习有一个全面的认识。在单元导读课中,学生以"自主学"的模式为主,他们以浏览单元导读页、课文、口语交际、习作、语文园地、快乐读书吧等内容为载体,进行思考、交流、分享、实践。

针对中高年级的学情特点,在"自主学习:单元导读"教学范式中,设计了学生"课前预习任务单":第一个任务,通览单元,浏览单元导语、课文、口语交际、习作、语文园地的内容,把自己了解到的单元主题记录下来;第二个任务,通读课文,自由朗读单元的课文,了解课文大意,尝试概括每篇课文的主要内容并记录下来;第三个任务,提出疑问,通过单元预习,提出最感兴趣的内容、有疑问的内容,将在预习中的发现或疑问记录下来;第四个任务,课外拓展,根据单元的学习需要,可查阅相关的课外资料,把自己在预习时查找到的相关资料记录下来。通过课前记录,启动本单元自主学习的模式。(见图3-2-1)

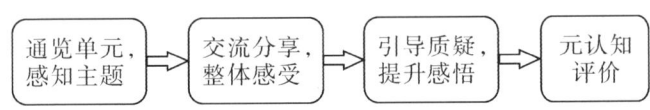

图3-2-1 中高年级"自主学习:单元导读"设计的主要活动

统编版五年级上册第五单元"习作单元单元导读课"导学案的设计如下所示。

【活动一】通览单元,感知主题(约5分钟)

1. 指引阅读首页插图:浏览单元首页插图,你看到了什么?
2. 引导学生自主阅读首页文字。

(1)阅读上方的文字,找出关键词,说说单元的主题是什么?

(2)围绕"说明文以'说明白了'为成功"这个单元导语,说说你的理解。

通过自主阅读首页文字让学生获知单元主题:①了解基本的说明方法。②能用恰当的说明方法,把某一种事物介绍清楚。

3. 评一评：交换应答器评价预习情况。

考查能力	评价标准	星数
独立完成能力	能独立阅读单元导语	★
独立思考能力	能找出单元主题、语文要素、习作要求	★
搜集资料的能力	能搜集到相关资料	★

他（她）一共可以得到（　　）★。

【活动二】交流分享，整体感受（约8分钟）

1. 以小组为单位，以思维导图的形式梳理一下每篇文章的主要内容。学生通过小组合作学习，利用思维导图展示成果的方法，理清两篇课文《太阳》《松鼠》的文章脉络，让学生快速理清文章的思路，更清晰地把握文章的主要内容，提高学生阅读理解能力与概括能力。

2. 小组交流：说说你知道的说明方法。教师借此环节将使用较多的说明方法罗列出来，整体感知说明方法的种类。

3. 小组合作：在《太阳》《松鼠》两篇课文中寻找你喜欢并使用了某种说明方法的例句，并写出"我的体会"。

例句	说明方法	我的体会

4. 评一评：用应答器自评本人在小组内的交流学习情况。

考查能力	评价标准	星数
积极参与讨论	我能在同学面前大胆说出自己的想法	★
倾听能力	我能认真倾听同学的发言	★
学习态度及概括能力	我能独立思考，概括文章主要内容	★
交际礼仪和表达能力	汇报时，我能做到大方得体、语言流畅	★
对共同体的贡献	我帮助了同学，为共同体争了光	★

我可以获得（　　）★。

【活动三】引导质疑,提升感悟(约5分钟)

学生紧扣单元导读的语文要素,针对整个单元的所有内容进行自主质疑。

1. 小组交流:根据课文的内容,请你提出一个问题。要求:轮流发言,组长收集组员的问题,并上传到平台进行展示。

2. 教师收集学生提出的问题并进行梳理。

3. 要学好本单元,你打算做些什么?

【活动四】元认知评价(约2分钟)

> 课堂学习评价
>
> 1. 我知道了本单元的主题和语文要素。(1★)
>
> 2. 我知道了本单元的习作任务。(1★)
>
> 3. 我能大胆提出疑问。(1★)

通过以上教学案例,我们可以看出,中高年级"自主学习:单元导读"的范式是以学生自主学习为主导,教师紧扣单元语文要素,设置相关的交流话题,并以小组交流等方式,通过浏览课文,结合课文插图,与同伴们分享阅读的体验,获得对整组课文内容的整体感受。交流学习是让学生充分发挥小组合作的优势,让学习更高效,小组成员之间互相点拨,互相交流,共同学习。引导学生质疑,提出有教学价值的问题,以便教师根据学情进行备课优化,在单元各板块的教学中一一进行解疑,使单元教学实现"质疑—存疑—解疑",真正做到以学定教,把课堂还给学生。"元认知评价"是学生对整节课自我学习效果的评价,让评价落实到教学实处,是学生对学习能力、合作能力、组织能力进行有效的、灵活的自评。通过评价表的数据反馈,及时查漏补缺,达到教学目的。

2. 识字教学中"自主学习"的实践与应用

低年级的"自主学习:识字教学"范式和中高年级"自主学习:识字教学"范式不同,低年级"自主学习:识字教学"范式的教学基本环节如图3-2-2所示。

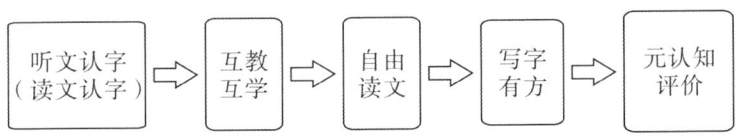

图3-2-2 低年级"自主学习:识字教学"范式的教学基本环节

中高年级"自主学习:识字教学"范式的教学基本环节如图3-2-3所示。

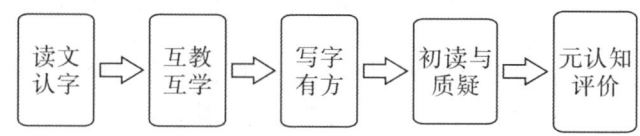

图3-2-3 中高年级"自主学习:识字教学"范式的教学基本环节

三个学段的"自主学习:识字教学"范式有相同的教学环节,我们根据年段特点和教学目标的层次难度的递增,设置了不同的教学环节。例如,中高年级的范式少了"自由读文"环节,多了"初读与质疑"的教学环节,回归文本,与互动探究课涵接起来。

(1)各年级"读文认字""互教互学""写字有方"教学环节中的"自主学习"。"读文认字"环节,我们建议低年段可"听文认字",也可"读文认字",中高年级一般采用"读文认字",更突出中高年级学生自主读文的能力。低年段教师向学生提出听课文的方法:请注意做到眼看书、认真听。中高年段教师向学生提出要求:眼看书、认真听、想画面,不会的字可以圈画出来。在学生自主圈画的过程中,老师巡视,并对个别学生给予听读习惯指导。

"互教互学"环节,我们建议以同桌互读的方式展开互教互学。可请学生拿出生字表,同桌互相读一读、考一考,读对的打钩,不会读的圈画出来同桌互教,会读后再打钩。然后,同桌互评学习效果,利用应答器评价同桌的学习情况,平台统计收集数据。学生利用应答器选择自己认为最难读的字,教师顺学而导,讲解难读字,引导学生读准。紧接着,引导学生利用词语环境认字。中高年段可实现小组互教,交流识字的方法,比一比谁的方法最好用,最后小结识字方法,如部件识字法、组词识字法、多音字识字法、联系生活识字法、字理识字法、猜字谜识字法等。在具体语境中运用并拓展练习说话。当学生积累的词句不够丰富、表达欠流利时,教师肯定学生敢于答题的表现,积极鼓励学生仔细观察,选择恰当的词语进行表达。"自主学习:识字教学"范式提倡充分发挥互教互学的优势,让学生互相呈现自己的记字方法和自主掌握识字方法,这体现了识字教学中学生学习的自主性。学习共同体的运用让识字课堂教学的知识容量更大了。

"写字有方"环节,就是让学生写字有自己有效可行的方法。此环节继续推进互教互学。难写的字是学生自己选出来的;面对学习障碍,就得有"方"可循,解决学习问题。因此,"写字有方"环节提出写字"四看法"。引导学生用"四看"口诀观察字:一看宽窄,二看高矮,三看位置,四看笔画。随着学生对"四看"方法逐步掌握,应放手让学生用"四看法"自主观察并汇报观察结果。如二年级的《我是什么》自主识字一课中,教师在"写字有方"环节中,先引导学生回顾写字"四看法",请同学们根据该方法先在田字格里练写一个字。接着,学生在初试书写后，使用应答器选难写字，如"带""极"。然后，老师引导学生根据"四看法"观察："带"的关键笔画竖要写在竖中线上；"极"字关注重点笔画，右边的"及"字，笔画书写时先写撇，起笔是在竖中线上，收笔穿插在点的下方，横折折撇一笔完成。此环节，教师可引领学生关注字的高矮、宽窄，重点笔画或者关键笔画。学以致用，教师完成学生提出的难写字教学后，点拨教学其他字，如"片""海"，仍然以引导学生认真观察、认真思考为主。在自主学习识字教学的范式中强调，在"写字有方"环节，主要是学生在认读生字的基础上对难写字进行精细化的写字指导，熟练运用字的观察方法，养成先观察后动笔的写字习惯。

在开展"爱种子"模式下，实验学校在识字教学中已开展了比较长时间的自主学习教学。我们发现有较多实验学生已经熟悉利用"四看法"观察字并开始养成先观察后书写的习惯，书写姿势习惯已经初步养成。我们建议教师可让学生的自主学习更具有独立性和自主性，可提醒用"四看法"先观察后书写的方法书写所有生字；学生书写中出现共性问题的字，也可让学生利用共同体自主学习观察和点评；经共同体或教师干预精准施教后，可自我观察或同桌互相点评，在此基础上再练习书写。

（2）低年级"自由读文"环节的自主学习。"自由读文"环节，主要体现在低学段的自主学习识字教学范式中，中高学段的自主学习识字教学范式没有呈现。该环节主要让学生在语境中巩固生字读音，学习把课文读正确、读流利。注意读准字音，不会读的字可以借助拼音读准或请教同学。

（3）中高年级"初读与质疑"环节的自主学习。根据中高年段的教学内容和教学目标，"能初步把握文章的主要内容，体会文章表达的思想感情。能对课文中不理解的地方提出疑问"。因此，中高年段的自主学习识字教学范式设置了"初读与质疑"的教学环节。初读，指的是教师在导入课题后，让学生通读全文，整体把握课文内容，初步感知课文的内容、行文结构或表达特点等。质疑，指的是学生初读课文时，教师引导学生关注文本中能够生发问题的"点"，学生可以通过抓住文章题目、课后思考题、重点语句、特殊构段、表达特点、标点符号等关键内容进行质疑，借助问题提高学生发现问题和解决问题的能力。该环节在学生初读课文后进行，先由学生提出初读课文过程中想要解决的问题，通过师生交流解决，某些需要深入读文才能解决的问题可延后解决。本环节的重点是教师要紧扣语文要素，以课后问题和本课教学重点为依据引出文本的主问题。主问题是语文的本体性问题，是突出教学重点的核心问题。主问题的提出可以是学生，也可以是教师，视学情而定，比较理想的状态是，教师能抓住学生的质疑，因势利导，巧妙提炼主问题。

3. 阅读教学中"自主学习"的实践与应用

阅读教学的目的之一是培养学生独立阅读的能力和认真阅读的习惯，并积极参与到学习活动中。学生通过"自主学习"可培养自身预习的能力、独立阅读的能力、质疑的能力、解决阅读疑惑的能力。教师可营造民主和谐的自主学习气氛，培养学生的阅读能力。

在"低年级课文互动探究课范式"中,学生的自主学习体现在"初读与感知"环节中,主要通过图3-2-4的基本步骤实现。

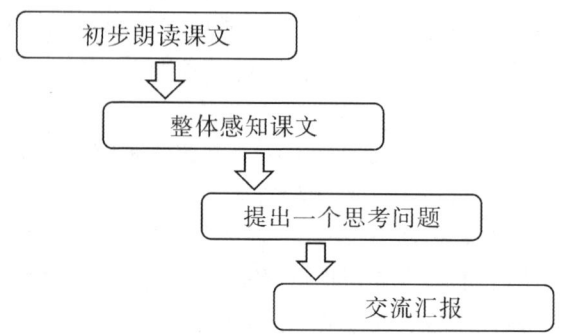

图3-2-4 低年级课文互动探究课范式中的自主学习"初读与感知"环节

根据低年级学生的学习能力,在进行阅读教学时,我们可以通过初步朗读课文,整体感知课文内容,听课文录音、老师范读等多种方式进行自主读文、自主感知,目的是让学生初步感知课文内容。教师根据学段要求,提出一个思考问题,例如,你知道了什么?课文一共有几句话?课文一共有几个自然段?学生进行交流汇报,目的是让学生读准字音,通读课文,帮助学生理清文章脉络,实现自主学习。

在"中高年级课文互动探究课范式"中,学生的自主学习体现在"品读与探疑"环节中,根据教师提出的学习主问题和自学要求进行自学。

中高年级课文互动探究教学范式的"品读与探疑"环节,有以下四个基本步骤:教师出示主问题,并提出自学要求→学生按要求自学→小组合作,交流自学情况→小组代表汇报交流学习情况(见图3-2-5)。其中,"教师出示主问题,并提出自学要求"和"学生按要求自学"是学生自主学习的有力体现。

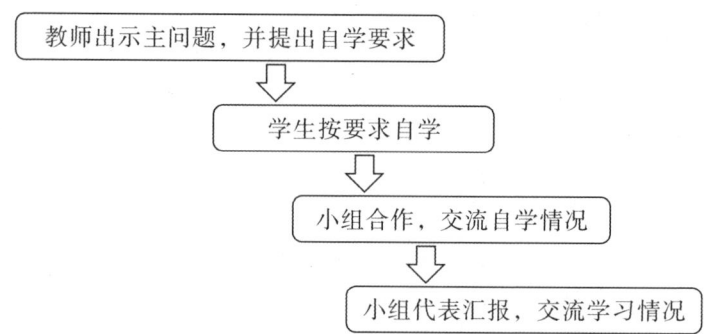

图3-2-5 中高年级阅读教学中"品读与探疑"环节中体现自主学习

相对于低年级的学生，对中高年级学生自主学习的要求会相对拔高。教师出示主问题，并提出自学要求，如找出有关语句并做批注等。我们建议自学的要求必须有利于学生抓住重点语句和重点词语，在品读感悟中解决主问题，自学时间要充分，切勿走过场。学生自学完毕，教师充分发挥学习共同体的作用，交流讨论自学的情况。教师提示小组长组织好组员开展交流活动，保证每位学生都有机会与同伴交流自我学习的结果。对于学困生，组长注意组织组员对其进行细化指导。这种充分发挥学生自主学习能动性的方式，可以为后面的互动探究的教学做好合作交流、汇报交流的铺垫。

另外，教师可要求学生利用课外时间进行自主学习，充分发挥个体作用，围绕本课的主问题设计相应的预习单，把"品读与探疑"中"自主学习"环节的学习要求进行前置性学习。上课前，教师了解预习情况，以利于针对学生共性问题进行精准指导。

4. 口语交际教学中"自主学习"的实践与应用

在口语交际教学中，教师应充分激发学生的主动意识，引领学生积极参与、自主学习。在中高年级"口语交际"教学范式中，第一个环节是"自主学习"环节。该环节的目的是激发学生的学习潜能，学生在教师的指导下发挥积极主动的作用，在课前做好预习，课堂上热情参与，提高自身的自主学习能力。

（1）激发兴趣，引出话题。该环节是教师借助图片、视频等创设具体与主题相关的情景，或以设置悬念、谈话交流等方式，激发学生的积极情绪和浓厚兴趣，让学生主动参与到交际活动中来，并且结合具体语境，适时引出本节课的交际话题。

（2）了解内容，明确要求。引出本节课的交际话题后，老师指导学生自主阅读教材内容，了解本次口语交际的内容及要求，要求学生划出关键词句，把握交流的重点和目的，以及交流的形式，等等，为后续的交际活动指明方向，明确要求，提高学生的自主学习能力，进而提高课堂学习效率。

统编版五年级下册第二单元"口语交际·怎么表演课本剧"的自主学习设计如下。

【活动一】自主学习（约6分钟）

（一）激发兴趣，引出话题

1. 播放课本剧《西门豹治邺》，边看边自主思考以下问题。

（1）你最喜欢哪个演员的出色表演，为什么？

（2）你认为演出最成功的地方在哪里？（引导学生说出课本剧中人物的对话、表情、动作等都是通过书上的一些叙述性的语言转化的，书上刻画的人物性格在表演中展现得淋漓尽致。）

2. 谈话揭题。

（二）了解内容，明确要求

1. 学生自主阅读课文，了解本次口语交际的内容和要求，画出关键词句。
2. 指导学生了解本次话题的内容及要求。
3. 出示学习要求。
4. 检查反馈。

学生在口语交际的自主学习中，开启表达前的独立思考，并在头脑中形成表达的初稿，寻找最合适的表达语言，然后组织学生自由表达。

5. 习作指导和讲评教学中"自主学习"的实践与应用

在"习作策略单元教学范式"里"习作指导"的范式中，第一个环节要求学生"审题"。"审题"首先必须有一个自主学习的过程，读习作要求，找出关键词。学生的习作指导，审题是第一步，阅读课文的习作要求，让学生在习作要求中明晰本次习作是一次关于写什么的作文：记叙文还是应用文？写人，写事，写景，还是写物？紧扣习作要求，引导学生做好审题的工作。同时，培养学生先读题目要求，找出关键词，学会审题的良好习作习惯。

在"习作讲评"范式中，学生自主习作后，教师可收集学生写作过程中出现的共性问题，以便有针对性地进行指导、评讲。在评评改改的过程中，学生通过小组互改→同桌互改→自主修改→小组分享→全班交流点评，实现"明确怎么写"。教师在组织全班点评的过程中，因势利导，可引导学生就突出的共性问题进行共同体自主交流学习。

二、"互动探究"环节教学范式

互动探究环节是在学生自主学习的基础上，通过互动与探究的学习，提升知识应用能力的环节。

（一）"互动探究"环节教学范式理论与特征

1. "互动探究"环节教学范式的理论

互动探究环节教学范式是以学生在自主学习环节学到的知识为基础，创设以实践性为主的感知、体验、探究式知识应用习得式教学案例，引导学生在情境活动中，通过互动习得过程达成教学目标，并将原来自主学习中掌握的知识进一步深化理解和内化。

2. "互动探究"环节教学范式的特征

（1）以问题为导向的小组探究。教师在学生进行自主学习环节的基础上，根据班级学情，结合学科知识以及课后练习，引导学生关注具有思维深度的核心问题。在核心问题引领下，教师根据教学目标，让学生以小组为单位开展组内互学探究，并在倾听、思考、讨论中解决问题。

（2）以实践为样态的理解内化。教师应着眼于学生的学习理解，设计有效的语言实践活动，让学生在教师的适时点拨下，与文本展开深层对话，把文本遣词造句的精妙及表达构思的匠心内化为独特的个性感悟，让学生在习得式实践中深化知识理解与内化进程。

（二）"互动探究"环节教学范式实践与应用

"互动探究"环节教学包含识字互动探究、阅读互动探究、口语交际互动探究、习作互动探究与综合性学习互动探究。

1. **识字教学中"互动探究"的实践与应用**

识字互动探究，是学生在"互教互学"的环节中认识文中的生字，并用应答器选出难认字的基础上，通过小组互教交流探究如何识记生字的方法，以此对个别难认字从字形和字义两方面进行有效突破。进而，结合本课个别重难点字词，教师可通过设计选词造句，或在具体语境中积累多音字、叠词、近义词、反义词等活动，让学生习得识字方法和识字经验，加强学生对汉字字形构造和字义理解的认识。

2. **阅读教学中"互动探究"的实践与应用**

阅读教学是各单元的中心内容，主要以互动探究的形式展开。但随着年级的递增，教授与学习的程度应有所侧重。

低年级课文互动探究是，教学流程首先让学生在复习巩固生字词的基础上，通过初读文本整体感知课文内容，理清文章脉络。再结合课后思考题品读重点语句，让学生在读悟中积累词句，获得初步的情感体验，培养阅读感受能力。在此基础上学习课文重点词句的表达方式，通过仿说词语、仿说句子、练写句子等方式，训练学生对语言文字的运用能力，落实"一课一得"。最后，拓展一篇或多篇课外阅读文本，丰富学生的语言积累，增加课外阅读量。（见图3-2-6）

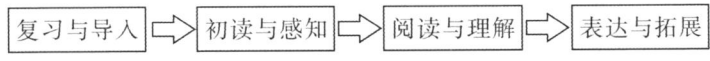

图3-2-6 低年级阅读教学互动探究教学流程

中高年级课文互动探究，是学生在复习巩固与整体感知课文内容的基础上，教师根据知识深化和能力提升的教学目标，聚焦探究核心问题，引导学生围绕核心问题展开感知、体验、探究式互动活动。

中高年级教材中的单元是由人文主题和语文要素双线组成的单元，单元中的语文要素被分解到单元的课文中落实。据此，教师应着眼于具有思维深度的核心问题，引导学生在核心问题的指引下，展开品读与探究，提高阅读理解能力，促进语言积累和运用，培养语文实践能力。该过程中，教师应加强对学生阅读的指导和点拨，不应以教师的分析来代替学生的阅读实践，不应以模式化的解读来代替学生的体验和思考。教师要有效发挥学生学习共同体的作用，通过合作学习解决阅读中的问题。(见图3-2-7)

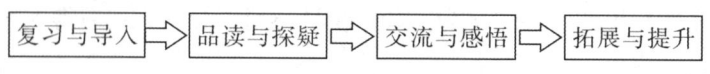

图3-2-7　中高年级阅读教学互动探究教学流程

总之，阅读教学互动探究课是以单元目标为导向，以课后思考题和核心问题为抓手，通过开展有效的语言实践活动，落实语文要素。在此，摘录中高年级阅读教学互动探究课《祖父的园子》教学案例如下。

(1) 问题引领。问题是生本对话的前提，教师应重视学生问题意识的培养，借助问题提高学生处理文本信息的能力，激发学生与文本展开深层对话的动力。例如，《祖父的园子》教学片段的"复习与引入"环节如下所示。

开课时复习读："胖乎乎""圆滚滚""明晃晃""毛嘟嘟""蓝悠悠"等词语，从这些富有感情色彩的词语中，我们发现祖父的园子是充满梦幻色彩的生命园，作者如数家珍地将园子里的东西进行了细致刻画，再现了自己曾经在祖父园子里度过的快乐时光。接着，引出本课的主问题：祖父的园子里有些什么？"我"和祖父在园子里做了什么？引导学生围绕主问题展开阅读。

"复习与引入"环节，教师引导学生通过复习描写园中景物的一些词语，让学生对祖父的这个充满梦幻色彩的生命园产生阅读探索的兴趣。基于此引出本课的主问题，让问题引领学生深入文本解读探究。

(2) 探究悟意。以读为本是语文阅读教学中永恒的主题，是实现生本对话的有效途径。课堂上，无论是开课的整体感知，还是课中的品读感悟，或者是结束时的美读升华，都需要在朗读、默读、浏览等阅读形式中交替进行。在这个过程中，教师可引导学生通过勾画批注、交流探讨等方式，在与文本展开深层的对话中，形成独特的感悟。例如，《祖父的园子》教学片段的"品读与探疑"环节如下所示。

【感悟"自由之事"】

(1) 学生交流：作者在园子里所做过的这么多的事情中，你觉得哪件事情最有趣？为什么？

(2) 在学生自主交流作者在园子里所做的趣事后，教师引导重点研读"铲地"一事，并出示自读任务：请学生自由读第4—14自然段，找出描写"我"和祖父的对话,以及祖父的动作、神态的词句,在感受深刻的词句旁写下批注。学生完成自读任务后,进行阅读分享。

(3) 在学生的自读分享中,教师着重引导学生关注描写"我"和祖父的对话,以及祖父的动作、神态等关键词句,通过多种形式的朗读指导,边读边想象"我"和祖父对话的情景,体会祖父的宽容与慈爱,学习详细事例的描写方法。

【感悟"自由之景"】

(1) 学生默读第1—3自然段和第15—19自然段,教师引导学生聚焦描写景物的抒情化的语言,借助课文插图,融入想象,体会思想感情。学生读文后,教师提出一些问题,例如,大树会发出声响吗?土墙会回应吗?黄瓜开花和结瓜真的那么随意吗?"我"为什么会有这样的感觉?让学生围绕问题,充分表达自己的想法,融情于景,感悟"自由"。

(2) 教师追问:一切景语皆情语,作者难道仅仅在倾诉景物的自由吗?创设情境练笔:用"(   )愿意(   )就(   )"的语言形式,仿照句式写一写其他植物或小动物在园子里的自由生活,充分体会园子中的景物的身上都有作者自由的影子。

(3) 放手让学生找找类似的语句,和同伴交流感受,体会一景一物的描写都蕴含着作者对自由的向往和追求,再通过感情朗读加深体会。

在"品读与探疑"环节中,教师引导学生围绕作者在园子里所做的趣事,充分地、自主地、入情入境地品读关键语句,并通过句式迁移运用,促进个性化表达的同时,体会园子给作者带来的自由和快乐。

(3) 交流得言。语文学科教学的根本任务是学习语言文字的运用,阅读课堂应关注学生言语运用能力的训练。课文互动探究课上,在引导学生品悟文本的基础上,领会言语表达特点,立足言语表达训练,能促使阅读课堂言语兼得。例如,《祖父的园子》教学片段的"交流与感悟"环节如下所示。

> 通过思考交流:作者为什么能把童年生活写得那样有趣呢?进行写法渗透:作者留心观察生活,用心感受生活,将情感蕴含在景与事之中,表达了"我"对祖父的热爱,对童年园子的怀念。我们也要做生活的有心人,留心感受生活中的人、事、物。最后归纳小结:课文处处传达着"我"的自由与快乐,一切景语皆情语!有了对文中趣事的理解,就能更好地领悟作者写作的巧妙,体会到作者的情感。

在"交流与感悟"环节,教师引导学生在思考交流中,感悟课文的表达方式,进一步强化语文要素。

3. 口语交际教学中"互动探究"的实践与应用

口语交际教学中的互动探究,是教师引导学生亲历交际情境,探究方法,实践体验,达成目标。在此过程中,教师首先通过创设情境导入交际话题,让学生明确交际内容和具体要求后,搭建好交际的支架,进而引导学生围绕交际话题,展开小组内合作学习,探究交际方法,尝试解决问题。在此基础上,教师再紧扣交际话题创设生活情境,并以讨论交流、角色演练等形式,从不同角度推动学生倾听、表达和应对能力的发展,强化学生的实践体验,培养学生良好的交际品质。最后,通过组间分享,多维互动评价,深化交际主题。

4. 习作教学中"互动探究"的实践与应用

统编教材重视表达,编排了专门的习作单元。这个单元中的精读课文和习作例文的定位是直接指向表达,强调从阅读中学表达,每课的课后题都体现了这一特点。据此,针对习作单元中"精读课文互动探究"与"习作例文互动探究"的教学,教师应着眼于课后题引出核心问题,探究中注意提炼表达方法,启发运用具体方法,强化表达效果。

然而,普通单元的习作教学,可分为习作指导和习作讲评两部分。习作指导互动探究,首先是从习作题目入手,引导学生审清题意,抓住题目中的关键词,明确习作要求和方向。其次,通过发散思维唤醒记忆,在互动交流中明晰习作可选择的题材。教师可从写作范围方面,引导学生在脑海中挖掘相关事件,把事件从不同的角度罗列出来,再现可供习作题材的相关事件。再次,进一步启发学生,通过小组合作学习,把可供选择的题材,利用思维导图进行梳理,在小组完善思维导图的过程中,勾画出习作的框架结构。最后,以本单元课文为基础,全班交流归纳其中的写作方法,以期在习作中达到迁移与运用的效果。

5. 综合性学习教学中"互动探究"的实践与应用

语文综合性学习单元是以活动贯穿始终,以任务驱动的方式带动整个单元的学习,旨在培养学生学语文、用语文的能力,提升学生的语文综合素养。综合性学习互动探究,是学生制订活动计划后,以学习小组为单位,通过多途径搜集所需的资料,梳理整合成小组学习成果。在此过程中,教师要发挥组织者的作用,调动学生参与探究的积极性,介入指导学生掌握搜集资料的渠道和方法,帮助学生总结搜集资料的经验。在整理资料时,教师要关注学习小组交流汇报中暴露的问题,针对存在的问题适时提出修改建议,促使形成完整、条理清晰的成果资料,并注意启发成果呈现方式的多样化,如文字、图片、音频、视频等。

三、"主题拓展"环节教学范式

(一)"主题拓展"环节教学范式理论与特征

主题拓展基于元认知理论,"元认知"方法可以帮助学生定义学习目标和监控实现过程,从而学会控制自己的学习。该环节的重点在于用反思的思维和方法进行互评互学,如通过反思对问题进行辨析、批判、认知与观察,以此发现新的问题。主题拓展以学习的综合性、开放性、实践性、自主性等特征赋予了语文学习、语文教学新的生命力,是以学生的自主合作、交流分享为主的学习方式。教师在成果展示过程中引导学生开展互评活动,并基于采集到的学生互评信息,激发学生在互评中开展头脑风暴、掌握正确的评价方法、深化反思能力和培养通过类比对照促进思维迁移的拓展能力,同时教学系统将过程性诊断数据进行关联分析形成学生的发展性评价。

(二)"主题拓展"环节教学范式实践与应用

"爱种子"教学模式的"主题拓展"环节是对单元主题、知识板块和学习技能进行系统性、逻辑性梳理和归类,激发学生回顾并引导自我整理,结合单元主题、知识板块和学习技能等进行拓展、延伸。学生经过自主、合作、探究之后,汇报各小组的学习成果。学生在互评互学活动设计中,发生认知的碰撞,在碰撞中引发反思,在反思中激发创新思维。

"爱种子"教学范式除了传统的识字教学、阅读教学、口语交际、习作训练、综合性学习外,还根据单元导读设计了综合性学习单元阅读教学、整本书阅读教学等课型,无论哪一种课型都能根据实际所学内容设计一些开放性、综合性、实践性和自主性的问题或主题项目,让学生进行自主合作探究学习,实现对知识或主题的拓展、延伸,增补单元主题学习,扩大学生的知识面,提高学生的学习、搜索、整理、归类知识的能力,从而达到提高学生综合素养的目的。由于每一种课型学习的内容不同,培养的目标能力不同,所需要拓展延伸的内容不同,因此,主题拓展环节在各课型中所占的比重不同,所需要的时间不同,学生汇报的方式也有所不同。

1. 识字教学中"主题拓展"的实践与应用

低年级学生以识字为主,识字教学在"爱种子"教学范式中以自主学习为主。为了让学生习得识字的方法,从而认识更多的字,扩大学生识字量,在自主学习的环节中也渗透了主题拓展,低年级识字教学以词语的拓展运用为主。拓展的形式多样,可以拓展词语,增加词语积累量,如"生字开花""一字组多词""换偏旁找形近字"等,让学生通过认识一个字,达到认识多个词的效果;也可以拓展更多的识字方法，如"加一加""减一减""换一换""猜谜语""顺口溜""字源识字法"等，让学生灵活运用所学的识字方法，掌握更多的生字；还可以拓展词语的运用，根据词语的不同词性或者用法拓展词语，如一年级学的"包"，可以按照"包"的不同类组成词语，可以吃的面包、肉包、小笼包等，可以用的书包、背包、手提包等，还可以根据词性不同组动词，如包饺子、包新书等。可见，根据所学的知识，即使低年级的自主学习，也可以进行拓展提升，通过拓展，让学生认识更多的生字，增强识字的效果。

2. 阅读教学中"主题拓展"的实践与应用

阅读教学基于情景的创设，以师生之间、生生之间的互动探究为主。为了培养学生的阅读、理解、表达能力，在学生互动探究中进行适当的主题拓展。阅读教学的拓展以课外阅读为主，不同年龄段，拓展的内容及侧重点也有所不同。

（1）低年级阅读教学中的"主题拓展"。"爱种子"模式下低年级的课文阅读教学范式中，最后一个环节是"表达与拓展"，体现了对低年级阅读教学的拓展。这一环节进行课外阅读的拓展，按照"1+X"模式，以课文为"1"，拓展一篇或多篇相关的课外阅读文本，提高识字能力，丰富语言积累，增加课外阅读量。虽然低年级的学生认识的字不多，但是在课堂上，所学习的知识也可以通过课外阅读进行巩固或者检验，实现"一课一得"。如在学习统编版小学二年级课文《一批出色的马》的时候，老师重点指导了学生抓住关键的词语理解人物的心情，学完课文后，进行类文拓展阅读《妈妈，不要送伞来》，让学生在这首诗歌上划出表示作者欢快的心情的词语，体会作者的情感，学生学以致用，所学的马上能进行检验。课文无非就是一个例子，通过这个例子，让学生在阅读中积累，在阅读中掌握、巩固知识。

（2）中高年级阅读教学中的"主题拓展"。"爱种子"模式下所构建的教学范式中，中高年级阅读教学第四个环节是"拓展与提升"。该环节紧扣教学重点，紧扣"交流与感悟"环节中的阅读感悟，拓展一篇或多篇课外阅读文本，把课内阅读与课外阅读有效结合，从课内向课外拓展延伸。拓展的形式可以是读写结合的练习，从课文习得方法后进行迁移运用，完成相应的练笔，实现语文能力的迁移和提升。拓展形式也可以是抓人文性的主题或语文要素的主题，进行课外阅读，增加阅读量。例如，教师在上统编版六年级古诗《十五夜望月》的时候，抓住这首古诗的人文性进行了拓展阅读，从古到今，数不清的怀月思乡的诗词。教师就怀月思乡的主题拓展了咏月诗中的千古名句。

举杯邀明月，对影成三人。（李白《月下独酌四首·其一》）
海上生明月，天涯共此时。（张九龄《望月怀远》）
露从今夜白，月是故乡明。（杜甫《月夜忆舍弟》）
明月有情应识我，年年相见在他乡。（袁枚《随园诗话》）

春江潮水连海平，海上明月共潮生。（张若虚《春江花月夜》）

学生通过拓展阅读，增加了咏月诗的积累，丰富了咏月思乡怀人的诗词。教师还拓展了同样是写中秋的诗，但却表达了截然不同的感情的《天竺寺八月十五日夜桂子》，学生通过对比阅读，发现这一首古诗同样是写中秋，但表达的却是欢快的情感，与《十五夜望月》的思乡之情、怀人之苦大相径庭。在互动探究中，学生发现，诗中的情感与诗人的经历是有很大关系的，《天竺寺八月十五日夜桂子》的作者皮日休写这首诗的时候，正是春风得意之时，故写出来的诗也是欢快的；而《十五夜望月》的作者王建出身寒微，一生潦倒，了解、同情百姓的疾苦，故写出来的诗多为表达愁绪，比较沉重。为了扩大学生的知识面，增加语言的积累，教师抓住诗歌的人文主题进行拓展，提高了课堂效率。

3. 阅读单元与整本书阅读教学中"主题拓展"的实践与应用

阅读单元与整本书阅读教学两者都是注重阅读成果分享的课型，重在做好阅读和成果展示的指导，两种课型的范式支架是一样的，都是根据某一主题拓展课外阅读，学生通过自主、合作、探究相关问题，形成汇报材料，在教师的组织、启发和点拨下，由各阅读小组进行阅读成果的分享，目的都是调动学生阅读的积极性，产生阅读的成就感，提升语文素养和策划、组织、合作、思维能力。两者不同之处是，整本书阅读侧重于对整本书的阅读探究，其主题拓展是对整本书的拓展，学生可以从整本书的阅读方法、展示形式、读书感受、选择的内容等方面进行汇报。读书交流、汇报从整本书开始，又从整本书结束，保证书的内容在学生头脑中有一个完整的印象。而阅读单元探究的内容不一定是对整本书的探究，也可能是对其他方面的探究，阅读单元是基于本单元的拓展，探究的内容是扣着本单元的主题进行拓展。高年级可以根据单元导读及单元语文要素或人文要素，进行主题拓展。低年级可以抓住语文园地、单元中特色的语句、单元主题等进行主题拓展阅读。

（1）低年级阅读单元主题拓展。统编教材一、二年级没有单元导读，没有明显的语文要素贯穿整个单元学习目标，因此，低年级的主题拓展重点在于词语运用的拓展。找出单元中明显有特征的词语进行拓展，或者抓住单元的人文要素拓展相关的短文阅读，积累词语，是低年级主题拓展的主要方向。如清城区青年教师素养比赛低年级主题拓展课一等奖的课例：统编版一年级上册第四单元的《四季之歌——赏季节品叠词》。

一、紧扣单元，导入主题

（一）创设情境

同学们，今天老师想给你们介绍一位新朋友，她就是大地妈妈（课件出示大地妈妈的图片）。我们跟大地妈妈打声招呼吧！大地妈妈有话想对我们聪明机灵的孩子说，请认真听听！

（二）赏图激趣

教师出示春、夏、秋、冬四幅图片，引发学生学习兴趣。

（三）回顾单元

教师出示课文插图，带领学生回顾单元。

（四）揭示主题

课件出示本次拓展活动主题——四季之歌。

【设计意图】围绕单元主题"自然"，以大地妈妈的话导入主题，激发学生参与学习的兴趣。

二、互动交流，拓展主题

（一）巧用叠词，触摸春天

1. 认识叠词。

教师引导学生观察词语，带领学生认识叠词。

小小的船　　　蓝蓝的天

弯弯的月儿　　闪闪的星星

草芽尖尖　　　荷叶圆圆　　　　谷穗弯弯

2. 拓展说话。

教师引导学生使用叠词描绘自己寻找到的春天的景物。（结合学习任务单，学生边展示绘画的春景，边介绍图上的景物。）

3. 拓展写诗。

教师引导学生使用叠词为春天创作一首配画诗。

　__春雨沙沙__　，她对__小草__说："我是春天。"

　_____，她对_____说："我是春天。"

　_____，她对_____说："我是春天。"

　_____，她对_____说："我是春天。"

4. 学生评价，教师及时激励。

5. 自我评价。

考查能力	要　　求	星数
朗读能力	正确、流利地朗读词语	★
倾听能力	认真倾听同学发言	★
表达能力	恰当使用叠词形容春天的景物，展开想象创作诗歌	★

我可以获得（　　）★。

【教学预设】根据平台的数据反馈，教师及时表扬自我评价获得3颗星的学生，对于自我评价获得2颗星及以下的学生，教师及时激励。

(二) 多元拓展，语言实践

1. 情景拓展。

同学们，一年四季都有与众不同的特点，有不同的景物，刚才我们恰当运用叠词，创作了配画诗来赞美春天。现在，大地妈妈给我们带来了一个任务，我们来听听！（边听边想问题）

(1) 夏天、秋天、冬天都有什么景物？

(2) 你能想到用什么方法去赞美她们吗？

2. 小组合作学习交流，明确交流任务。

(1) 仔细观察图片，用叠词形容图上景物。

(2) 与小组伙伴合作，用自己喜欢的方式来介绍图中季节的特点。

3. 小组合作，教师巡视指导。

4. 小组汇报，相互评价。

学生自主选择汇报的方式并进行展示，引导其他小组成员认真倾听。

5. 应答器投票选出你认为汇报展示最出色的小组。

6. 平台显示投票结果，教师小结反馈。

7. 学生用应答器进行自我评价。

考查能力	要　　求	星数
倾听能力	认真倾听同学发言	★
思维能力	结合展开想象,用不同的方式介绍自己喜欢的季节	★
表达能力	我能在小组合作中大胆展示,表达流畅	★

我可以获得（　　）★。

【教学预设】根据平台的数据反馈,教师及时表扬自我评价3颗星的学生,对于自我评价2颗星及以下的学生,教师及时激励。

8. 平台显示得星结果,教师小结反馈。

【设计意图】组织学生自主学习与合作探究,在多样形式的汇报中运用叠词介绍季节,培养学生的创新思维,促进个性化表达。

三、提升感悟,深化主题

1. 出示《四季歌》,教师带领学生配乐朗读,体会叠词的美,体会四季以及大自然的美。

四季歌

春天来了,春天来了,各种花儿开。
红的黄的,粉的紫的,真呀真好看。
夏天到了,夏天到了,太阳当空晒。
热呀热呀,热呀热呀,知了把歌唱。
秋天来了,秋天来了,树上叶儿黄。
风吹沙沙,风吹沙沙,片片落下来。
冬天到了,冬天到了,北风呼呼吹。
冷呀冷呀,冷呀冷呀,雪花纷纷飞。

【设计意图】通过引导学生朗诵含有叠词及描写四季的诗歌,感悟叠词的美,进一步提升学生感悟语言的能力。

2. 活动反馈。

3. 课后作业。

课后收集更多与四季有关的诗歌、儿歌、童谣,在班上与小伙伴分享交流。

这是一年级的单元主题拓展的完整课例,设计者从课文入手,找出本单元的特色词语——叠词。设计者抓住叠词进行拓展,先从春天开始,学会用叠词写诗,再拓展其他季节，一步步引导学生，到最后放手让学生学习、汇报。虽然这是刚刚入学还不到一个学期的学生，但是在老师的引导下，能开展小组学习，围绕叠词一步一步拓展运用，丰富语言的积累，提高自身运用语言的能力。在参与学习的过程中，学生自主学习，小组合作探究，集体分享评价，体现了学习的主体性，也突出了主题拓展在语文学习中的优势——发展学生思维能力，培养学生判断、评价等综合能力。

低年级的口语交际、写话、语文园地等课型中的主题拓展的环节，形式都是以鼓励学生乐于参与、积极表达为主，通过创设情境让学生积极主动参与，树立自信心，学会表达。

（2）中高年级阅读单元的主题拓展。中高年级阅读学习单元阅读的主题拓展环节，应紧扣单元语文要素或人文要素，找到拓展的切入点。学生围绕主题，通过大量的课外阅读、收集所需材料，从不同的角度拓展单元主题，补充单元主题的内涵，形成汇报材料。在成果汇报分享的过程中，学生通过交流学习、互相评价，丰富对本单元主题的了解。"爱种子"单元主题拓展课设有五个环节。

环节一：回顾探究活动，导入汇报主题。（约5分钟）
环节二：宣布活动奖项，激发探究动力。（约2分钟）
环节三：分享探究成果，开展合作交流。（约26分钟）
环节四：参与学习评价，促进协同发展。（约5分钟）
环节五：元认知评价。（约2分钟）

以某校在参加清城区青年教师素养比赛单元主题拓展课一等奖课例——统编版六年级上册第四单元的《感受人物形象》的教学设计为例，检验"爱种子"模式下抓住单元语文要素进行主题拓展的开展情况，这节课的教学设计如下所示。

环节一：回顾探究活动，导入汇报主题。
1. 回顾本单元的三篇课文在写作上的共同特点。
2. 回顾课文中塑造人物形象的方法。
3. 回顾学生参与活动的图片资料。

环节二：宣布活动奖项，激发探究动力。
1. 设置五个阅读奖项，分别是最佳积累奖、最佳创意奖、最佳合作奖、最具潜力奖、最佳展示奖。
2. 激励学生积极参与分享并认真倾听。

环节三：分享探究成果，开展合作交流。
（小组合作，交流汇报）
1. 书虫小组：以手抄报的方式，分享通过环境的烘托感受人物形象的阅读成果。
2. 书迷小组：以舞台剧的方式，分享通过小说的情节推动感受人物形象的阅读成果。

3. 书卷小组：以读书卡的方式，分享通过侧面描写来感受人物形象的阅读成果。

4. 书童小组：以思维导图的方式，分享通过对比方法体会人物形象的阅读成果。

5. 书香小组：以好书推荐的方式，分享《小英雄雨来》中刻画雨来的细节描写，从而感受人物形象。

环节四：参与学习评价，促进共同发展。

1. 回顾各小组的汇报情况，进行投票与颁奖。
2. 学生谈本次学习的收获。
3. 教师小结，激励小组继续合作交流。

环节五：元认知评价。

1. 出示评价标准，学生自我评价。
2. 教师总结。

这个教学设计的第一个环节是回顾探究活动，导入汇报主题。通过回顾本单元主题，明晰本单元拓展的语文要素（读小说，关注情节、环境，感受人物形象）；再借助学生参与活动的图片资料，一边展示一边回顾学生前段时间参与探究活动的过程，通过回顾合作小组或个体参与探究活动的环节，对整个阅读活动进行梳理和小结，引发学生的探究欲望。

第二个环节是宣布活动奖项，激发探究动力。奖项的设置是为了激发学生阅读的兴趣和参与的积极性，同时也肯定学生在参与过程中的表现。学生对照奖项的名称，有了竞争的目标，就会朝着目标努力。教师把评价主动权交给学生，用任务驱动学生学习，激发主人翁的精神，在交流分享的过程中让学生用心倾听和思考。

第三个环节是分享探究成果，开展合作交流。以小组为单位的学习共同体参与活动，共同探讨，调动学生参与语文实践活动的积极性，小组各成员在分工、创作、分享中提升策划、组织、合作等能力，从而深入探讨感受人物形象的方法，进一步扩大学生的阅读成果。成果汇报的形式是多样的，每一种汇报形式，都突出了一种人物描写的方法，例如，书虫小组以手抄报的方式，分享通过环境的烘托感受人物形象的阅读成果；书香小组以好书推荐的方式，分享《小英雄雨来》中刻画雨来的细节描写，从而感受人物形象等。教师针对学生的汇报，进行适时的点拨、指导和鼓励，让学生更加积极地参与到活动中，培养了学生积极主动学习、合作探究的精神。

第四个环节是参与学习评价，促进共同发展。本环节主要发挥学生的主体作用，让小组间进行客观的评价、投票，并让学生对本次阅读成果分享谈收获、提建议，激发学生的阅读欲望。各组汇报完毕，教师组织学生根据奖项进行评价，在交流、讨论、评价的学习活动中，促使学生实现"评得"的教学目标，培养学生倾听、评价的能力。

第五个环节是元认知评价。根据本课时教学的重点、难点，让学生自我检测学习结果。在自我检测中，学生学会总结、反思，在总结中汲取经验，在反思中获得前进的动力，而教师也可以进行有针对性的指导。

单元主题拓展课是基于单元语文要素或人文要素而进行的有主题、有目的的课外阅读，是激发学生阅读兴趣的手段，是学生进行课外阅读的"加油站"。学生在围绕单元主题进行阅读的时候，应该带着任务和目的，在阅读的过程中，学会收集、整理阅读资料，挑选自己所需要的阅读材料在成果分享中汇报。值得注意的是，要避免把语文课上成其他学科的课，要紧扣语文的本质特点来开展主题拓展阅读。

4. 口语交际教学中"主题拓展"的实践与应用

口语交际课是通过创设情境引导学生围绕某一主题进行交流表达、学以致用的一种课型。在交流中，学生学会倾听，学会表达，学会判断，因此，口语交际课型中的主题拓展环节注重学生的表达能力和倾听能力的培养。在这个环节中重视搭建学生交流互动的支架，创设情境，让学生对所学的表达方法进行迁移运用，所表达的内容从课内向课外的延伸。中高年级的学生已具备一定的表达能力和思辨能力，教师引导学生学以致用，激发其表达的欲望，可以通过以下几个环节激发学生的表达欲望。

环节一：自主学习。激发兴趣，引出话题；了解内容，明确要求。

环节二：互动探究。交流讨论，探究方法；方法迁移，实践演练。

环节三：主题拓展。课堂小结，谈收获；主题拓展，课外延伸。

环节四：元认知评价。

学生在自主学习中明确要求，在小组合作中交流评价，在平台提供的情景中实践演练，在全班交流中倾听判断，在评价中学习，在学习中实践，在实践中提高，从课内向课外延伸，对知识进行迁移运用，达到提升的目标。

5. 习作教学中"主题拓展"的实践与应用

习作教学是单元教学的一个重要环节，习作教学分为习作指导和习作讲评。主题拓展主要体现在习作的讲评中，学生围绕习作主题完成习作后，教师引导学生进行交流讨论，有学生的互评、自评，也有小组的合作交流、全班的讨论。通过这样的研讨，让学生明白习作应该怎样写，也让学生明白同一主题的习作可以从不同的角度看问题并进行多方面选材，还可以采用不同的表达方式。正所谓一千个读者眼中就有一千个哈姆雷特。通过交流讨论，倾听、阅读他人的习作，学生对习作有了更深刻的理解，不再局限于自己的思路、自己的习作，而是拓展了更多针对习作的知识和技能。

第三节　小学语文"爱种子"辅助性教学范式

"爱种子"教学模式中提倡"先学定教,以学定教"理念,让学生通过导学案进行预习,暴露学习的难点和遇到的问题,教师再根据学情进行精准化、个性化的教学思维转变。我们在实验过程中,除了提出"自主学习""互动探究""主题拓展"三个主体性教学范式外,也提出了"学生学习共同体建设范式""小学语文课堂即时评价语言范式""思维导图学习范式"三个辅助性教学模式。主体性教学范式和辅助式教学范式,两者不是独立存在的,而是相互渗透的。学生学习共同体建设、课堂即时评价语言这两个辅助性教学形式始终贯穿于"自主学习""互动探究""主题拓展"主体性教学中。学生利用思维导图学习,可以融入不同的课型。

一、学生学习共同体建设范式

(一) 学生学习共同体的构建

学生学习共同体作为"爱种子"课堂教学改革的重要组成部分,具备"团结合作""协作互助""倾听分享""培养高阶思维能力"等内涵。

1. 建立学习共同体

"爱种子"教学模式下,学习共同体的构建尤为重要,教师了解学生情况,方可有助于建立合理的共同体团队。共同体小组人数一般以4～7人为宜。分组一般按组内异质、组间同质、优势互补的原则;遵循互信、竞争、个性发展、自由选择、有利交流等原则;根据性别比例、兴趣倾向、学习水准、交往技能、守纪情况等合理搭配。

学习共同体的成员是动态的,教师应把学生的个别差异看成一种积极的教育资源,实施动态分组教学;还应根据学生的学习情况定期进行人员调整,保证小组间学生竞争的活力,增强小组内学生合作的凝聚力。

2. 营造文化氛围

学习共同体可根据自己的特点,创设富有个性的、朝气蓬勃的组名;也可通过成员讨论选择名言警句或者格言,形成自己的组训,使学习小组形成奋发向上、团结协作的氛围;此外,可通过制作共同体标志牌,制定共同体公约,以规范行为习惯和明晰学习目标。

3. 明确组员分工

学习共同体成员要有明确的分工,承担相应的责任。共同体成员有小组长、记录员、汇报员、观察员、激励员、操作员等。共同体构建过程中，老师根据学生及学科情况，实现小组成员的合理分工。

4. 细化管理要求

（1）选择合适内容，把握学习时机。教师要了解学情，选择适合共同体学习的内容，把握好共同体学习的时机和次数，充分体现学习共同体的意义和价值。

（2）设计"探究提示"，明确学习任务。"探究提示"是学习共同体有效开展的前提条件。教师要结合共同体学习的目的和任务，提出具体明确的"探究提示"，学生在清晰学习流程的基础上开展共同体活动。

（3）掌握点拨要领，有效引导学习。学生开展共同体学习时，教师围绕核心问题对共同体学习进行适当的启发、点拨和引导，耐心倾听学生发言，及时对其学习情况进行归纳小结。

（4）培养互评能力，提升学习实效。通过激励机制和鼓励措施激发团队成员开展合作活动的积极性，促使学生在学习过程中"互为师生"，互相学习，取长补短，共同进步。

5. 培训合作技能

为了更好地发挥共同体在学习中的作用，教师要做好学习共同体的技能培训工作，让共同体成员懂得如何参与共同体的学习，如何在协同、合作中实现自我提升和自我发展。在培训过程中要求成员做到学会互动、学会倾听、学会表达、学会欣赏、学会自控等。（见表3-3-1）

表3-3-1　合作技能培训

培训要求	内容要点
学会互动	组内交流中，敢于质疑请教，勇于表达看法，乐于听取意见，善于补充总结
学会倾听	同伴发言时，耐心倾听，不随意打断对方发言，目光注视对方
学会表达	表达观点时，要紧扣主题，做到有理有据；与组内成员意见不一致时，态度诚恳地发表看法
学会欣赏	尊重对方发言，倾听时适当点头、微笑、鼓掌，表示接受、赞赏
学会自控	共同体合作时，按任务要求讨论学习，不随意打断发言，不相互争吵，自觉遵守课堂纪律和合作规则

（二）学生学习共同体的教学范式

"爱种子"学习共同体教学范式，在具体教学中，首先由教师提出学习目标，通过教师与学生交流讨论等形式提出要解决的问题。学生针对问题先自主学习，独立思考，尝试解决问题。在此基础上，小组内交流，探究问题解决方案。再通过小组汇报学习结果，其他组员点评与补充或提出不同见解，最终达成学习目标。（见图3-3-1）教师在整个过程中要对学习共同体进行必要的调控、监督和协助，如在学生自主学习时，给予必要的提示与辅导；在小组交流时，融入学习共同体，了解合作学习情况，提供多样化学习资源，协助学习任务有效完成；小组汇报交流后，指导学习共同体将成员的学习成果进行有机整合和简要小结。

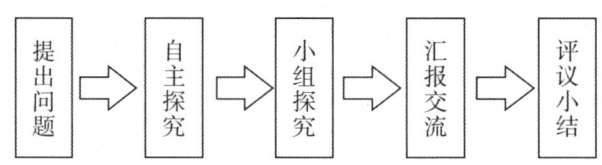

图3-3-1 "爱种子"学习共同体教学范式

二、小学语文课堂即时评价语言范式

《义务教育语文课程标准》在评价建议中提到，促进评价主体的多元化"应注意将教师的评价、学生的自我评价及学生之间的相互评价相结合，加强学生的自我评价和相互评价"，"实施评价时要尊重学生的主体地位，面向全体学生，尊重个体差异，促进每个学生的健康发展"。

我们在清城区的教改研究中，以课题引领的方式，曾对小学语文课堂教学即时评价有效性进行了研究。我们提出，课堂即时评价应具有多向性、整体性、梯度性、新颖性、适当性、针对性。同时还提出，课堂即时评价应培养学生自主探究能力，凸显评价的语文性；应适应不同课型的教学目标，凸显评价的语文性；根据学生反馈的多元取向，凸显评价的语文性。

在小学语文研究的道路上，产生了很多研究的方式，最终都是为了学生语文学科核心素养的培养，主要包括"语言构建与运用""思维发展与提升""审美鉴赏与创造""文化传承与理解"这些核心素养的培养。"爱种子"教学模式，通过"自主学习""共同探究"和"主动拓展"三个课堂教学环节，辅以"学得、习得、评得、教得"的四维教学策略，引领教师开展"三环四得"教学，提高课堂教学效率与质量，促进教育公平，让"爱种子"的课堂教学更有效。灵活运用课堂即时评价语言，将会让爱种子课堂的学习成果更显著。

（一）实现"三环"主体性教学的课堂即时评价语言范式

学生是学习的主体，课堂是学生学习的主阵地，因此，教师在课堂上对学生的课堂评价，特别是有效激励的即时评价，将会起到四两拨千斤的作用。

"自主学习"是"爱种子"模式中重要和关键的一个环节。在自主学习环节让学生"学得"是指驱动学生开展自主学习。本阶段强化学生自主获取和掌握基本知识，同时通过信息技术强化学习策略，逐步培养学生的自主、主动、合作和协同学习的能力。在自主学习环节中，教师放手让学生开展独立的自主学、合作与协同学、探究式学，然后根据自主学习过程中学生反馈分析所暴露的问题进行针对性、差异性或个性化的指导或教学。现列举"自主学习"环节课堂即时评价语的例子作为参考。

● 你真聪明，用以前学过的知识解决了今天的难题！
● 我们今天的讨论很热烈，参与的人数也多，说得很有质量，我为你们感到骄傲！
● 这是你们合作成功的果实，老师为这份成功而欢喜，更为你们积极参与的精神而叫好！
● 同学们能结合自己收集的资料来理解课文，深刻地体会了作者的思想感情，这个学习方法很好！
● 你们小组真棒，既分工明确，又善于合作。
● 这个小组合作得很好，每位同学都能为解决问题献计献策。
● 你预习得可真全面，自主学习的能力很强，课下把你的学习方法介绍给同学们，好不好？
● 你们小组分工具体恰当。如果能把各个想法有序地组织起来，就更妙了。

"互动探究"是基于情景互动、探究的"习得"和"教得"环节。该环节以学生在自主学习环节学得的知识为基础，围绕知识深化和能力提升的教学目标创设基于情景式进行的感知、体验、探究、协同式学习教学案例，让学生在课堂开展互动、探究式"习得"实践。"习得"是指学生在通过自主学习掌握了基本知识的前提下，在课堂上通过感知、体验、互动探究与协同创新等互动的形式深化和提升已经掌握的知识。课堂即时评价语也可以激发学生的互动探究能力。

● 喜欢你的敢想、敢说、敢问和敢辩，希望你能保持下去。
● 能接纳别人见解的小组，才是最有合作精神的小组。
● 你是一个很优秀的记录员，不仅把观察到的内容都详细地记录下来，而且还写得非常端正、清晰！
● 第一组组长按照题目的难易程度，给本组同学分了工，而且组织本组同学模拟训练，很有工作方法。
● 第二组同学的合作意识很好，有能力的同学充分利用时间帮助本组学习有困难的同学，这样大家就能共同进步。

●第三组同学讨论得非常深入，他们善于动脑思考，不轻易相信别人的观点，大胆发表不同见解，通过辩论，对问题的理解更深刻。

●发挥一下团队精神，再试试，别怕。

●多精彩的汇报啊！你们不仅有自己独特的想法，还能互相补充完善。

"主题拓展"是基于任务或项目式探究拓展提升学生创新能力的环节。围绕章节知识单元或知识模块设计探究式或协同任务式或项目式活动，任务创设可以结合知识内容进行跨学科学习设计。主题拓展主要是在每个学习单元或模块创设中，拓展学生的创新思维、培养学生的创新能力。同时，通过基于任务或项目式主题拓展实践，可让学生充分地展示自己，也可在同学之间开展互为师生的评价活动以提升学生的辨析能力，与此同时，教师根据成果进行评价以引导学生更好地提升拓展思维能力。同样，我们可以借助课堂即时评价语提升和评价学生的主题拓展能力。

●正是有了认真的实践，才有了智慧的火花。

●我跟你握手不是我赞成你的说法，而是感谢你为课堂创造出了两种不同的声音。想一想，要是我们的课堂只有一种声音，那该多单调啊！

●你的汇报完整、精彩，是我们学习的榜样！

●这是你们合作成功的果实，老师为这份成果而欢喜，更为你们积极参与的精神而叫好！

●你搜集的资料可真全面，自主学习的能力很强，课下把你的学习方法介绍给同学们，好吗？

●你们都是生活的有心人，通过这次综合性学习，如此全面地发现了其中的问题。

●你不但在课外阅读中得到了乐趣，而且获得了那么丰富的知识。你能边读书边思考，真是个会学习的孩子，值得大家学习。

●你们是很团结的小组，完成的作品质量好，有创新意识。希望你们继续积极向上，努力进取。

（二）实现共同体学习"四得"能力培养与提升的课堂即时评价语言范式

"学得""习得""教得""评得"融贯在"三环"之中，"四得"以"三环"教学为路径，以"学为中心，教为学服务"的思维为教学目标与策略。

"学得"是基于"双师"学习资源，学生在教师的引导下，开展自己学、合作学来构建知识和掌握方法。"习得"是学生在教师指导下通过问题探究和主题活动,在"习得"的实践中深化对知识的理解和内化,培养解决问题的能力、知识迁移能力和创新能力。在"互动探究"的习得过程中对学生的学习反馈数据进行分析,把存在的问题即时推送给教师,进而驱动教师开展有针对性的和有效的施教。"教得"是指在学生"习得"的互动过程中,教师根据反馈暴露的问题进行针对性施教。"习得"和"教得"是课堂教学的一种模式,先习后教。所以,"习得"过程必有"教得"过程相伴随。因此,"四得"的课堂生成性很强,能结合不同课型的课堂即时评价,对学生能力的养成和学习行为的激励有着很强的牵引作用。

● 哎呀,你的见识可真广,懂得这么多的知识,老师和同学们都应该向你学习。
● 你的语言组织得这么好,可见你的语言表达能力非常强。
● 你真行,对刚才的问题,不满足于找到结果,而是观察思考,你知道的东西还不少呢。
● 今天,我们的体会已经大大地超出了课文的范围,反映出我们的思维是何等的活跃。
● 我从同学们的提问中看到的是思维的火花,它非常灿烂,与其说是我在教你们,不如说是你们在考我,你们的学习能力提高得真快。
● 能恰到好处地模仿课文句式,学以致用,这也是创新的开端。
● 全文新颖的选材、巧妙的结构,看得出你真费了一番心思。
● 多精彩的汇报啊!你们不仅有自己独特的识字想法,还互相补充完善交流,值得其他同学们学习。

"三环"与"四得"相辅相成,结合不同功能和不同课型的即时评价语言,共同为培养语文核心素养打造闭环的新型教学模式。

三、思维导图学习范式

思维导图是英国心理学家、教育学家东尼·博赞发明的一种先进的思维工具。它运用图文并茂的技巧,把各级主题关系用相互隶属的相关层级图表现出来,在主题关键词与图像、颜色等之间建立起记忆连接,利用记忆、阅读、思维的规律,协助人们在科学与艺术、逻辑与想象之间平衡发展,从而开启人类大脑的无限潜能。思维导图在"爱种子"教学范式中起到了很重要的作用,它广泛应用于"爱种子"教学的各种范式。

（一）自主学习中思维导图的运用

"爱种子"模式下的生字词教学主要运用自主学习的形式，在自主学习环节中，使用思维导图有利于对词语进行分类、拓展，能把零散的知识进行归类，使学生一目了然，如统编版教材一年级上册语文园地三的"车"的组词。（见图3-3-2）

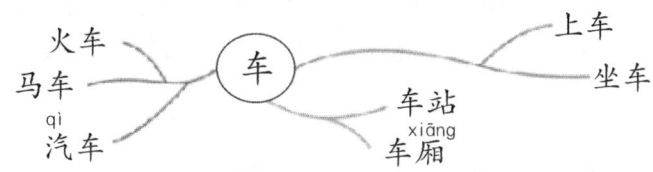

图3-3-2　统编版教材一年级上册语文园地三的"车"的组词

从图中可见，对"车"字的记忆，单独记忆的效果不如组词记忆，组词记忆的效果不如造句记忆。信息经过大脑的加工会记忆得更加牢固，也更容易被大脑提取。对于一年级的学生来说，认识多种"车"的组词是学生头脑中原有的知识，甚至"上车""坐车""车站""车厢"也是他们头脑中原有的知识，但是多数知识很模糊。用思维导图的形式展现"车"字的不同含义的组词，把无形的思考过程通过有形的思维导图展现出来，实现知识可视化。这样，学生头脑中原有的知识就像一条条钩子，与新知识有条理地连接在一起，构建成一张互相联系的知识网络：看到"火车""马车""汽车"，学生就能在此基础上联想到"三轮车""电车""轿车""公交车""校车""赛车""客车""货车""自行车"；看到"上车"就能想到"下车"；看到"车厢"就会想到"车灯""车轮"。认知结构数量的扩充，产生知识的"同化"。同时，教师引导学生把数量众多的和"车"相关的词语用颜色和分支进行分类，使认知结构发生改变，产生知识的"顺应"。借助思维导图，学生将关于"车"字的知识重新建构，新知识能更有效地和旧知识整合在一起，直观又清晰，省去了老师花大力气去解释的时间。对于图画，低年级的小学生就更喜欢了。除此之外，生字开花、一字组多词、辨析形近字、学习带有相同偏旁的字等，都可以用思维导图的方式呈现。

（二）互动探究中思维导图的应用

"爱种子"教学范式中的互动探究多用于课文的学习与品读。我们常用思维导图来梳理文章的结构，如统编版教材三年级上册课文《秋天的雨》的结构图。（见图3-3-3）

通过这样的思维导图，课文的"总分总结构""从哪些方面分别叙述了秋天的雨""教学的重难点"都一目了然。阅读教学是小学语文教学的重点，以往老师总怕学生听不懂、学不会，无休止地讲解、分析，现在一张思维导图，从文章的结

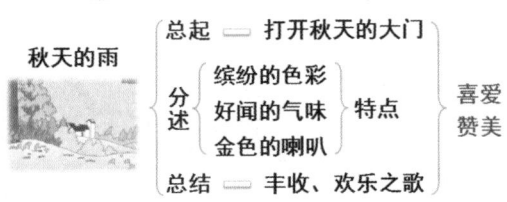

图 3-3-3　统编版教材三年级上册课文《秋天的雨》的结构

构，到内容的安排，都清楚地呈现在学生的面前，省却了教师过多的分析和讲解。

我们还可以借助思维导图来学习各类文章，尤其是游记、状物、写景类文章，条理更清晰，内容更具体。用思维导图来学习游记，是通过思维导图把游览的路线、每个景点的特点描画出来；用思维导图来学习写景状物的文章，可以抓住关键词，选取围绕关键词而叙述的节点进行描画。如统编版教材三年级下册课文《荷花》，以"荷花"为关键词，在文段中提炼出"闻到的""看到的""想到的""表达情感"这些概括性词语作为主节点，把文段的内容作为分支点，利用思维导图清晰呈现，如图3-3-4所示。

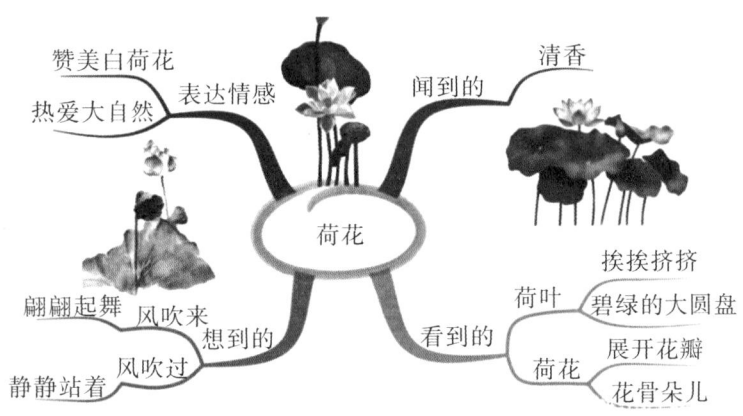

图 3-3-4　课文《荷花》思维导图

我们也可以借助思维导图复述课文，如有位老师在参加微课录制比赛的时候就借助了思维导图指导学生复述课文《清明节的由来》。(见图3-3-5)

借助思维导图复述课文，使复述变得直观，可以降低学生复述课文的难度，激发学生复述课文的兴趣。总之，思维导图为阅读教学带来了极大的方便，不仅提高了学生学习的兴趣，发展了学生的思维，更提高了课堂的效率。

在复习、整理知识的时候也可以借助思维导图。通过思维导图的直观演示，原本凌乱的、模糊不清的知识会变得有序、有条理，学生的记忆因形象化的思维导图也会变得快速有效。

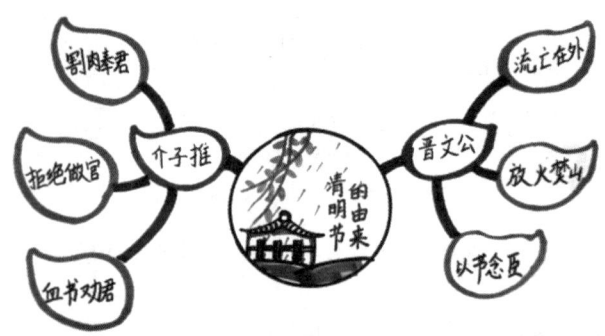

图 3-3-5　课文《清明节的由来》思维导图

(三) 主题拓展中思维导图的应用

口语交际、语文综合性学习单元教学、习作指导、整本书阅读这些课型具有综合性、开放性和自主性的特点。在教学过程中，主题拓展起到了主要的作用。因此，在主题拓展环节中利用思维导图进行知识的归类、整理，有利于学生的汇报、交流和表达。习作，是小学生学习的难点，也是教学的难点。因此，思维导图在习作中的运用是最常见的。对于小学生来说，怕写作文的主要原因，是不知道写什么（没内容），不知道怎么写（没思路），没有内容和没有思路导致学生对写作文产生了惧怕感。要解决这个问题，应该让学生学会一套行之有效的知识构建法，把零碎的、不成体系的知识进行加工，串成有机整体，扩大学生已有的知识组块的容量，减少知识组块的数量，而思维导图可以解决这个问题。

1. 促使发散思维，使习作言之有物

"巧妇难为无米之炊"，学生写作文时，常常不知道写什么，如何下笔。确实，如果离开了思维的材料，再聪明的人也会犯难，所以，思考的第一步是丰富思维的材料。小学生怕写作文，一到写作文的时候大脑就一片空白，搜肠刮肚也想不出要写什么。难道我们小时候脑海里真的什么都没有吗？仔细想来不是这么回事，真实的情况是，每个人都有非常丰富的想法，只是缺少了激发这些想法并将之有效组织的一个"武器"，而思维导图正是帮助学生提取信息并组织信息的利器。

(1) 思维导图能激发头脑风暴。写作前，用思维导图进行头脑风暴，整理和构建知识，使写作成为"看图说话"（看着思维导图说话）的过程。审清写作主题，将所有环绕写作主题的想法或者事情进行合理选材，逐一画出来。跟着感觉走，不必理会对与错，应该或者不应该，把写作导图的草图画出来。也就是说，当你想好要写某个主题时，就把脑海里浮现的素材全部分门别类地画在图上。以写《美丽的春天》为例，确定主题是写美丽的春天，教师就和学生先来一个头脑风暴，让学生思考：看到这个题目，你想到了春天的什么？学生的回答大不相同：有的想到了春天的花，有的想到了春天的草、树木，有的想到了春天的雨，有的想到了春天人们的活动……学生的思维越说越开阔，举手的同学也越来越多。教师把学生说的词语全部写在黑板上，仔细一看，学生围绕"美丽的春天"竟然说了三十多个词。看着这些词语，学生写作文的思路就打开了，随便挑一些词语，学生都有话可说，这样，习作的材料就丰富了。

（2）思维导图能激发思"絮"飞扬。思"絮"飞扬是指以一个词为起点，快速地联想到下一个词，每一个词都与上一个词相关联。教师随便定一个与春天有关的词语，例如春天的花，让学生由此发挥想象，把与花相关联的词语说出来：有的从花联想到花的品种，从花的品种联想到花的颜色，从花的颜色联想到花的特点，从花的特点联想到公园的花、自家种的花，有的从花联想到与花有关的诗……这个过程可以无限地进行下去。一番头脑风暴后，整块黑板几乎都写满了，再让学生挑一样事物来说话，学生可以根据思维导图的某个分支节点进行说话，且讲得头头是道。写作文也一样，学生的思维一旦被打开，虽然说不上文思泉涌，但是再也不用为无话可写而发愁了。思维导图打开了学生习作的思路，让习作言之有物。

2. 帮助整理思维，使习作言之有序

叶圣陶说过："教学生练习作文，要他们先写提纲，就是要他们想清楚然后写，不要随便一想就算，以有点儿朦胧的印象为满足。"思维是写作的核心，只有抓住思维这一条主轴，作文才能有深度、有广度。写作对于刚刚接触写作不久的小学中段的学生来说，难度是非常大的。大多数小学生面对写作没有思路，甚至完全不知道如何下笔，思维导图的引入解决了这一难题。

利用思维导图辅助写作，不仅能帮助学生积极唤起与写作主题相关的事件，还能使我们的文章层次更为清晰。思维导图能有效帮助学生把思维材料一个个呈现出来，但是如何将这些材料组合成有机的整体呢？就像把零碎的"珍珠"串成"项链"一样，思维整理的过程就显得格外重要了。以《美丽的春天》这一篇习作为例，老师用头脑风暴的方法激发了学生的思维，让学生们把与春天有关的景物、活动、联想说出来之后，还需要整理归纳。整理的过程就是思维的过程，再把学生说的花、草、树木排在一起，在前面加一个词"植物"；把燕子、蝴蝶、小鸟排在一起，在前面加一个词"动物"；把放风筝、植树、春游竖排，在前面加一个词"活动"；在学生想到的诗句前面加一个词"联想"。学生一看就明白，老师是在帮助他们把这些零碎的东西归纳整理起来。当学生整理出以"美丽的春天"为中心主题，以"植物""动物""活动""联想"为主节点，以花、草、树木为"植物"的分节点时，这个思维导图还没完成，还可以继续往下画。此时，老师再问学生：春天的花，我们应该抓住什么来写？学生很自然就把黑板上所写的品种、颜色、香味、形态放到了"花"的后面，成为"花"的分支，这样，思维导图的第一条分支就出来了。

美丽的春天→植物→花→品种、颜色、香味、形态

当学生把所有的分支整理好后,这个思维导图就基本上完成了。学生对已经画出来的内容进行筛选或者删除、补充,并对所选材料进行组织编写,或者进行适当的合并,确定详写、略写的内容以及写作的顺序,列出写作提纲。将已有的资源和想法显性化、结构化,有了清晰的提纲,学生再来写这篇文章,就可以实现前面提及的"看图写作"了。仅仅十分钟的时间,写作水平好点的学生已经写了两百多字了,写作水平差点的学生也写了一百多字,再也没有学生坐在那里皱着眉咬笔头了。思维导图清晰地显示出习作的思路和顺序,学生按照思维导图的思路写作,写出来的文章思路清晰、言之有序。

思维导图的使用大大地提高了课堂的效率,它充分发挥学生的联想力和想象力,激发学生的学习兴趣,调动学生学习的积极性,保持学生学习的主动性和探究性。

思维导图作为"爱种子""三环四得"教学模式的一种辅助范式,在教学中起到了很重要的作用。思维导图直观的图像,清晰地向学生呈现了知识的结构图,也使知识有序地归类、有条理地整合,省却了烦琐的讲述。

第四章

小学语文"爱种子"教学范式资源的建设

第一节 "爱种子"教学范式教学资源建设的意义

资源共享是互联网环境下教育的重要价值。"爱种子"教学范式资源质量的好坏，决定着模式使用效果的大小。建设"爱种子"教学范式资源，具有重要意义。

一、更好地落实"三用"

"爱种子"的"三用"是指"点点用""改改用"和"创创用"。以"三用"进阶标准为依据，界定教师群体，有针对性地助力教师成长。教师结合实际情况，科学构建"三用"教学资源。

（一）明晰"三用"群体，助力教师逐步成长

我们制定了"清城区小学'爱种子''三用'评定标准及进阶条件"，对"点点用""改改用""创创用"三个层次的教学群体进行界定，目的是让教师有明确的专业发展目标和路径。而对"三用"的界定，是通过课堂观察，以范式资源的使用状况进行界定的。根据教师对范式资源使用的优劣，对教师群体进行分类，让教师明确自身对资源使用的定位，避免盲目对资源进行"改改用"和"创创用"，同时，让其依据进阶条件，明确奋斗目标和专业发展路径。从这个意义上说，范式资源是界定"三用"群体的参照物。

（二）深度优化资源并促进均衡发展

我们确信"爱种子"教学模式是整个区域素质教育与可持续发展强劲的推动力。"爱种子"教学范式也能促进教学资源库的建立与加强。"爱种子"的每一位教师都是"三用"的使用者，更是建设者。"爱种子"教学范式具有可复制性，体现课改思想，强调探究，注重交互，全面整合现有资源、素材与管理系统分离等特点。它为整个区域提供与教学具有同步性、完整性、便捷性、协调性的共享库，大大地减轻了不同发展水平的学校和经验不一的教师的压力。"爱种子"教学模式运用信息技术赋能，积累与反馈从课内到课外、从城市学校到山区学校、从学校到社会的教与学大数据，使教育教学具有切实可感的时效性，使教育资源集中化与立体化。为整个区域建立一个高质量、多样化的教学资源库，每所学校不断开发优质的教学资源库，共同探索和完善资源共享，把优秀教师的心血和智慧凝聚起来，使教育资源充分发挥作用。每所学校的发展水平在一定程度上存在着差异，"爱种子"教学范式资源的建设能有效地解决这一问题。用先进的思想、方法和丰富的教学经

验构建优质资源，用"互联网＋"共享资源形式为所有学校服务，使不同学校的每一位教师既能分享到更多的资源，又能学习到不同的教学方法，这样就能进一步促进不同学校间的教育均衡与优质发展。

二、起到"拐棍"作用

"拐棍"引领，有法可依，有章可循。"爱种子"项目面向的群体是广大教师，而非教学骨干。就像盲人走路需要一根拐杖一样，我们以教学范式资源作为模式落地的"拐棍"，让教师在实施各课型、各环节教学中有方法可循，降低了教学实施的难度，更具操作性，确保模式落地不走样。同时，根据教师在资源使用过程中暴露的问题，不断完善，让资源更具适切性，"拐棍"作用更凸显。

三、减轻教师负担，提升师生获得感和幸福感

"爱种子"教学平台的应用，可为教师们的备课和教学提供便利，通过范式资源的建设，有效降低资源使用的难度，再使用"爱种子"教学范式资源已有的导学案，更高效地节省教师们设计课程的时间。教师们就有更多的时间对学生进行个性化的指导，有更多的时间备课。同时，教师能熟练运用平台评价工具，甚至通过平台数据，分析学情，顺学而导，以学定教，精准指导，从而真正实现从以满堂灌为特征的"独白式"教学向"以学生为中心，教为学服务"的转变。课堂上教师分析、讲解的时间明显减少，为学生的自主、合作学习腾出更多时间和空间，有意识地让他们在实践中学习。课堂生态好转，学生学习的获得感和教师教学的幸福感均得到大大增强，一举多得。

四、提高教学、教研效果

"爱种子"范式资源直击教学痛点，针对灌输式教学方式所造成学生学习思维浅表化的现象，针对"我讲你听""满堂灌"的低效教学所造成的"慢、差、废"等种种弊端，积极探索自主、合作、探究学习方式，通过技术赋能，重组教学内容，重造教学流程，实施精准导学和导教，使教学效果得到提高，使课堂焕发出新的生机，在培养学生高阶思维的同时促进学生生命的成长。教师们从"倒逼"式的教学行为转变中，感受到学生学习状态的持续改善和学习潜能的不断激发，尝到改革的"甜头"，从"要我改革"转为"我要改革"，自觉从旧观念的桎梏中突围，形成改革内驱力，让课堂焕发生机，真正实现教学相长。资源建设的过程也是教学、教研共同体不断进行智慧碰撞、不断成长的过程。

第二节 基于"爱种子"教学范式基础的资源建设的策略

基于"爱种子"教学范式,我们采用多种途径带动范式资源建设,对范式资源进行分类,有针对性地建设范式资源。

一、范式资源构建的手段、方法

"爱种子"教学范式回答了在"爱种子"教学模式下"教什么、怎么教、怎么评"的问题,凸显了语文教学中的策略指导,体现了教学范式的核心价值——解决到达教学目标彼岸的"桥"和"船"的问题。而根据教学范式,整合一批支持教师常态化、规模化、持续性、可复制性的教学资源,以此为"拐杖",可以倒逼教与学行为转变,进而实现观念转变,改善课堂生态,提升教学效果。

(一) 以范式优化带动资源建设

范式是资源建设的指南。"爱种子"各课题组结合清城区教学实际创生教学范式,学科教研员组织讨论各课型范式,各课题组根据意见修改范式。确定范式后,再根据范式设计各册教材新的导学案供实验教师使用,并组织课堂观察,验证范式效果。在课堂观察中发现问题后,再优化、完善范式,从而不断优化教学资源。(见图 4-2-1)

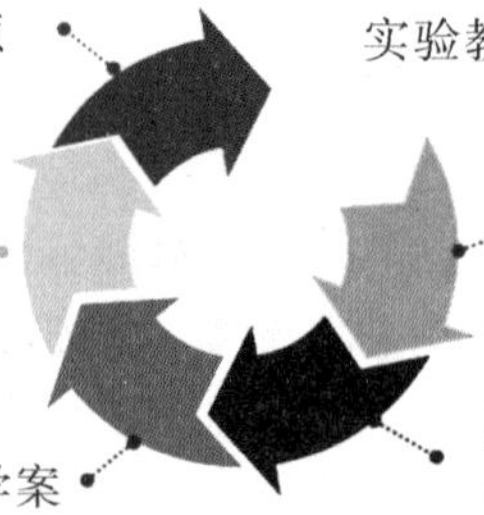

图 4-2-1 范式优化流程

(二) 以课题研究带动资源建设

以问题解决驱动课题研究,把实验中面临的关键问题变成课题,以此带动教学范式资源建设。通过增加面向"爱种子"教学范式研究的课题立项和经费支持等形式，支持全区小学开展以教师为主的课题引领教学资源建设，利用课题整合相关单位的人力、物力，合作建设教学范式资源。因此，为推动以课题研究带动"爱种子"教学范式资源的建设和应用，清城区"爱种子"项目试验区申报立项了"省级总课题—省级课题—区级课题"三级研究课题（见图4-2-2），通过将课题"三级"分解，逐步把课题研究内容明晰化、具体化，形成若干个既各自独立又融为一体的研究共同体，围绕"爱种子"教学模式的优化与实施策略进行研究。

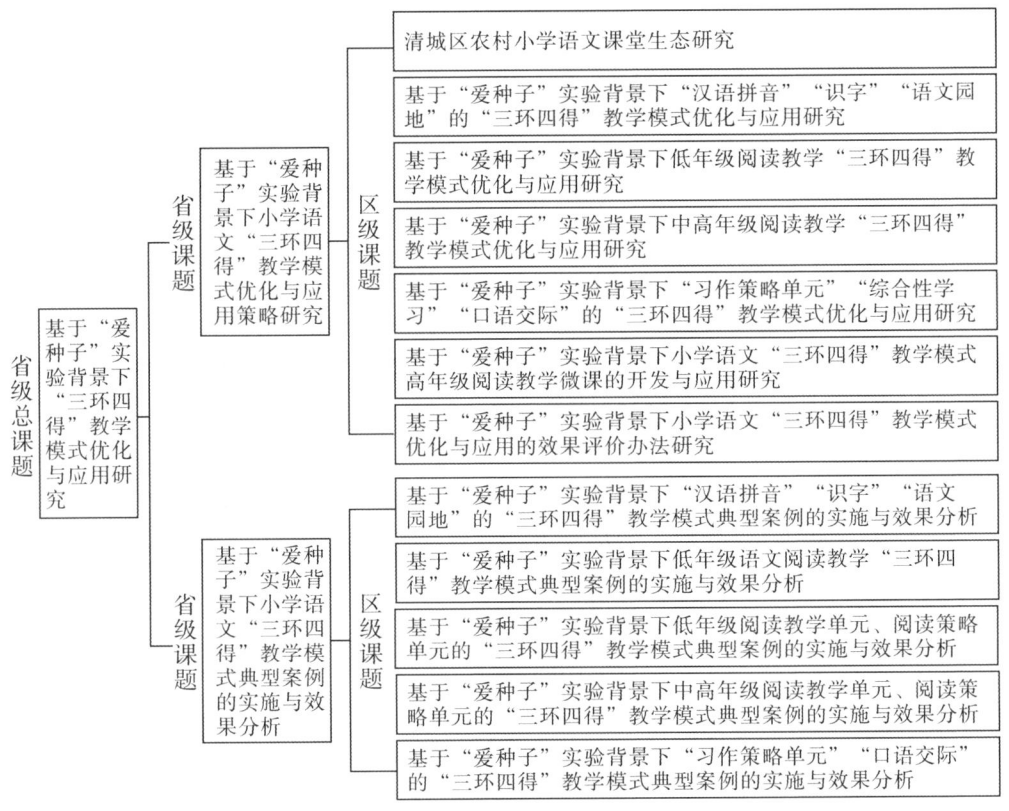

图4-2-2 小学语文"爱种子"课题结构框架

在课题研究过程中，通过专题教研、案例分析、同课异构、集体会诊，进一步完善"三环四得"教学模式，不断推进"爱种子"教学范式资源建设。在课题研究的中期和后期，开展"爱种子"课题研究教学论文、教学设计、微课、案例分析的评比活动，及时汇聚优秀实验成果。

（三）以问题解决带动资源建设

教学资源应该为教和学服务，满足一线教学的实用化需要。教学资源的建设开发和整合应用，应当符合实际教学实践情境的需要。因此，可以根据教学实际需要，着手重新创建和整合教学资源。在建设教学资源时，应该使资源与实际教学需求相关联，从而使资源与教学需求相呼应，让教师和学生能更高效地使用资源，从而提升教学效果。

例如，在"爱种子"课堂观察中，导师团发现学习共同体的学习交流流于形式的主要原因是学习共同体建设工作不扎实。我们便适时出台《清城区学生学习共同体建设方案》，明确了学习共同体建设规范和具体操作方法，确保学习共同体在课内外学习中取得扎实有效的成果。导师团还发现课堂出现一到下半节学生普遍精神涣散、不认真听课的"下半节现象"，主要原因在于教师不关注学情，不激励学生。我们又适时提醒教师要时刻关注学情，注意平台评价与即时性语言评价相结合，及时向教师推出《小学语文即时评价语集锦》，其中含有 1200 多条评价语，供教师们参考并运用于课堂，由此逐步减少了"下半节现象"的发生。

（四）以各类活动带动资源建设

教学范式资源建设需要资源建设者和资源使用者共同参与。一线教师作为资源使用者和初级提供者，其"生产"的资源是最贴近教学、最实用的资源。因此，通过举办各类教学活动，激励教师"生产"和"分享"，以此带动资源建设。

1. 以专题教学教研活动带动资源建设

以专题为活动主线，课堂为主阵地，教师为主体，开展一系列教研活动，创造并共享资源。例如，我区围绕教研专题"部编版小学语文习作策略单元教学"开展教研活动，通过活动建设了一批习作策略的课例资源、讲座资源和纸质资源。

2. 以同课异构赛课活动带动资源建设

参赛教师针对同一课题，开展同课异构赛课活动，同中求异，异中求变，于细节之中见智慧，于求实之中见创新，以不同的构思设计、不同的引导方法、不同的教学风格，演绎精彩多样、各具特色的课堂活动，以此带动优质课例资源建设。赛课教师及背后的教研团队是推进资源建设的内动力。

3. 以优秀教学资源评选活动带动资源建设

建立教师资源贡献、资源应用方面的激励机制，并与教师工作评先评优挂钩，能激发教师积极参与教学资源建设。我们制定了《清城区"爱种子"课堂教学改革评优评先方案》，定期评选"爱种子"课改先进集体和个人，进行了两次"爱种子"教学成果评比，以此带动资源建设。

4. 以教学资源建设基地校创建活动带动资源建设

学校是教育资源生产和应用的主阵地，每所学校基本都拥有一批在语文学科领域突出的优秀教师。根据上述情况，我们在区域内开展"爱种子"教学范式资源建设基地校创建活动，把教学范式资源建设任务按照不同年段分配给多个学校。这样一来，既能保证教学范式资源质量，也能分散和缓解教学范式资源建设集中的压力，能够盘活区域内教育资源建设生态，进而达到"建设分散、集中分享"的目的。

二、范式资源的分类及建设

围绕教学范式,范式资源可分为教学实施资源、教师研修资源两大类。教学实施资源分为导学案资源、平台资源和学生学习资源,其中,学生学习资源分为微课资源和文本资源,教师研修资源分为范式研修资源和专题性研修资源。(见图4-2-3)

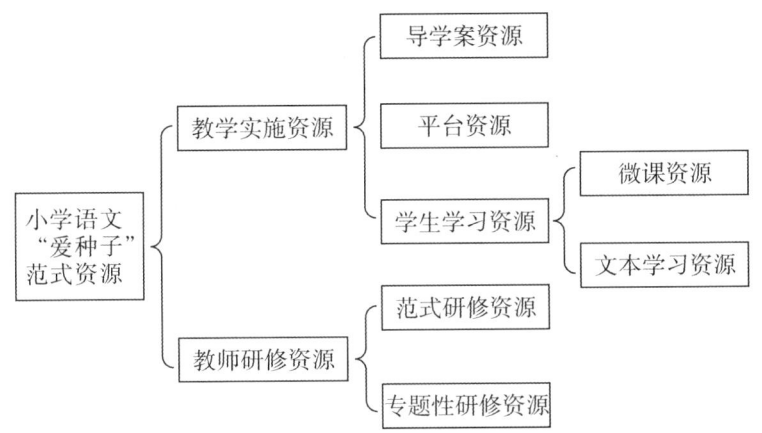

图4-2-3 小学语文"爱种子"范式资源分类

(一)教学实施资源建设

1. 导学案资源

导学案资源是教师指导学生学习的方案资源,也是学生自主学习的方案资源。导学案资源是基于"I-SEED三环四得"的教学模式设计的教学资源。

(1)根据范式进行教学设计,以范式优化带动资源优化。为了让导学案资源能更加适合本地区教师与学生使用,教研室做好了资源建设的顶层设计,组织区内课题组骨干教师根据"爱种子"教学模式的"三环四得"的理念,结合我区教师的教学特点与学生的认知水平,开发出适合我区教师与学生使用的"小学语文课程不同课型的教学范式"。各课题组的骨干教师在教学范式的引领下,对各年级的导学案资源进行优化,优化出适合本地区教学实际的"爱种子"教学模式导学案资源,使优化后的导学案资源本土化,更适合我区的教师和学生使用,达到课堂教学效果的最大化。

(2)以学生学习为中心进行设计。导学案资源围绕"爱种子"教学模式的"三环四得",以学生学习为中心,以学生发展为本,以学与教的资源创新设计为核心。导学案围绕"自主学习""互动探究""主题拓展"三环节,让学生开展感知、体验、探究和协同创新的情景互动学习。如自主学习环节识字自主学习中的

"互教互学"，引导和驱动学生自主学、互读互教、合作学、协同学，让学生互读互评，读错的由同桌纠正，让学生通过互助学习，高效掌握基本知识与技能。以课文《掌声》的互动探究环节为例，在品读与探疑环节中，设计小组合作学习环节：①出示主问题"掌声前后英子有哪些表现？她当时的心情是怎样的？"；②小组汇报；③细品词句。设计时，引导学生体会课文中关键字词在表达情意方面的作用，以学生自主学习的知识为基础，以合作学习为途径，让学生在互相讨论和交流中更深刻地体会英子的心情，基于情景式开展习得，提升学生解决问题的能力。

（3）导学案资源根据我区的教情和学情设计。负责导学案资源优化的"爱种子"核心团队，根据我区教情和学情积极开展研究，组织开展一系列教学示范研磨活动，并收集实验学校的老师们的反馈意见，让设计者与应用者进行交流碰撞。一方面，加强实验教师们对"爱种子"教学模式的理解与实践能力；另一方面，加深核心团队对试验区教情、学情和对模式落地情况的了解，使他们对模式的优化有据可依。我们充分发挥导师团的作用，持续不间断地指导试验区教师开展实验。我们以"爱种子"为媒，让试验区和非试验区之间互联互通，多次举办区内"爱种子"教研活动，用本土教学成果完善教学范式。每次听课完毕，教研员均组织导师团成员以及实验老师们反馈导学案资源使用情况，并在此基础上，共同探讨最佳优化策略，凝聚集体共识，提出具体解决方案，促进共同发展。教学范式的建构贯穿整个实验过程，在不断修改教学范式和完善教学范式的过程中，导学案资源更具普遍适用性。

（4）导学案资源设计要求：具体、清晰、操作性强，易于理解设计意图。导学案资源设计以教学范式作为"拐棍"，让负责优化导学案的教师在优化各课型导学案中有方法可循，在教学范式的引领下，使导学案资源设计更具体、清晰，大大降低了导学案的优化难度，使导学案更具操作性，增强了导学案资源使用效果；同时，以范式为指南进行设计的导学案资源，因其具有普适性的特点而具有可复制性，更利于教师熟练使用导学案资源。通过发挥骨干教师的示范引领作用，针对实验存在的问题，开展研究课、示范课、课例研磨、赛课、课题汇报课、线上教育赛课、专题讲座等活动，拓宽导学案资源建设路径，检验导学案资源是否符合我区学生学情，不断完善导学案资源，确保导学案资源的高借鉴性。

（5）导学案的课型分类。导学案根据"爱种子"教学模式把教学课时划分为"识字自主学习""课文互动探究""单元主题拓展"三种课型，并根据教科书编写思路和编写特点，对各年级每学期的各单元进行课时划分。低段年级课时划分为汉语拼音自主学习、汉语拼音互动探究、识字自主教学、课文互动探究、口语交际、语文园地、快乐读书吧等，中高段年级课时划分为单元导读教学、识字教学、课文互动探究教学、单元主题拓展教学、习作教学、口语交际教学、综合性学习教学等。

（6）与平台资源对接。"爱种子"平台提供的体系化优质课程资源，是广东省名师团队基于"I-SEED 三环四得"的教学模式设计的,并且通过信息技术进行情景演绎的优质资源。我们根据我区的实际情况,优化出适合教师与学生使用的导学案资源,根据"爱种子"平台提供的体系化优质课程资源,围绕"爱种子"教学模式,在名师团队建设的资源基础上,建设具有适切性和体系化的本地区语文科"爱种子"优质教学资源。利用课题组带动资源建设,对教学导学案资源做本土化处理,以适应本地的教情和学情。课题组围绕"爱种子"教学模式的优化与策略进行研究,由课题组的骨干教师优化各实验年级的导学案,由"爱种子"平台技术员根据优化的导学案在平台上进行课件制作。优化后的课件在范式的引领下,帮助我们的教师降低了教学资源使用的难度,实现了"爱种子"项目的目标之———共享优质教学资源,促进教育均衡发展。

(7)与数据采集和分析对接。导学案设计注重"互联网+教育"和"人工智能+教育"的现代化信息技术与教学的融合,在教学的过程中采集学生学习的数据,即时评价分析存在的问题,有针对性地对学生进行指导。利用"爱种子"平台的答题器,让学生更有兴趣参与课堂,同时第一时间反馈学生的学习情况。"爱种子"模式创新了资源的设计方法,把技术赋能的教育理论和方法融入设计和制作之中。例如,选出难认读的字、竞赛的抢答、选择题、游戏的闯关,通过有趣的环节调动学生参与学习的积极性。如在让学生选出难认字时,教师要求学生在规定的时间内作答,学生用应答器选出最难认读的字,教师在"查看结果"中了解学生的投票情况,根据反馈数据,教师针对大部分学生认为最难认读的字进行指导点拨。从"详细数据"中查看学生的提交情况,检查学生是否按时提交,并关注学困生的完成情况,有效地掌握全体学生全面参加学习的情况。

2. 平台资源

为了全面落实广东省教育厅"用信息技术推动义务教育教学改革"的精神,依照"爱种子"教学模式进行课堂改革,需全力做好"爱种子"教学模式应用资源建设。"爱种子"平台资源创设是"省级+一线名师"共同打造,用富有媒体技术与"爱种子"教学理念相结合而制作的优质互动数字教学资源,将信息技术与学科课程整合,构建"主动参与,自主学习,协作探究"的课堂新模式,贴合教学实际且简单易用,将课堂主体从教师转向学生,使课堂更有效率与创造性。

(1)与导学案配套的课件及数字资源。"爱种子"平台提供体系化优质课程资源,在广东省名师团队基于"I-SEED 三环四得"的教学模式设计的基础上,我们根据"小学语文课程不同课型的教学范式",优化出适合本地区教学实际的"爱种子"教学模式导学案;并把优化后的导学案交给"爱种子"平台公司,由"爱种子"平台公司根据导学案设计,通过信息技术进行情景演绎,制作出与导学案配套的平台课件。老师授课可以进行"点点用",也可以根据本班学生的实际情况进行"改改用""创创用";根据导学案制作的课件含有各种数字资源,如采集学生的学情可以使用答题器查看结果、查看数据,并设有提问、评价、板书、展台功能，数字资源让课堂更具科学性。

（2）供教学使用的其他配套资源。

古诗词：可快速调用课内古诗词，配以朗读音频、注释、译文、作者简介等，让学生全方位学习古诗词。

生字：输入文字可快速生成生字卡、词语卡，配以笔顺发音、部首、组词造句、书写注意等，让学生有效掌握生字。

词语听写：可快速调用本课或其他课的词语，个性化设置书写时间、朗读次数；同步支持课本以外的词语，通过听写掌握学情。

投票：根据本课学习的生字，可通过答题器投票选出"最难认读的生字"，结合数据及时反馈，教师精准指导教学。

电子书、课文音频：与教材同步，方便实际教学。

习题：提供多种客观题型（如判断题、选择题），学生使用应答器作答，结合数据及时反馈，教师及时调整教学。

（3）平台数据资源。平台数据资源利用平台的数据采集组件，采用更直观的效果让学生进行观察和选择，然后将答题器收集的数据和数据分析以图表的形式呈现，在课堂上或课后进行数据分析。答题器收集、检测的数据能实时获得，利用答题器收集、检测，教师既能了解学生的普遍认知，还能查看习题完成的情况，查看习题分析。习题分析提示了各种选项的人数及百分比，各种数据一目了然，答对率与耗时也都一清二楚，这就为教师适当调整教学方向提供了有力的保障。

通过学习和教学过程对观察点的诊断评价，并采用关联方法将诊断评价生成形成性评价与分析，建立学生学习能力、素养能力、学习习惯等大数据，逐步建立学生个性化数据自画像、教学学况数据画像、师生行为数据画像，更好地推动学校开展智慧治理。利用课堂学习和教学反馈数据驱动教师进行数据指导教学的研究，指导学生开展精准学习，基于问题精准施教，围绕问题与困惑开展精准教研。驱动教师在课堂革命践行中研究新理论、新方法和新模式，促进教师专业能力发展，提升教师的信息技术应用能力。

3. 学生学习资源

学生学习资源主要分为微课资源和文本学习资源两大类。

（1）微课资源。微课是指运用信息技术，按照认知规律，呈现碎片化学习内容、过程及扩展素材的结构化数字资源。微课具有教学时间较短、教学内容较少、资源容量较小、教学设计精致的特点。

①微课资源在语文教学中的作用。微课是一种新型的教学手段，是教师根据学生的具体情况，结合教学需要录制而成的一种学习资源。由于班级授课制的教学体制，教师较难做到因材施教、有的放矢，微课给教师带来了因材施教的机会。利用微课资源，既可对知识点进行预热、复习巩固、拓展等，也可以通过视频、语音、动画等使抽象的学习内容和含义形象化。学生可以按实际需要，通过微课学习，选

择性地获取知识，进而提高教学效益。

②"爱种子"学生微课学习资源的建设。微课有一个完整的教学结构，包括导入、授课、互动、结束等。微课的内容设计要条理清晰，主题要突出。"爱种子"微课资源与导学案配套使用。如五年级下册第五单元习作单元，该单元是在上册第二单元学过的"结合具体事例写出人物的特点"的基础上，引导学生进一步学习写人的方法——侧面描写，认识什么是侧面描写，体会侧面描写的表达效果。洲心街中心小学张莹老师在教学《刷子李》时，先让学生课前观看微课，介绍了正面描写——通过描写主要人物的外貌、动作、语言等来表现主要人物的特点，以及侧面描写——通过描写周围人的反应（心理、动作、语言）表现主要人物的特点；然后让学生认真读《陌上桑》片段，尝试让学生在文段中找出描写罗敷的语句和描写周围人反应的语句，在旁边写下体会；最后让学生汇报学习成果，体会人物特点，初步体会正面描写和侧面描写的表达效果。

"爱种子"微课课型，按学习环节分为自主学习课微课、互动探究课微课、主题拓展课微课，按适用课型分为汉语拼音课微课、识字课微课、阅读课微课、习作课微课、口语交际课微课、整本书阅读课微课。各课型"自主学习""互动探究""主题拓展"微课环节内容要点见表4-2-1至表4-2-6。

表4-2-1 "爱种子"汉语拼音课微课各环节内容要点

环节	内容要点
自主学习课微课	自主学习课微课根据本课的基础知识点，选取其中一点展开学习。例如，汉语拼音第1课《a o e》，可先在字母的读音、字形、笔顺等方面选择一个知识点。若选取 a、o、e 的发音，微视频中，可呈现发音嘴型、识记发音的小儿歌等。最后呈现字母相关插图，让学生说出字母，以建立学生对字母与插图的记忆联系
互动探究课微课	互动探究课微课可依据本课的某一个重点、难点较深入地展开。例如，汉语拼音第2课《i u ü》，可呈现难点 i、u、ü 的整体认读音节 yi、wu、yu。在指导时，详细讲解 i、u、ü 加声母变成整体认读音节的规则及读音方法。最后，呈现 yi、wu、yu 的四声调及汉字，让学生加深理解韵母与整体认读音节的区别
主题拓展课微课	主题拓展课微课可依据本课的其中一个重点内容，展开相关强化训练或进行知识积累。例如，汉语拼音第9课《ai ei ui》，可朗读韵母含 ai、ei、ui 汉字的儿歌。再请学生从中找出带 ai、ei、ui 的音节，标上红色拼读。最后，让学生诵读儿歌，在朗读中加深对韵母的理解、运用

表 4-2-2 "爱种子"识字课微课各环节内容要点

环节	内容要点
自主学习课微课	识字课的自主学习课微课可以根据本课生字的基础知识点，选取其中一点展开学习。例如，一年级上册识字第 7 课《大小多少》，可依据本课生字的字形、组词、量词、反义词等知识点选取一个来展开。若选择学习"量词"，则可先明确"量词"的定义与作用，再列举几个数量词，之后呈现图片，让学生说说图中的数量，让学生建立数量词与实物的联系
互动探究课微课	识字课的互动探究课微课可依据本课生字的某一个重点、难点较深入地展开。例如，二年级上册识字第 4 课《田家四季歌》，可选取难点"事、戴"的书写展开，利用字源识字或识字小口诀等多种方法强化学生记忆。之后再呈现相关图片，让学生看图说词语
主题拓展课微课	识字课的主题拓展课微课可依据本课生字的其中一个重点内容，展开相关强化训练或进行知识积累。例如，二年级上册识字第 22 课《狐假虎威》，可利用与生字相关的图片让学生提炼出本课生字。然后展开想象，以该生字组词说话，借此让学生加深对生字的理解认识

表 4-2-3 "爱种子"课文阅读课微课各环节内容要点

环节	内容要点
自主学习课微课	自主学习课微课可以根据本课的基础知识点，比如作者简介、课文主人公的简介、课文选自书籍的简介等，选取其中一点展开学习。例如，在学四年级上册第 23 课《梅兰芳蓄须》时，安排学生课前自主学习观看 1930 年梅兰芳在美国表演的京剧《霸王别姬》片段，微课中梅兰芳塑造的虞姬体态端庄、步履轻盈，舞剑时动作干净利落、洒脱、优雅，台步更是纹丝不乱、协调对称，动作多变却丝毫不轻飘。通过观看京剧片段，初步感知梅兰芳高超的京剧表演艺术
互动探究课微课	互动探究课微课可依据本课的某一个重点、难点较深入地展开。例如，在学四年级上册第 6 课《蝙蝠和雷达》时，让学生观看《蝙蝠的飞行》微课，微课先提出问题：蝙蝠总是在黑夜中行动，那它是怎样绕开障碍物，捕捉到猎物呢？然后解释原来蝙蝠头部的口鼻部上长着被称作"鼻状叶"的结构，周围还有很复杂的特殊皮肤褶皱，这是一种奇特的超声波装置，能连续不断地发出高频率超声波，蝙蝠借助超声波，可以在夜间飞行和捕捉食物。蝙蝠如果碰到障碍物或飞舞的昆虫时，超声波反射回来，被它们的大耳郭接收，从而避开障碍物或捕捉猎物。通过观看微课，学生对蝙蝠飞行的原理有了进一步的了解，类推理解下文雷达的工作原理

续表 4-2-3

环节	内容要点
主题拓展课微课	主题拓展课是课内阅读与课外延伸的有效结合，主题拓展课微课紧扣教学重点。例如，在学四年级上册第 25 课《王戎不取道旁李》时，让学生观看《曹冲称象》微课，微课讲的内容是曹冲得到一头大象，曹操带着曹冲和官员去看大象，大象很重，有官员想出造大秤的方法，但是行不通。曹冲提出了称象的方法，称出了大象的重量。让学生通过观看微课，说说曹冲称象的方法和从中明白的道理

表 4-2-4 "爱种子"口语交际课微课各环节内容要点

环节	内容要点
自主学习课微课	自主学习课微课可以根据口语交际的基础知识点，比如口语交际的话题、口语交际的要求等，选取其中一点展开学习。例如，在学四年级上册第一单元口语交际《我们与环境》，让学生课前自主学习时观看有关环境问题的微课。微课讲的是城市垃圾堆放成山产生恶臭和吸引大量的蚊虫，工厂废气排放造成空气污染，清澈的河水被严重污染导致大量鱼虾死亡。这让学生直观形象地了解我们的环境问题，从而认真思考我们与环境的关系，探究出保护环境的方法
互动探究课微课	互动探究课微课可依据口语交际的某一个重点、难点较深入地展开。例如，在学四年级上册第三单元口语交际《爱护眼睛，保护视力》时，让学生观看有关保护视力的方法的微课，内容是：1. 我们平时连续阅读和写字的时间不要过长，每隔一个小时最好让眼睛休息 10 分钟左右；2. 每次上网或看电视的时间最好不要超过一个小时；3. 平时看书写字时，一定要保持正确的姿势；4. 注意不在强光或光线暗的地方看书；5. 不要走路看书；6. 每天坚持做眼保健操。让学生通过学习微课，知道正确用眼的方法，保护视力
主题拓展课微课	主题拓展课是课内阅读与课外延伸的有效结合，主题拓展课微课紧扣教学重点。例如，在学四年级上册第六单元口语交际《安慰》主题拓展部分时，让学生观看关于朋友不开心需要安慰的微课。微课讲的是自己的好朋友小明中午放学回家后，发现写着重要笔记的笔记本不见了，很伤心。让学生想办法安慰小明，把学到的安慰技巧用于实践中

表4-2-5 "爱种子"习作课微课各环节内容要点

环节	内容要点
自主学习课微课	学生自主学习习作要求，理清习作关键词，确定习作写什么，是写人、写事还是状物。确定后思考选择什么内容进行写作。如三年级上册第一单元习作《猜猜他是谁》。微课设计：一、出示习作要求，让学生思考：本单元习作写什么（写人）。二、关键词是什么（猜猜他是谁）。三、选择什么内容进行写作（外貌、性格、爱好、品质等）。四、突出人物的什么特点（勤奋好学、乐于助人……）
互动探究课微课	学习习作方法。如写人要抓住人物特点来进行外貌、动作、心理、语言等描写，写事要把事情经过写具体，状物要多运用联想。如三年级上册第八单元习作《那次玩得真高兴》。微课设计"按事情发展的顺序写作"：一、什么是事情发展的顺序。二、找出文中事情发展顺序的句子。如《小木偶的故事》，先写老木匠做了一个小木偶，并在小木偶的脸上添了一个笑嘻嘻的表情。接着，写小木偶因为笑嘻嘻而受冤枉，遭误解，被怀疑。最后，写女巫出现，赋予了他所有的表情，才让他真正获得了快乐。写作时要首先写事情发生的原因，再写发展的经过，最后写结果。还要注意事情前后的连接，可以用"先……接着……然后……最后"之类的连接词。三、按事情发展顺序写要注意的事项，一是写清事情的因果关系，要交代清楚做某件事的原因，还要交代清楚事情是成功的还是失败的，是顺利的还是曲折的；二是要突出重点，分清主次，安排好详略。四、以例文《丢失的东西》进行点评
主题拓展课微课	学习修改自己的习作。主要看开头、中间、结尾部分。再看标点、语句、选材是否贴合要求。如三年级上册第五单元"介绍一种事物或场景"。微课设计"如何修改习作"：一、修改习作的步骤及内容，一是边读边改，二是修改的内容包括格式、错别字、病句、标点、内容、优美词句。二、常用的修改符号。三、对各处批语的要求。四、修改作文的形式，可以自改、同桌互改、小组互改等。最后，通过修改例文《我家的小狗》加深认识

表4-2-6 "爱种子"整本书阅读课微课各环节内容要点

环节	内容要点
自主学习课微课	介绍书籍的封面、作者、内容、目录等信息，选取书中精彩的片段激发学生的阅读兴趣。再提出相关问题让学生在阅读中找答案。如二年级上册《小鲤鱼跳龙门》，微课设计：一、介绍故事大概内容。二、播放小鲤鱼被浪头弹回来的视频。三、提出问题"小鲤鱼是怎样跳过龙门的"，请同学们认真阅读故事，找出答案

续表 4-2-6

环节	内容要点
互动探究课微课	学习阅读整本书的方法。如摘抄好词好句、写批注、谈感受。微课设计介绍如何写批注，以《三国演义》为例，批注人物形象。一、为什么要写批注，写批注的好处：1. 可以锻炼孩子深入思考的能力；2. 可以锻炼孩子笔头表达的能力；3. 可以让孩子更准确地理解文本；4. 可以训练孩子有自己的独特见解。二、在哪里写批注。凡是有所感悟的地方都可以写。三、写批注的方法。写批注是很自由的，每个人都可以有自己独特的方法，但也有共同的标准。四、以《草船借箭》为例，在课文中做批注。分别找出关于周瑜、诸葛亮、鲁肃的描写，列出人物的思想感情或者性格特点。再学习文中例句让学生具体了解怎么写批注
主题拓展课微课	积累阅读成果，采用喜欢的方式把阅读的收获整理出来。微课设计"积累阅读成果"：一、阅读成果积累的方式有哪些。如好词好句、思维导图、手抄报、讲故事等。二、介绍各种阅读积累的方法，让学生选取其中的一种进行积累。三、以制作手抄报《七色花》为例，让学生具体了解如何做手抄报，学会通过阅读积累阅读成果

（2）文本学习资源。教材是学生重要的文本学习资源，教师要从学生的实际出发，努力开发丰富多样的文本学习资源，为学生提供一个开放性的语文学习空间，使学生的学习内容更丰富，提高其学习兴趣，开阔学习视野，提升语文的综合素养。

①拓展性学习资源，一篇或多篇的课外阅读文本。如在教学三年级下册《忆江南》时，该作品共有三首，作者是唐代诗人白居易，这是其中一首词。这首词总写对江南的回忆，选择了江花和春水，衬以日出和春天的背景，显得十分鲜艳奇丽，生动地描绘出江南春意盎然的大好景象。学生学习完这首词后，教师再出示知识链接——白居易《忆江南》的另外两首词。

忆江南（其二）
江南忆，最忆是杭州。
山寺月中寻桂子，
郡亭枕上看潮头。
何日更重游？

忆江南（其三）
江南忆，其次忆吴宫。
吴酒一杯春竹叶，
吴娃双舞醉芙蓉。
早晚复相逢？

②学生的学习单。如每个单元的单元导读课前预习任务单及各类课型在课堂学习中的学习任务单。

三年级下册第一单元自主学习：单元导读课前预习任务单

学校：　　　　　班级：　　　　　姓名：　　　　　第＿＿＿单元

通览单元	※ 任务说明：浏览单元导语、课文、口语交际、习作、语文园地的内容，请把你了解到的单元主题记录下来。 ※ 预习记录：
通读课文	※ 任务说明：自由朗读单元的课文，了解课文大意，请你尝试概括每篇课文的主要内容并记录下来。 ※ 预习记录：
提出疑问	※ 任务说明：通过单元预习，你最感兴趣的内容是什么？你对哪些内容有疑问？把你在预习中的发现或疑问记录下来。 ※ 预习记录：
课外拓展	※ 任务说明：根据单元的学习需要，可查阅相关的课外资料，把你在预习时查找到的相关资料记录下来。 ※ 预习记录：

---

1. 小组合作圈画：鲧和大禹治水的方法分别是什么？请用圆圈在文中圈出来。大禹治水的过程又是怎样的呢？请用"＿＿＿＿＿"在文中画出来。
2. 小组交流：鲧的治水方法是＿＿＿＿＿＿＿＿，大禹的治水方法是＿＿＿＿＿＿＿＿。大禹的治水过程是＿＿＿＿＿＿＿＿＿＿＿＿＿＿＿＿＿＿＿＿＿＿＿＿＿。

---

③整本书阅读资源。叶圣陶先生在《论中学国文课程标准的修订》中明确提出"整本书阅读"的要求，通过"整本书阅读"使学生的阅读空间扩大，促进学生眼界的开阔。通过拓展阅读，培养学生学习语文的兴趣，还能促进学生拓展知识、提高学生的语文素养。小学阶段是培养学生良好的阅读习惯的关键时期，教师可以通过"整本书阅读"的形式培养学生良好的阅读习惯，促进学生语文素质的提高。我们根据教科书的编排特点以及教科书的推荐书目，特制定了我区的"整本书阅读"推荐书目。（见表4-2-7）

表4-2-7　清城区统编小学语文教科书上、下册各年级"整本书阅读"推荐书目

年级	上册"整本书阅读"推荐书目	下册"整本书阅读"推荐书目
一年级	《猜猜我有多爱你》《会走路的房子》	《读读童谣和儿歌（一）》《读读童谣和儿歌（二）》 《读读童谣和儿歌（三）》　《读读童谣和儿歌（四）》

续表 4-2-7

年级	上册"整本书阅读"推荐书目	下册"整本书阅读"推荐书目
二年级	《小鲤鱼跳龙门》《"歪脑袋"木头桩》《孤独的小螃蟹》《小狗的小房子》《一只想飞的猫》	《神笔马良》《七色花》《一起长大的玩具》《愿望的实现》
三年级	《安徒生童话》《格林童话》《稻草人》	《中国古代寓言》《伊索寓言》《克雷洛夫寓言》
四年级	《中国古代神话选编》《世界经典神话与传说故事》	《十万个为什么》《穿越地平线》《细菌世界历险记·灰尘的旅行》《人类起源的演化过程》
五年级	《中国民间故事》《非洲民间故事》	《西游记》《城南旧事》《三国演义》
六年级	《童年》《小英雄雨来》《爱的教育》	《鲁滨孙漂流记》《汤姆·索亚历险记》《骑鹅旅行记》《爱丽丝漫游奇境》

(二)"爱种子"范式实施的教师研修资源建设

语文教师的知识结构和教学方法都不是一成不变的,教师对"爱种子"范式的参与研究可以促进教师在深层次上的成长。为了能让教师更好地探究"爱种子"范式,我们开发"爱种子"范式实施的教师研修资源,主要有范式研修资源和专题性研修资源。

1. 范式研修资源

范式研修资源主要有范式解读资源和范式课例视频。

(1) 范式解读资源。范式解读资源是指对"爱种子"不同课型范式的基本环节、各环节的时间分配、各环节实施要领、评价、数据采集、注意事项等方面的解读(见表 4-2-8)。不同课型教学范式解读按照年段的特点进行划分,低年级课型范式解读资源包括汉语拼音、识字单元、课文单元、口语交际、整本书阅读等,中高年级课型范式解读资源包括识字单元、阅读策略单元、习作单元、普通习作单元、口语交际、综合性学习单元、整本书阅读等,主要通过文本、视频等手段来呈现。不同课型范式解读的资源将语文教学理论与课堂教学实践紧密联系,有机融合在一起,让教师学习后可以立即应用到自己的课堂教学中。"工欲善其事,必先'巧其思'",这种"干货"式的研修资源会成为一线教师很好的学习材料,使语文的课程改革和教学工作有一个扎实的基础。

表4-2-8　范式解读资源

资源类型	手段	内容要点
不同课型范式解读资源	文本、视频	主要从课型的分类、各课型的基本环节、各环节的时间分配、各环节的实施要领、评价、数据采集、注意事项等方面进行解读

（2）范式课例视频。范式课例视频是专门针对教学范式而建设的资源，包括微型课例视频和常规教学课例视频（见表4-2-9）。互联网环境下，课例视频在信息技术支持下，突破了时空的限制，让区域教师共享、共研，对改进教师的教学手段、提高教学水平和教学质量有着举足轻重的作用。

我们建设的微型课例视频具有"短小精悍"的特点，一般时间控制在20分钟以内，是基于"爱种子"不同课型教学范式设计的思想，针对不同教学范式各环节的提问、提示语、评价语、对学情的关注点，提供具体教学情境中的教学样本，是完备的、精心的信息化教学设计。因其省去了具体学生学习的过程，能让教师熟悉各环节的教学，快速高效地掌握不同课型的各个环节，真正明白在教育信息技术支持下，如何构建"爱种子"模式下的新型课堂。

常规课例视频时长为40分钟，都是具有示范性、典型性、可复制性和高借鉴性的优质范式课例资源。一线教师通过观看视频，体验到不同范式课例的具体教学情形，如语文要素的有效落实、数据的采集反馈、学习共同体的有效利用、评价手段的多元化等。教师观看这些视频案例，假想实际的教学现场，可促使他们更深入了解和研究不同课例范式，反思视频中教师教学的优缺点，并以此为依据完善自己的教学，改变自身教学行为，提高自身的教学科研水平，促进自身的专业成长。

表4-2-9　范式课例视频

资源类型	手段	内容要点
微型课例视频	视频	主要是不同课型范式教学实施的"浓缩"版本，省去了学生具体学习的时间
常规课例视频		主要是不同范式课例在40分钟内完整的教学过程

2. 专题性研修资源

专题性研修资源是针对教学实施过程中的问题而设计的相应的专题性、菜单式的培训资源。专题性研修资源具有很强的针对性，目的是达到某一专门目的或解决某一专门问题，因此能获得更直接的培训效果。专题性研修资源分为若干研修专题，具体如图4-2-4所示。

（1）学习共同体培训资源。"学习共同体学习"在培养学生良好的合作精神、

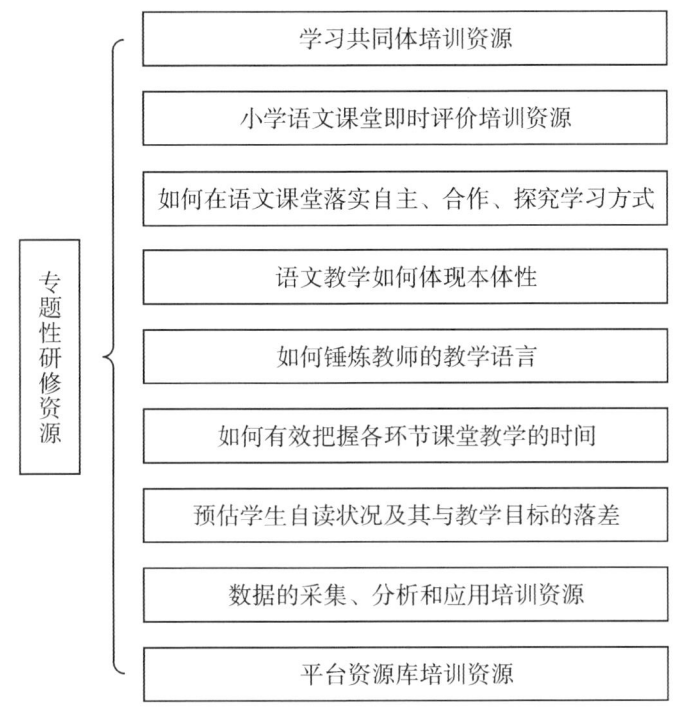

图4-2-4 小学语文"爱种子"专题性研修资源分类

提高学生的学习能力等方面发挥着积极的作用,体现了课堂教学中学生的主体性和学习的主动性。然而,我们在课堂观察中发现,在构建"学习共同体学习"教学模式的过程中,存在着"重形式、缺实质、低实效"的问题,小组讨论在实践中往往流于表象:有的热火朝天,有的却沉默不语,有的一语中的,有的却离题万里……

学习共同体培训资源为教师在范式教学过程中如何构建学生学习共同体、如何指导学习共同体开展深度学习提供了指引。教师通过学习共同体培训资源,掌握科学构建学生学习共同体的方法,学会在课堂中指导学生开展学习共同体学习,使学生自主、合作、探究式的学习真实地发生。学习共同体培训资源主要有学习共同体建设方案、典型案例、讲座视频等。(见表4-2-10)

表 4-2-10 学习共同体培训资源

资源类型	内容要点	使用方式
学习共同体建设方案	（1）合理组建学习小组； （2）学习小组活动的方式与方法； （3）学习小组的指导； （4）分享精神与能力。 附《合作学习评价表》	点点用
专题讲座：小组讨论的组织	（1）适合小组讨论的话题； （2）聚焦话题； （3）话语的交互性； （4）话轮规则； （5）讨论记录； （6）小组代表发言，小组成员补充发言等。结合具体课例讲解	点点用、改改用、创创用
典型案例	课堂教学中学生开展学习共同体合作学习活动的视频片段或案例分析文字材料	点点用
讲座视频	建设学习共同体的重要性和必要性。学习共同体建设的现状。《学习共同体建设方案》的解读：一是如何合理建设学习共同体，二是如何营造学习共同体的文化氛围，三是学习共同体成员如何合理分工，四是如何指导学习共同体开展合作学习，五是如何评价学习共同体的学习，六是《合作学习评价表》的使用。结合具体案例讲解	点点用

（2）小学语文课堂即时评价培训资源。有效的课堂即时评价可以调动学生的学习积极性，可以引发学生深度思维，可以帮助学生树立信心，可以及时调整和优化教学过程。在范式教学中，部分教师的即时评价语言存在不准确、单一枯燥等问题。《小学语文课堂教学即时评价语集锦》为教师的课堂即时评价语言提供了示范。该集锦从评价语的功能性、学习能力与学习习惯的维度、不同课型的评价语三个方面进行分类，具体如图 4-2-5 所示。此外，课堂即时评价培训资源还有课例视频和讲座视频，详见表 4-2-11。

表4-2-11 小学语文课堂即时评价培训资源

资源类型	内容要点	使用方式
评价语集锦	《小学语文课堂教学即时评价语集锦》收录了课堂即时评价语1200多条	点点用
课例视频	教师课堂即时评价语使用较好的课例视频	点点用
讲座视频	（1）评价在课堂教学中的作用 （2）课堂教学即时评价现状 （3）课堂即时评价语运用的策略。结合具体课例讲解	点点用、改改用、创创用

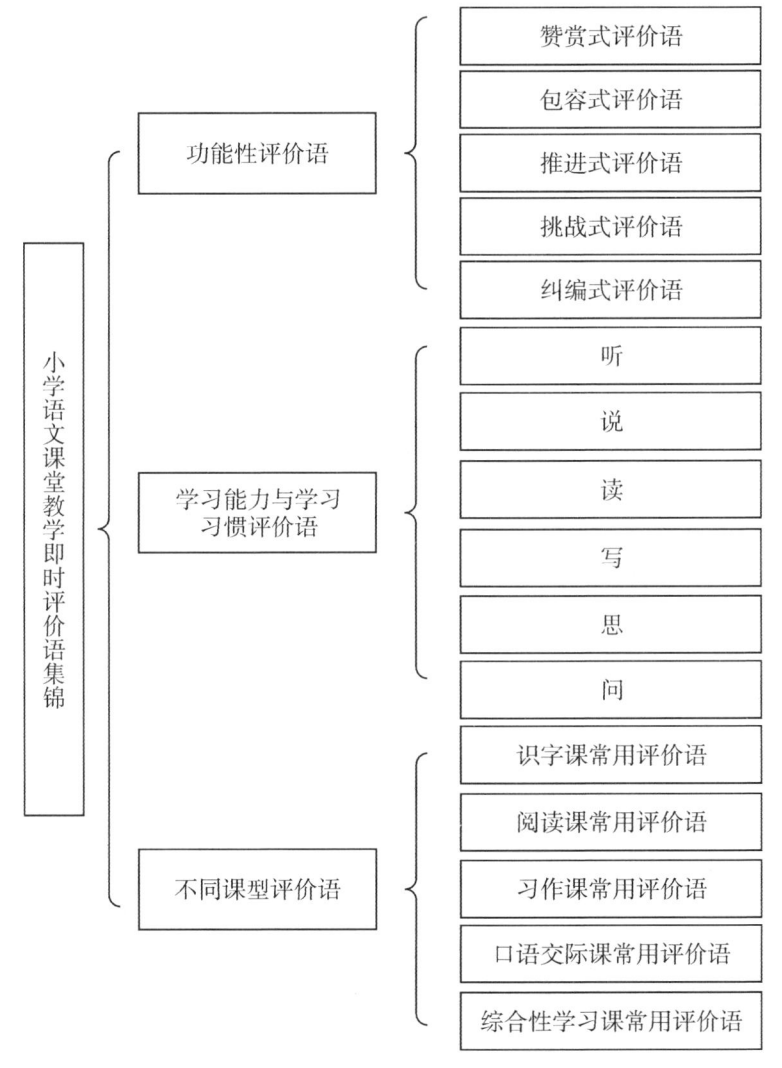

图4-2-5 小学语文课堂教学即时评价语分类

（3）如何在语文课堂落实自主、合作、探究学习方式。课标中提倡学生进行自主、合作、探究的学习方式。课标指出，语文课程必须根据学生身心发展和语文学习的特点，爱护学生的好奇心、求知欲，鼓励自主阅读、自由表达，充分激发他们的问题意识和进取精神，关注个体差异和不同的学习需求，积极倡导自主、合作、探究的学习方式。

但是，有些教师在范式教学组织学生自主合作学习时存在一些突出的问题：一是自主合作学习时间不充裕，二是自主合作学习流于形式，三是缺乏必要的方法指导和训练。如何在语文课堂落实自主、合作、探究学习方式这一研修专题能为教师提供指导以解决问题。（见表4-2-12）

表4-2-12 如何在语文课堂落实自主、合作、探究学习方式

资源类型	内容要点	使用方式
专题讲座：学习和记忆理论	（1）机械学习和有意义的学习； （2）记忆的保持； （3）记忆的提取； （4）学生学习和记忆的特点	点点用、改改用、创创用
专题讲座：新课标下小学语文教学中的自主、合作、探究学习方式	（1）新课标下小学语文教学中自主、合作、探究学习方式的必要性； （2）新课标下小学语文教学中自主、合作、探究学习方式的实践路径。结合具体案例讲解	点点用、改改用、创创用
专题讲座：网络环境中的自主、合作、探究学习	（1）网络环境中的自主、合作、探究学习的特点； （2）网络环境中的自主、合作、探究学习的类型； （3）如何设计网络环境中的自主、合作、探究学习。结合教学实例讲解	点点用、改改用、创创用

（4）语文教学如何体现本体性。语文"本体性教学内容"就是反映语文这门学科本质特征的、区别于其他各门课程的教学内容，包括语文知识、语文策略（方法）和语文技能。这类教学内容是语文课程必须承担的本职任务，反映出语文课程区别于其他课程的本质特性，是语文教学的核心内容，只有完成这些教学内容，才能为学生学习各门课程奠定扎实的基础，也能为学生语文素养的全面提升奠定基础。（见表4-2-13）

在范式教学过程中，存在着对阅读教学中本体性教学内容和非本体性教学内容的定位不准、本体性教学目标弱化和非本体性教学目标落实的方式方法不当的现状，把"教语文"变成了"教课文"。具体表现为：阅读教学以感悟思想内容这一非本体性教学内容为主要目标，以文本思想内容分析为主要形态，导致本体性和非

本体性教学内容错位,学生的语言实践活动较少,以语文知识和语文能力为核心的本体性教学内容得不到有效落实,影响语文素养的有效提升。

语文教学改革要实现从"教课文"到"教语文"、从"非本体"到"本体"、从"教过"到"教会"的转变。

表4-2-13　语文教学如何体现本体性

资源类型	内容要点	使用方式
专题讲座:"新课程"与"旧课程"	以"教的活动"为基点:我要教这些,我要这么教。以"学的活动"为基点:学生需要学什么,学生怎么学才能学得会。结合具体课例讲解	点点用
专题讲座:"教的活动"与"学的活动"	"教的活动"与"学的活动"是两种有区别的活动。"教的活动"是教师的行为,是教师做什么、怎么做;"学的活动"是学生的行为,是学生做什么、怎么做。"教的活动"与"学的活动"发生有教学价值的关联:教师的"教"是为了帮助学生的"学"。结合具体课例讲解	点点用
专题讲座:聚焦本体内容,落实语言实践	(1)小学语文本体性教学内容的确定。 (2)小学语文阅读教学围绕本体性教学内容组织教学的有效策略。结合教学设计案例讲解	点点用

(5)如何锤炼教师的教学语言。著名教育家苏霍姆林斯基曾说:"教师的语言修养在极大的程度上决定着学生在课堂上的脑力劳动的效率。"语言是教师传授知识、传递信息的主要载体。课堂教学语言的艺术性和课堂教学效果有着密切的关系。然而,在范式教学实践中,教师课堂语言表达不清、烦冗多余,提问语言目标指向不够清晰等现象普遍存在。研修专题"如何锤炼教师的教学语言"对教师课堂语言行为进行问题分析,能增强教师课堂教学语言的科学性与艺术性。(见表4-2-14)

表4-2-14　如何锤炼教师的教学语言

资源类型	内容要点	使用方式
课堂实录片段	课堂实录片段。教师课堂语言行为分析	点点用
专题讲座:教师课堂语言问题行为对策	(1)提升课堂教学语言的科学性; (2)增强课堂教学语言的目标性; (3)提高课堂教学语言的准确性	点点用、改改用、创创用

续表 4-2-14

资源类型	内容要点	使用方式
专题讲座：课堂教学中的提问	（1）低层次问题与高层次问题； （2）封闭性问题与开放性问题； （3）主问题与问题链。结合具体课例讲解	点点用、改改用
课例视频	教师观看名师课例，从中学习教学语言艺术	点点用、改改用、创创用

（6）如何有效把握各环节课堂教学的时间。在范式教学中，存在各教学环节时间分配不太合理的现象。主要表现为：课堂上依然以教师为中心，以教材为中心，教师满堂灌，没有以学生为本，分配给学生的有效学习时间少；学生接受学习的时间过多，独立学习、探究、思考的时间少，合作交流时间少。为了解决这一问题而设立的研修主题为：如何有效把握各环节课堂教学的时间。（见表4-2-15）

表 4-2-15　如何有效把握各环节课堂教学的时间

资源类型	内容要点	使用方式
课堂教学视频	范式教学视频	点点用
从课堂观察数据，分析教师对各环节教学时间的把握情况	根据"对各环节教学时间的把握"课堂观察表数据，分析各环节教学时间的把握情况	点点用
专题讲座：把握教学时间，打造高效课堂	（1）高效课堂的意义； （2）高效课堂的步骤； （3）认真分析教材和学情，做好课前准备工作； （4）落实好"四重"，向课堂40分钟要质量； （5）设计好课堂练习，及时反馈学习信息	点点用、改改用、创创用

（7）预估学生自读状况及其与教学目标的落差。统编语文教材构建从"教读课文"到"自读课文"再到"课外阅读"三位一体的阅读体系，目的就是让学生多读书。自读是课内教读走向课外阅读的一座桥梁。在语文教学中培养学生自读能力，有利于扩大学生阅读的量并提高阅读的质，有利于落实课标提出的"多读书，读好书，读整本书"的要求。

在范式教学实践中，存在以下问题：一是教师多讲少读现象比较明显，二是教师轻视学生自读自悟，三是学生自读与教学目标存在落差。小学语文范式教学如何让学生通过自读自悟有效达成教学目标？我们创设了研修专题"预估学生自读状况及其与教学目标的落差"。（见表4-2-16）

表4-2-16　预估学生自读状况及其与教学目标的落差

资源类型	内容要点	使用方式
专题讲座：预估学生自读状况及其与教学目标的落差	（1）预估学生自读状况，判断学生能自行理解和感受（因而不需要教学）的地方，明确阅读教学的起点； （2）推测学生的疑难处； （3）分析造成疑难的主要原因，大致是生活经验制约和阅读能力不足； （4）分析落差的程度：是大部分学生都有疑难，还是有些学生能读明白，有些学生读不明白	点点用、改改用、创创用
专题讲座：课堂教学的预设与生成	（1）何谓教学的预设与生成； （2）如何处理预设与生成的关系； （3）如何做好课堂教学预设	点点用、改改用、创创用

（8）数据的采集、分析和应用培训资源。信息技术、物联网、云计算以及大数据日趋成熟和广泛应用，使我们的传统教学方法产生了颠覆性的变革。"I-SEED三环四得"教学模式每个环节都利用信息技术采集学生的数据：自主学习环节采集学生的诊断性数据，互动探究环节采集学生的探究过程性数据，主题拓展环节采集学生的表现性数据。通过数据采集和分析，驱动教师根据数据实现精准施教。但是，部分教师的思维和角色定位未能及时转变，绝大部分教师的数据采集、分析和应用能力有待提高。数据的采集、分析和应用培训资源可以指引教师采集数据、分析数据，以及把数据用于指导教师的教和学生的学。（见表4-2-17）

表4-2-17　数据的采集、分析和应用培训

资源类型	内容要点	使用方式
专家讲座：基于数据可视化教学策略与方法	（1）教学研究目标； （2）实施方法和技术路线。结合具体案例讲解	点点用、改改用、创创用
专家讲座：数字时代下教师媒体素养的提升	（1）媒体的本质； （2）媒体的素养是什么； （3）用媒体赋能学科教学； （4）数字时代下教师该如何转型	点点用、改改用、创创用
课例视频	观察课例中的教师是如何采集数据、分析数据、利用数据指导教学的	点点用

（9）平台资源库培训资源。"I-SEED互动探究教学平台"包括五个端，分别

是授课端、备课端、家长端、学生端和教育管理大数据端。在云端,"I-SEED互动探究教学平台"提供体系化优质课程资源,通过互联网的有效共享,将资源推送到各个地区。(见图4-2-6)

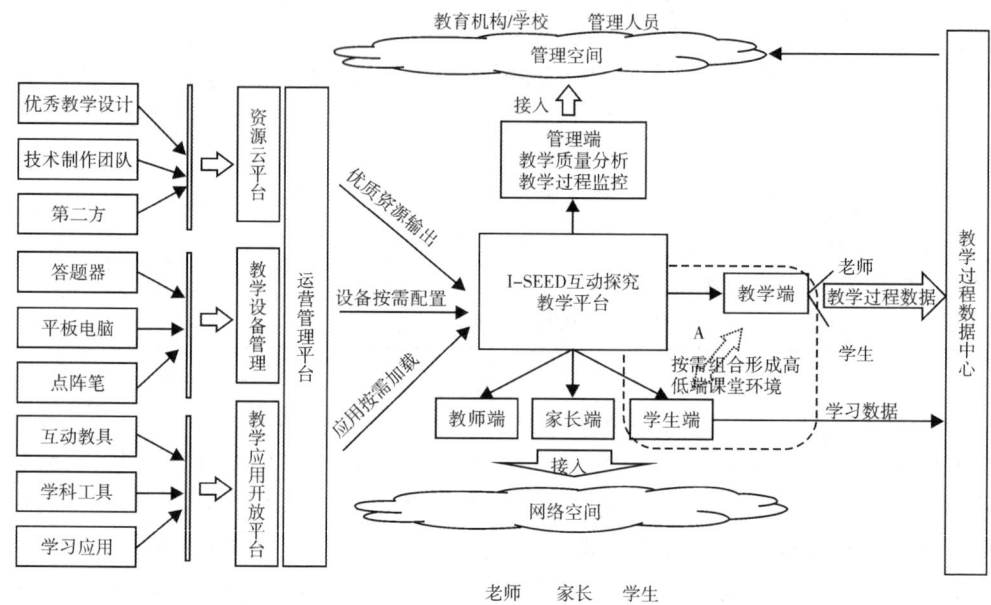

图4-2-6 "I-SEED互动探究教学平台"结构原理

"I-SEED互动探究教学平台"授课端安装在教室电脑上,利用教室的多媒体教学一体机设备,通过宽带网络访问云端资源开展课堂教学,学生通过应答器反馈信息。"I-SEED互动探究教学平台"提供了大量优质的资源,但是在范式教学中,教师未能深入了解平台有哪些资源,对平台的很多功能仍无法熟练运用。研修专题"平台资源库培训资源"详细介绍了平台的资源库及平台资源、平台功能的使用,能进一步提升教师的信息技术应用能力。(见表4-2-18)

表4-2-18 平台资源库培训资源

资源类型	内容要点	使用方法
专题讲座:"I-SEED互动探究教学平台"功能介绍	(1)下载与安装; (2)授课端使用; (3)备课端使用; (4)学生端使用	点点用

续表 4-2-18

资源类型	内容要点	使用方法
专题讲座：信息技术应用能力提升	（1）《中小学教师信息技术应用能力标准（试行）》； （2）相关信息技术的应用操作学习； （3）在线学习； （4）混合学习； （5）微课； （6）翻转课堂	点点用、改改用、创创用
案例学习	利用信息技术改进、优化语文教学的实践案例	点点用
专题讲座	利用作息技术可以使原来能教的内容教得更好，原来教学较困难的内容变得容易教。例如，利用优质视频教学书法、书法名作欣赏；计算机写作可留下修改印记使写作的思维过程可视化，手机写作有助于培养写作的目的和对象意识；利用视频构建口语交际的真实场景；利用阅读软件汇聚显示班级学生的点画批注，使阅读思维可视化，便于组织交流讨论；用电脑阅读可链接多种阅读资源，有助于研究性阅读、比较阅读、互文阅读的开展；搜索网络资源，便于开展语文综合性学习活动；用电脑制作课件、视频、图片、图表等，有助于学生利用信息技术手段展示学习成果，提升多种媒介综合运用能力。结合具体案例讲解	点点用、改改用、创创用
专题讲座：共建共享优质教学资源，促进教与学方式的转变	（1）当前语文教学亟待解决的问题； （2）清城区小学语文教学资源的建设； （3）清城区小学语文教学范式和资源的体系	点点用、改改用、创创用

第五章
小学语文"爱种子"教学范式资源的应用

第一节　小学语文"爱种子"教学范式资源应用的基本策略

"爱种子"教学范式资源具有鲜明的主动、自主、合作、探究式学习特征,信息技术强化教与学的策略方法,改变教与学的方式,变革教学组织形式,创新教学手段,培养学生学会学习、合作学习、协同学习的能力和创新思维能力。

一、使用原则

"爱种子"范式资源的使用,要遵循以下原则:一是以教师为主导、学生为主体的原则,二是以学生自主、合作、探究学习为主要学习方式的原则,三是因材施教、以学定教的原则;四是评价促学的原则。

二、基本策略

(一)转变观念,重新定位

"爱种子"教学模式倡导"以学为中心,教为学服务",秉持学生自主学习、合作学习、互帮互学的教学理念。与传统教学相比,"爱种子"课堂上绝大部分时间学生都是在自主学习、合作学习、探究学习,教师要把学习的主动权交给学生,充分放手,适时启发,引导点拨,顺学而导,以学定教。因此,教师要转变观念,重新定位自己的角色。

1. 转变教学思维

教师思维和角色的转变是"爱种子"课堂革命的关键。加强对"爱种子"模式机理的认识,准确把握"爱种子"的理念,深入领悟"爱种子"活动支架的逻辑,熟悉"爱种子"各环节的目标和流程,树立"以学生为主体,教师为主导,以培养学生主动学习为根本"的思想。改变教师把自己当成课堂的主角,认为自己讲得越详细、越深入、越透彻,学生就掌握得越牢固的错误思想,逐步改变学生"多听讲、少思考""多模仿、少创新""多依赖、少主动"的被动学习的思维和习惯。

2. 转变教师角色

教师重新认识师生角色及地位,从师道尊严的神坛上走下来,退出主宰课堂的地位,回归主导者的位置,变知识的权威者、知识的传授者、学习的监督者为学生主动学习的组织者、引导者、参与者、促进者,成为平等中的首席。

3. 建立新型师生、生生关系

情感态度的融入会有效促进知识与技能的获得。"爱种子"课堂，教师要做到尊重信任学生，赞赏鼓励学生，增强亲和力，营造学生心理上感到安全、精神上受到鼓舞的学习氛围，让学生在和谐课堂教学情感场中，参与更主动、思维更活跃、探索热情更高涨。在自主、合作、探究的学习方式下，学生与学生之间沟通交流的机会多了，生生之间合作探究、互教互学、互评互促更加频繁了，学习小组中"兵教兵""兵练兵""兵强兵""兵测兵"现象更多了。教师要营造生生和谐互动的学习氛围，建立相互协作、互帮互学、互促互进的生生关系。

（二）转变方式，学为中心

"爱种子"模式的"教"不是传统"教"的思维，而是"互联网+"模式下学与教的融合，是以学为中心的"教"，强调将学习的时间还给学生，将思维的过程还给学生，将展示的机会留给学生，将反思的权利留给学生。

1. 变以教为主为以学为主

"爱种子"模式下，教师一定要改变灌输式教学方式，构建"以学生学习为中心"的教学方式，一切活动以"学"为主线组织展开，利用"爱种子"平台推送的资源，以导学案为支架，将以"教"为主变成以"学"为主，细化和优化调动学生自主学、合作学、互教互学、主动学、有效学的策略方法，逐步放手让学生自己学、同伴学、互教互学、互动评学、跟微课学……课堂上要看得见学生学什么，怎样学，学得怎么样，把课堂还给学生，让学生成为课堂学习的主人。

2. 变"一维"目标为"三维"目标

与注重知识讲解与灌输的传统课堂教学相比，"爱种子"课堂着眼于学生的语文基本知识习得和基本技能形成，培养学生的思维方法与思维品质，提升学生的语言鉴赏和表达能力。教师要关注学生学习的过程，加强学习方法的指导，还要关注学生理解、应用、合作、评价、交际等能力的养成，更要关注学生情绪、情感、意志、态度等的变化与形成，落实"三维"目标，让学生学习知识、掌握技能、习得方法、陶冶情感、提升思维品质，获得知识、能力、情感的协同发展。

3. 变接受学习为主动探究

"爱种子"模式要求学生逐步由被动学向主动学转变，由接受式学习向主动学习、合作学习和协同学习转变。教师要改变以往满堂灌、满堂问的教学方式，以"爱种子"平台资源驱动学生自主学习、互动探究，扭转学生被动学习的习惯和方式。课堂上，要变师问生答的"一言堂"为师生、生生的"多言堂"，让学生踊跃发言、认真倾听、积极补充、大胆质疑；课堂上，还要变以往老师讲学生听的单边线性交流为自我交流、合作交流、小组交流、师生交流的网状式的多边交流，让师生、生生之间的表达、交流、讨论畅通无阻……在师生互动、生生互动、人机互动中，学生在自主学习和互动探究环节中"学得""习得""评得"，在主题拓展环节中完成知识转移和能力提升。

如《普罗米修斯》的"品读与探疑"活动，教师把学习主动权交给学生，引导学生围绕主问题展开品读和探究，让学生在默读、朗读、浏览等多种阅读形式的交替进行中，通过自主圈点勾画批注、小组交流探讨等形式，学习语言、积累语言、运用语言，发展思维。教师精讲巧问，没以教师的分析来代替学生的阅读实践，也没用模式化的解读来代替学生的体验与思考。

【活动】《普罗米修斯》品读与探疑（21分钟）
一、围绕主问题"普罗米修斯是一位怎样的神？"探究学习
1. 自读课文，思考：课文中哪些句子描写了普罗米修斯，用"——"画出来，用简单的词语在旁边写一写从这些句子中你感受到他是个怎样的神。
（学生抓住重点语句充分品味，在品读感悟中解决问题。）
2. 小组交流：你们认为普罗米修斯是个怎样的神，从哪些句子可以看出来，带着你的感受把句子读给组员听。
（在书声琅琅、议论纷纷中，小组交流自学情况；教师巡视指导，了解小组合作交流情况。）
3. 小组代表汇报。
出示句子1：就在这时候，有一位名叫……到天上去"盗"取火种。
我感受到普罗米修斯是一位_____的神。
……………
出示句子4：狠心的宙斯又派了一只凶恶的鹫鹰……永远没有了尽头。
从这些句子中我读出了一个_____的普罗米修斯。
4. 配乐师生合作朗读。
5. 普罗米修斯遭受如此大的痛苦，真让人痛心，所幸最后的结果是让人振奋的，请同学们齐读最后一个自然段。
（学生在读中悟、悟中读，培养理解、感悟、欣赏和评价的能力。教师放手让学生汇报，并组织和鼓励学生互相补充，互相点评，互相辩论，解决主问题；如果学生理解不到位、体会不深刻、没能抓住重点品读感悟等，教师则适时启发、引导和点拨。）
二、感受童话中神奇的想象
出示句子：白天，他的肝脏被吃光了……又重新长了出来。
有一天，当太阳车从天空驰过的时候……带到人间。
这些想象真_____？

三、再读触动人心的情节

文中哪些情节触动了你的心灵？请同桌互读，把这种触动带进朗读中。

（三）多元评价，以评促学

"爱种子"模式注重通过自评促进自我反思、同学互评发展批判性思维，并通过教师的评价获得学习反馈和掌握学习进度与效果。教学中，要充分发挥评价激励和导向作用，让学生在评中学，学中评，互评互学，收到以评促学的效果。

1. 灵活运用平台评价

"爱种子"教学资源的每个环节的活动流程都有不同的评价方式，有个人自评、同桌互评（见图5-1-1）、小组评价（见图5-1-2）、全班评价等，其中个别评价贯穿于整节课，小组评价一般用于协作学习环节，全班评价可以用于任何环节，自评一般分散在每个学习环节后。教师灵活使用同桌互评、小组互评、自我评价、全班评价、教师评价等评价方式，让评价成为一种双向的活动，满足学生学习的需要，增强学生的自信心，提高学生主动参与的积极性。此外，平台评价系统的界面活泼生动，内容多元，有"表扬""积极""团队合作""主动""认真""遵守纪律"等；有学生个人和学习小组受"表扬"或"待进步"的次数，以及内容的记录与累计（见图5-1-3）；在"班级评价报表"中有实时记录和呈现"本课表扬之星""本周表扬之星""月度表扬之星"等数据（见图5-1-4）。教师根据平台"班级评价报表"数据反馈，及时表扬本节课、本周或本月的优秀学生个人和优秀小组。

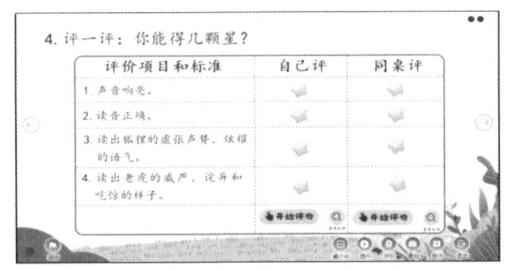

图5-1-1 自评、互评

图5-1-2 小组评价

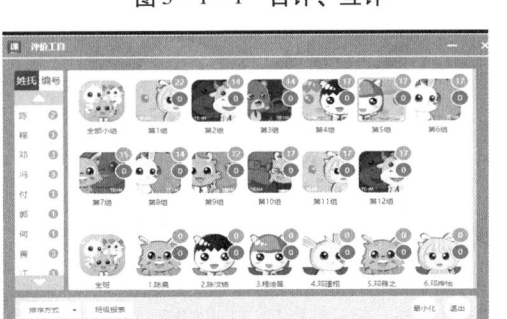

图5-1-3 对学生个人和小组的评价记录

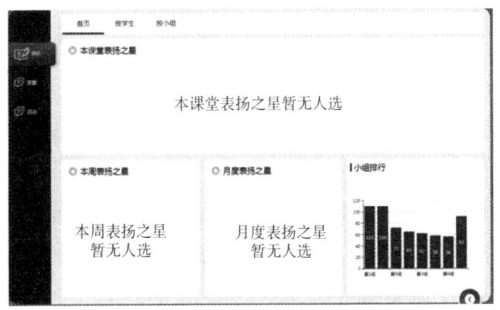

图5-1-4 班级评价报表

2. 有效运用评价量表

"爱种子"模式提出用数据指导教学，其核心是"爱种子"平台相应的评价量表，评价标准具体。一方面，发挥评价对教学的诊断功能，注重动态的发展性评价，将定性评价与定量评价相结合；另一方面，评价从多层面、多角度进行，即包括知识（听、说、读、写）、行为（合作情况、合作技巧）、情感（参与程度、团队意识）等多方面内容（见图5-1-5、图5-1-6）。教师熟练运用互动探究平台的评价量表，通过自评、互评和师评等多元评价，通过反馈的数据暴露学习问题，从而引导学生反思问题，进而促进师生、生生之间开展互评互教、互评互学活动，深化知识的理解和应用，培养学生良好学习习惯和学科素养能力。例如，三年级上册第六单元《单元导读》教学中，设置了以下不同的评价方式。

【活动一】通览单元，感知主题
1. 通览单元，感知主题。
2. 评一评：交换应答器评价预习情况。（见图5-1-5）

【活动二】交流分享，整体感受
1. 小组交流：以四人小组为单元，轮流简述主要内容。
2. 全班交流：简述每篇课文的主要内容。
3. 应答器：自评小组交流学习情况。（见图5-1-6）

图5-1-5 同桌交换应答器互评预习情况

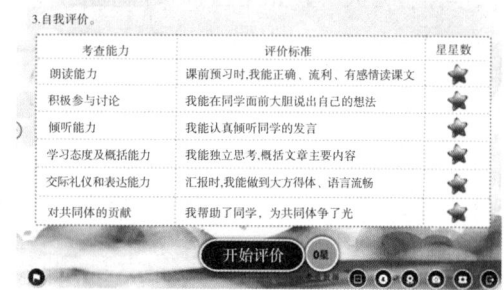

图5-1-6 组员自评小组合作学习情况

再如，《铺满金色巴掌的水泥道》识字自主学习资源中，在"写字有方"环节，学生练习书写难写的字后，同桌或小组交流，相互点评同学的书写作业。接着，教师找出有代表性的书写投影到屏幕上，组织全班点评。最后，让学生用应答器评选"书写小达人""最美书写"或"进步书写"，并适时将"最美书写""进步书写"等拍照上传至家长群（或打印出来张贴在班级风采展示栏里），以此激励学生积极参与，不断进步，收到以评促学的效果。

（四）构建共同体，互教互学

共同体合作学习是落实"爱种子"理念的重要载体和形式。"爱种子"资源中，小组讨论、互教互学、互评互学等合作学习活动分散在各种课型中。如识字自主学习范式资源中，设计了三个合作学习环节：同桌互读，读准字音；小组互教，小组交流识字方法；小组交流，互学点评同学的书写作业。再如课文互动探究范式资源，设计了以下合作探究环节："品读与探疑"环节中，学生围绕主问题自主学习完毕后，进行小组合作学习，组员与同伴交流自学结果，然后小组代表汇报交流学习情况，抓住重要语句，进行品读、交流；"拓展与提升"环节中，或让学生在小组内复述课文，或让学生在小组内诵读表演，或让学生在小组内交流拓展阅读的感悟，或让学生在小组内交流点评练笔情况等。在"爱种子"的课堂教学中，要结合导学案，适时、有效地开展基于共同体的合作学习，充分发挥学生的主观能动性，发挥共同体合作学习的作用，培养学生学会学习、合作学习和协同学习能力，以及创新思维能力。

1. 细化流程，协同共生

有效的共同体合作学习活动流程基本为：提出问题—合理分工—自主探究—小组交流—组内演练—展示汇报—优化生成。在共同体合作学习流程中，学生自主学习、互动探究、协同学习能力及创新思维能力得到培养，有效达成共同体合作学习的目标。

2. 有效引导，提高成效

有效引导共同体合作学习，教师要基于学情和教情，紧扣核心理念，制定科学、清晰的任务单，以任务驱动共同体合作学习的自主运作，提高成效。学生开展共同体合作学习时，教师不能"放羊式"地不管不问，要合理运用多种手段激发学习小组的进取心、凝聚力，培养学生之间的合作与竞争意识，还要适时做好启发、点拨和引导。如学生在交流汇报过程中出现理解不到位、体会不深刻、品词品句有困难等情况时，教师要引导学生抓住关键语句进行品读、交流，在读中理解和感悟，以读促悟，以悟促读，在交流和点评中培养学生的理解、感悟、欣赏和评价的能力。

3. 科学分组，增强意识

为营造组内成员合作、组间成员竞争的氛围，可对小组成员分层编号，A号为待进生，B号和C号是中等生，D号是优秀生，组织组内帮扶和小组竞赛。如合作讨论时，安排"各小组的D号对A号、B号与C号进行帮扶""各小组的B号和C号相互检查并纠错"等。汇报展示时，用"请由各小组的A号抢答这个问题""请由各小组的D号提出不同见解""请由各小组的B号进行补充说明"等方式促进小组竞争合作；也可以各小组相对应的编号进行学习竞赛。用不同的形式增强合作与竞争的意识，激发学习小组的进取心和凝聚力，提高合作学习效率。

（五）技术赋能，数据导学

在"爱种子"自主学习、互动探究、主题拓展"三环"教学中，每"环"都利用信息技术通过人机互动、合作互动、师生和生生互动过程采集学习过程性数据，进行即时诊断、形成性评价，暴露教学中存在的问题，引导学生进行认知碰撞，促进自我反思、合作反思，培养解决问题的能力。借助形成性评估数据使教师即时掌握学生学习效果，准确把握学生的学习进度和有效进行学习管控，这就是"评得"；教师围绕形成性评价数据所暴露的问题开展针对性、个性化教学并因材施教，提高教学效率，这就是"教得"。（见图5-1-7）

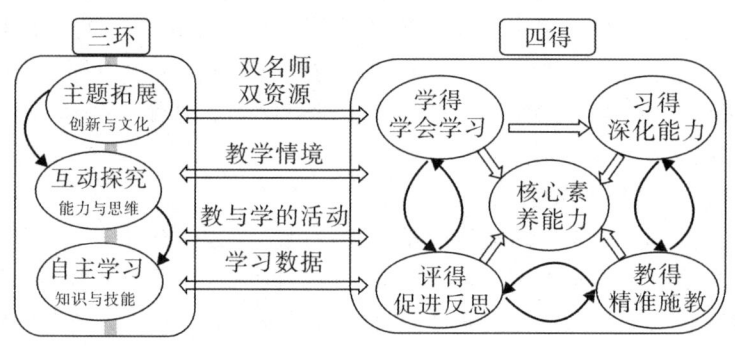

图5-1-7　"爱种子"模式的"三环四得"关系

1. 利用即时反馈数据，顺学而导

"爱种子"模式中，运用信息技术采集学生课堂学习的过程性数据，通过反馈的数据把握学生学习的问题，利用反馈数据引发反思，激发互评、批判、发现问题，探索解决问题的方法。如以下《铺满金色巴掌的水泥道》识字自主学习课，导学案资源中设置了六个数据采集活动，即时采集分析及反馈学生学习情况。学生用应答器完成答题或评价后，点击教学平台"查看数据"，学生的学况一目了然。教师可以根据反馈的学况，分析学生的思维状况和知识的掌握情况，调整教学策略，顺学而导，进行有针对性的指导，让教学更加精确，有效落实"教得"和"评得"。

【活动一】互教互学
1. 同桌互动读。
2. 评一评：交换应答器评价认读情况。（◆数据采集点1）

考查能力	评价标准	星数
认读能力	正确认读全部的词语	★★★★★
	读错一个词语	★★★★
	读错两个词语	★★★
	读错三个及以上的词语	★★

3. 开火车认读词语。
4. 选择最难认读的字。（见图5-1-8）（◆数据采集点2）
5. 小组互教。
6. 词语积累。用应答器完成习题。（见图5-1-9）（◆数据采集点3）

【活动二】写字有方

1. 学生初写。
2. 选择最难写的字。（见图5-1-10）（◆数据采集点4）
3. 学生练习书写。
4. 小组交流。
5. 展示作品，评选"最美书写"。（见图5-1-11）（◆数据采集点5）
6. 听写生词，进行评价。（◆数据采集点6）

考查能力	评价标准	星数
识字能力	正确书写五个词语	★★★★★
	正确书写四个词语	★★★★
	正确书写三个词语	★★★
	正确书写两个词语	★★
	正确书写一个词语	★

图5-1-8 选择最难认读的字　　图5-1-9 词语积累中答题练习

图 5-1-10 选择最难写的字

图 5-1-11 评选"最美书写"

2. 利用数据画像,以学定教

"爱种子"教学平台采用关联方法对学与教全过程的效果进行数据化呈现,平台"课堂反馈数据库"及时生成学生个性化数据自画像、教学学况数据画像和师生行为数据画像,教师依靠直观的数据精准地掌握学情,利用数据分析结果开展针对性主导、指导和教学。如点击平台工具栏上的"学况分析",全班学生的"课程学习详情""课程知识掌握""知识掌握比重""能力达标分析""班级答对率占比""课程知识明细表"等一系列数据就都呈现出来了(见图5-1-12)。点击平台工具栏上的"学生分析",就能看到"平均答对率""全班答题人数""全部答对人数""错1题人数""错2题人数"……(见图5-1-13)

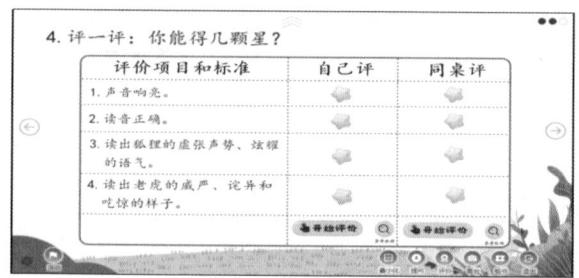
图 5-1-12 全班学况分析

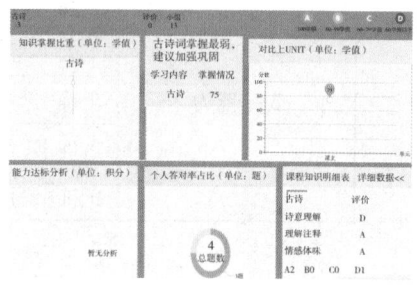
图 5-1-13 学生个人分析

"爱种子"课堂教学中,教师要懂得科学利用平台上收集的数据,并通过平台反馈的数据,调整课堂教学计划。如果反馈数据表明学生理解掌握了这个特定的主题,就直接进入下一个主题;如果数据反馈学习结果不理想,教师需要根据数据暴露的问题,组织学生进行反思或讨论,让学生在讨论和反思中更好地实现知识建构与自我建构。

第二节 基于"爱种子"教学范式基础的导学案资源应用常见问题及对策

在践行"爱种子"教学范式过程中,我们发现"爱种子"导学案资源应用中存在一些问题,这些问题在一定程度上影响使用效率。我们对存在问题进行了梳理并认真分析,通过实践摸索找到相应的对策。

一、缺乏"语文味"

【现象】部分教师对"爱种子""以学为中心,教为学服务"的理念理解和把握不到位,只停留在认知层面,受传统教学思想和传统教学方法的影响,还是不放心把课堂交给学生,总以为教师不讲,学生就不会。教师不停地讲,花大量时间分析讲解课文,却不愿花时间让学生自主学习、合作探究和交流分享;未真正实现从以"教"为中心向以"学"为中心的转移,存在"三多三少"现象,即讲得多、问得多、牵得多、读得少、品得少、悟得少,语文课堂缺乏"语文味"。

【对策】让学生真正成为课堂学习的主人。

(一)凸显学生主体地位

教师要打破"教"的思维定式,着眼于学生的"学"。"爱种子"课堂上,教师要变"教为中心"为"学为中心",凸显学生在课堂学习中的主体地位和主动品质。教师利用平台推送的资源,以导学案为支架,通过信息技术强化教与学的策略与方法,驱动学生主动学习、互动探究、合作交流、协同学习。教师大胆放手让学生自主学、合作学、跟微课学、互教互学,引导学生读文认字、初读感知、阅读理解、品读感悟、圈画批注、合作交流、质疑探究、表达分享、展示评价、积累运用……让课堂书声琅琅、议论纷纷。在言语实践中,学生获得语言知识与语言能力,锻炼思维方法和思维品质,提升语言鉴赏和表达能力,培养协同学习能力和创新思维能力。

例如,二年级上册《狐狸分奶酪》的部分教学片段。

【活动一】初读与感知

(一)朗读课文

1. 自己读课文。

2. 小组读课文。

3. 全班读课文。
4. 小结评价。

（二）感知内容

1. 自己思考：《狐狸分奶酪》讲的是_____捡到_____，它们因_____而拌起嘴来。这时，_____跑来帮它们_____，故意_____，最后_____的故事。
2. 小组交流。在小组里交流自己填写的内容，然后对照辨析。
3. 全班交流。

【活动二】阅读与理解

1. 找对话：请你用横线画出狐狸的话，用波浪线画出两只小熊的话。
2. 自己朗读：注意借助提示语和标点符号读出不同的语气。
3. 同伴朗读：交流有没有读好长句子的停顿和对话中的不同语气。
4. 补充朗读：男同学读狐狸的话，女同学读小熊的话。
5. 评一评：你能得几颗星？

评价项目和标准	自己评（打"√"）	同伴评（打"√"）
声音响亮★		
读音正确★		
读出不同的语气★		

6. 我说词语，你表演。

高兴　拌起嘴　笑了笑　嚷着　瞧了瞧　掰开　生气

7. 角色表演：学生戴上头饰表演故事。

上述《狐狸分奶酪》片段中，"学为中心，教为主导"的理念在课堂实践中真正成为可操作的教学行为并得到充分的体现。学生在自主学习、合作探究、协同学习中"学得"和"习得"，并通过检测评价了解自己的学习情况并及时地修正，从而获取"教得"与"评得"。学生的主体地位，主人翁精神和主动品质在感知、体验、交流、探究等活动中得以充分凸现。

（二）发挥教师主导作用

打破"灌"的思维定式，着眼于教师的"导"。"爱种子"课堂上，教师要精讲巧问，少讲多指导，讲重点、难点、模糊点、精华点，避免问无价值的问题，防止碎片化的过多过滥的提问。教师要做好"三导"：一是任务指导，在学习前给予学生个体或共同体清晰的任务指导；二是个别辅导，当学生个体或共同体在学习过程出现差异化、个性化问题时，教师及时进行个别辅导；三是适时引导，教师巡视时发现学生理解不到位、体会不深刻，甚至理解错误的地方，当"爱种子"平台反馈数据把学生存在的共性问题暴露出来后，教师基于发现的问题，适时打开学生的思维，引导学生个体或共同体协同探究，解决问题。

比如，识字自主学习课的"写字有方"，学生选出最难写的字后，教师不用急着马上教学生怎么记住难写的字，而应该让学生多思考可以用什么方法来识字，多让学生说出自己的看法，在交流看法中，拓展学生的思维和识字的思路，加深对难写字的印象，从而达到识字、写字的目的。

再如，中高年级课文互动探究的"品读与探疑"，在小组代表汇报交流学习情况过程中，当个别汇报时，教师要向全班同学提出要求：认真倾听，看看对方的发言你是否认同？为什么？然后做好点评的准备。学生汇报完毕，教师组织全班点评和补充。如发现学生忽略了某些关键语句的体会和感悟时，教师通过逐步缩小关注范围的方法，引起学生对某些词句的注意，进而对有关词句进行阅读品味，在读中感悟；若不能准确找到相关的句子，教师先点出是哪些句子或词语，再让学生读、说，结合具体学情，启发点拨学生找到解决问题的路径。学生朗读时，教师可用以下评价语指导朗读：你读的时候不但注意了感情，还配上了动作；听了你的朗读，我仿佛看到（听到）了……

总之，学生懂的，要放手让学生讲；学生不懂的，教师才适时进行启发和点拨。

二、生搬硬套导学案资源

【现象】教师对"爱种子"教学范式的理解肤浅，不能融会贯通，认为对导学案资源"点点用"就是按照平台生成的教学顺序，按设计的流程一个一个地点着用，导学案有什么就讲什么，导学案要做什么就做什么，牵强、形式化地走过场一样完成导学案，使课堂教学效果低效甚至无效。

【对策】活用导学案资源，夯实"点点用"，大胆"改改用"。

（一）内化范式理念，对资源"点点用"

对资源"点点用"不是机械地、简单地和表面化地展示平台上的课件，也不是照本宣科把导学案说给学生听，更不是呆板地按照导学案设计者预设的时间一分不多、一分不少地分配40分钟的学习任务。真正意义上的"点点用"的大前提是理解"爱种子"教学模式理念，领悟活动支架的逻辑，清楚各环节流程的设计理念、设计意图、基本要求、操作方法及需达成的目标；还要充分预设学生如何"学"——学生学习策略，预设教师如何"导"——教师指导策略。

例如，低年段识字自主学习课型范式以学生的"学"为立足点。学生先在"听文认字"的过程中对生字进行感知；接着是同伴互助式的"互教互学"，在教学平台辅助下，学生运用已有的方法、经验，自主独立或与同学合作读准字音、辨清字形、理解字义，自主进行巩固和运用，在合作与协同互动交流中，培养学生听、说、读、写、思的好习惯；然后是"自由读文"，让学生在语境中跟生字词见面，在具体的语言环境中巩固生字读音并习得语言规范，在自由读文中记住生词，在读中理解词语，学习把课文读正确、读流利。"写字有方"主要是教师根据数据反馈，对难写字进行精细化的写字指导，引导学生掌握书写要领，指导学生正确书写，培养良好的书写习惯和书写能力。多种形式的识字活动，引导学生多元化地对字词进行感知、巩固、探究、运用，学生在自主、合作、探究的过程中主动、独立（合作）、个性化识字，逐步感受"字"的有趣，不断提高识字的效率。（见图5-2-1）

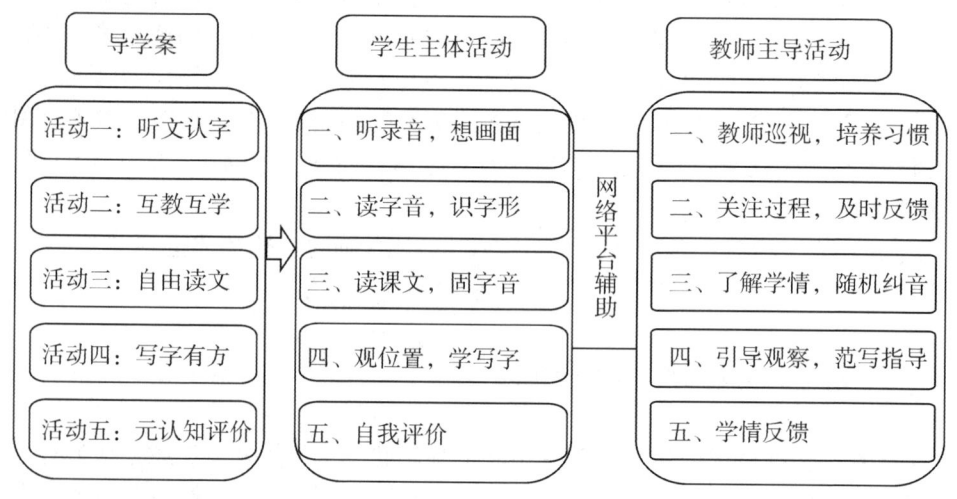

图5-2-1 低年级识字自主学习教学范式

再如，低年级课文互动探究教学范式，"复习与导入"先是通过指名读、开火车读、齐读等方式，复习巩固上一节课所学的生字词，然后结合课文内容，通过谈话、图片等创设情境，诱发学生的阅读期待，引出新课学习；"初读与感知"先是通过听课文录音、自由朗读或老师范读等多种方式，初步感知课文内容，然后让学生带着问题通读课文，理清文章脉络，然后汇报交流学习收获，再引出一个主问题；"阅读与理解"主要是围绕主问题、聚焦重点词句展开朗读和感悟，先是学生自主圈点勾画，接着是小组交流自学情况，然后小组汇报交流，品读重点词句，解决主问题,帮助学生积累好词好句,学习表达方式,培养阅读感受能力;"表达与拓展"是学习课文重点词句的表达方式,训练学生对语言文字的运用能力,落实"一课一得",然后随机按照"1+X"的模式,以课文为"1",拓展一篇或多篇课外阅读文本,提高识字能力,丰富语言积累,增加课外阅读量,落实语言运用。(见图5-2-2)

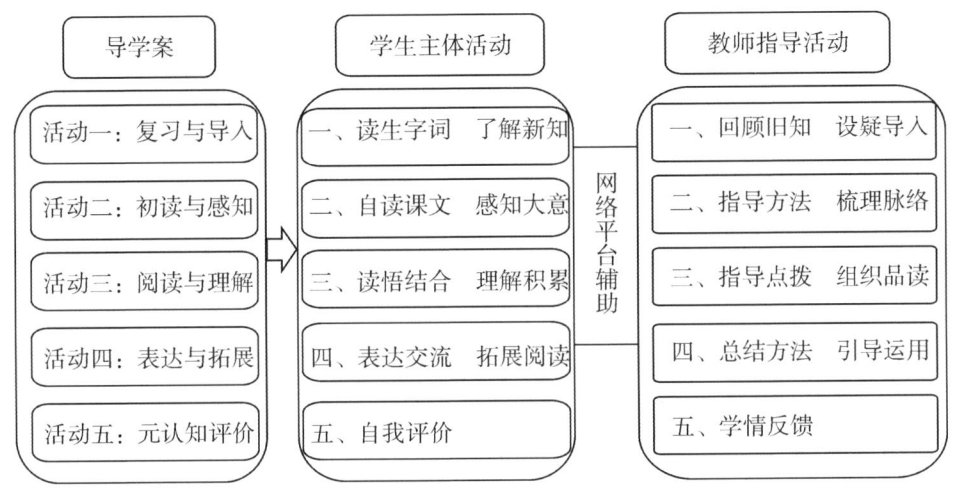

图5-2-2 低年级课文互动探究教学范式

(二)加强二次备课,对资源"改改用"

要加强"爱种子"自主学习、互动探究、主题拓展三个环节的理解和实施,更要进行有效的二次备课,认真研读课标、教参、教材和"爱种子"导学案及平台资源,结合学情、教情,紧扣"爱种子"理念,在大框架不变、流程不变的情况下,对平台部分资源进行重组、合并、放大、缩小、添加、删除……做实"改改用",发挥平台资源的最大效用。

例如,《风娃娃》识字自主学习导学案。

自主识字教学范式中,一年级第一学期的学生就用"听文认字",但随着学生认字逐渐增多,到一年级第二学期就可根据学生实际,将"听文认字"变为"读文认字"(见图5-2-3)。随着学生对"一看宽窄,二看高矮,三看位置,四看笔画"的"四看法"的掌握和熟悉,教师可逐步放手让学生用"四看法"自主观察和汇报观察结果,当学生对某些生字观察不到位时,教师应进行点拨和提示,学生逐步养成先观察后动笔的写字习惯后,可将"写字有方"环节进行"改改用"(见图5-2-4)。

原始导学案

【活动一】听文认字
1. 任务要求：请同学们听课文录音认字，一边读一边想象画面。不会的生字可以圈画出来。
2. 方法指导：眼睛看，认真听，想画面。
3. 任务说明：学生倾听的过程，老师巡视，并对个别同学给予听读习惯指导。

"创创用"导学案
课前准备：自主预习完成"学习任务单"。

【活动一】读文识字
1. 任务要求：自由朗读课文，不会读的字借助拼音多读几遍。不会的生字可以圈画出来。
2. 方法指导：边读边想象。
3. 任务说明：学生朗读的过程，老师巡视，并对个别同学给予朗读指导。

图 5-2-3　识字自主学习范式中"听文认字"改为"读文认字"

原始导学案

【活动三】写字有方
1. 出示课文要求写的生字。
2. 学生初写，感知易错难写的字。
3. 学生用应答器从两组生字中选出最难写的字。
4. 教师根据学生的选择，选出最难写的几个字进行写字指导。
引导用"四看"口诀观察字；教师边范写边讲解生字的书写规律。
5. 学生练习书写难写字。
6. 教师找有代表性的书写作品，组织全班点评。
7. 学生课后在田字格里自主书写其余生字。
8. 小组交流，互相点评。（星级评分）
9. 展示作品，组织评价。

"改改用"导学案

【活动三】写字有方
1. 出示课文要求写的生字。
2. 让学生用"四看法"观察生字，并练习书写。
3. 教师巡视，发现难写的字，教师趁机进行书写指导。
4. 小组交流，互相点评。（星级评分）
5. 展示作品，组织评价。

图 5-2-4　识字自主学习范式中"写字有方"原始导学案与"改改用"导学案

再如，中高年级互动探究教学的"品读与探疑"环节，可结合学情，尝试"创创用"。（见图 5-2-5）

"点点用"导学案	"创创用"导学案
【活动二】品读与探疑 1. 出示主问题，提出自学要求。 2. 学生自主学习。学生根据"学习任务单"通过默读、朗读、浏览等多种阅读形式的交替，自主圈点勾画批注，尝试解决主问题。 3. 小组合作，交流自学情况。教师巡视了解小组学习情况，并适当点拨、指导。 4. 小组代表汇报交流学习情况。学生之间互相补充、互相点评、互相辩论，解决主问题。教师适时启发和引导以及点评和激励。	课前准备：自主预习完成"学习任务单"。 【活动二】品读与探疑 1. 出示主问题，提出自学要求。 2. 小组交流自学情况。教师巡视了解小组学习情况，并适当点拨、指导。 3. 小组代表汇报交流学习情况。学生之间互相补充、点评、辩论，解决主问题。教师适时启发和引导以及点评和激励。

图5-2-5 中高年级课文互动探究中"品读与探疑"环节"点点用"导学案与"创创用"导学案

三、自主、合作、探究的学习方式落实不到位

【现象】大部分教师明白"爱种子"课堂教学要转变学生的学习方式，倡导自主、合作、探究的学习方式，但缺乏落实自主学习、合作探究、协同学习的有效的教学策略和相应的教学机制，只停留在形式上的简单模仿，自主、合作、探究学习流于形式，课堂表面上热热闹闹，但教学目标达成度不高。

【对策】让学生学会自主，学会合作，学会探究。

"爱种子"自主学习课的同桌互读、小组互教、小组交流、小组互评，互动探究课的初读与感知、拓展与提升、拓展与表达，主题拓展课的问题与探究和小组合作等，都具有鲜明的主动学习和合作学习特征。要加强"爱种子"教学模式的自主学习、互动探究、主题拓展三环节的解读、理解和实施，细化策略方法，夯实评价手段，注重良好习惯的培养，提升"爱种子"课堂教学实效。

（一）优化自主学习活动

"爱种子"自主学习课是学生在教师的引导下，基于平台推送的自主学习资源开展自我学习—诊断—反思—再学习，如此反复，从而习得基本知识和技能，培养基于问题的反思精神和解决问题的能力。自主学习环节强调教师通过"三导"启

发和驱动学生自主学习：一是方向的引导——导向，设计好学习任务单，让学生明确学习的任务和方向。二是情感的引导——导情，从学习态度、学习能力等方面及时予以鼓励与指导，构建民主平等的课堂学习心理场，调动学生自主学习的积极性，激发学生自主学习的情感，让学生兴致勃勃地投入学习。三是方法的指导——导法，教给学生学习方法，引导学生选择有效的学习方法。如"听文认字"活动中指导学生：眼看书，认真听，想画面。"写字有方"活动中教会学生"四看"：一看宽窄，二看高矮，三看位置，四看笔画。"品读与探疑"活动中引导学生围绕主问题，自读圈画关键词语或重点句段，在句子旁写感受体会，或朗读勾画重点段落，读出自己的理解与感受，然后小组合作交流自学结果，接着小组代表汇报，品读重点词句，悟中读，读中悟，解决主问题，没有烦琐的讲解分析或问题堆砌。

（二）优化合作学习活动

在"爱种子"教学中，共同体的合作学习成为常态。一是加强合作学习习惯的培养力度。强化学生学会倾听、分享、互评互学、协同探究的学习方法，培养学生积极参与、认真倾听别人的意见和建议、踊跃发表自己的观点和想法、大胆评价和补充、分享展示学习过程的方法、尊重和欣赏他人、协同互动的学习习惯和能力。二是加强合作学习组织与调控，创设良好的同伴共同学习的环境，精心设计合作学习任务单，引领合作学习，让学生明确探究学习的目的、任务和程序，多手段激发学习小组的积极性和凝聚力，让小组成员相互学习启发，相互补充接纳，有效合作，共同提高。

（三）优化探究学习活动

"爱种子"模式的互动探究环节是以自主学得基础知识与基本技能为基础，在教师指导下，通过互动与探究的学习策略在情景式活动中进行"感知、体验、探究与协同创新"的习得过程，在实践中强化知识的理解与内化，提升知识应用的能力。教师要有效地利用导学案设计言语实践活动，先引导学生围绕主问题自主阅读探究，理解、品味、感悟，找寻问题答案；接着，小组交流学生自主阅读探究结果，在倾听、思考、讨论中解决主问题；然后，师生合作归纳小结、交流阅读探究的结果，并利用导学案架设课内向课外延伸的桥梁，或拓展阅读一篇或多篇课外阅读文本，或进行读写结合，从课文习得写法后进行相应的练笔……在互动、讨论、探究、运用中进一步巩固和深化新知识的学习过程，提升学生知识重构方法和能力，实现语文能力的迁移和提升，培养合作和协同精神。

四、过于依赖平台评价工具，忽略即时性的语言评价

【现象】在课堂上，教师过于依赖平台评价工具，注重平台评价，忽略即时性

的语言评价；激励性语言评价使用过于"吝啬"，以致学生学习积极性不能持续，普遍出现精神涣散的"下半节"现象。

【策略】平台评价与语言评价有效融合。

教师的评价，不应仅停留于表层的简单肯定，而要指出错在哪里，好在何处。因此，要灵活将"爱种子"平台评价与教师（或学生）语言评价有效融合，让二者相辅相成，互为补充，充分发挥评价的激励、导向、促进、调节作用，让学生在评中学、学中评、互评互学、以评促学。

例如，一年级下册《小壁虎借尾巴》的课堂评价。

"孩子们，她不但读出了小壁虎的难过，还配上了难过的表情，此处应该有掌声。"（学生掌声响起来，教师点击平台评价上"个人"按钮）

"我觉得第3小组讲得最精彩，我们组评他们为'故事大王'。"

"哇，我看到第2、5小组很投入，第9小组很积极地分角色朗读，表扬你们！"（老师竖起大拇指）

"全班同学配合得真好，表扬你们！"（教师点击平台评价的"全班"按钮）

"这个小组学习效果也不错，我觉得应该奖励！"（学生点击平台评价的"小组"按钮）

"哇，小朋友真爱学习，收集资料的本领真强！表扬一下我们自己！以后遇到不懂的，就要通过多种方法去找答案，你一定会成为一个知识丰富的人！"

…………

教师用语言表达对学生的肯定和欣赏，再利用平台对学生个人或小组加分，有效激发学生个人主动学习的积极性，提升学习共同体的合作意识。

课堂教学中，教师还可以通过一个表扬手势、一个欣赏的眼神、一个亲切的微笑等肢体语言对学生进行即时评价。当学生有独特见解时，教师在语言评价的同时竖起一个大拇指，让学生感受到教师对他的赞赏；当学生搞小动作时，教师适时给他一个提醒的眼神或皱眉微微摇头，让他意识到自己的错误……多元的、多样的、适度的、即时的、有温度的评价，在学生的成长过程中会产生强大的推动力。

五、课堂教学环节的时间把握不准

【现象】导学案标明各个环节大约用时，但不少教师都存在课堂时间把握不准的现象。对《掌声》互动探究课进行课堂观察，我们发现实验教师存在两极化现象。一是教学各环节时间分配前松后紧，40分钟只完成课时内容的一半，具体时间分配为：复习与导入（7分钟）→品读与探疑（30分钟）→交流与感悟（3分钟）→拓展与提升（0分钟）→元认知评价（0分钟）→作业布置（0分钟）。"复习与导入"环节太拖沓，"品读与探疑"不停地讲解分析，"拓展与提升"匆匆带过就下课了。二是教学环节时间分配前紧后松，教师形式上完成各教学环节，提前了将近7分钟下课，具体时间分配为：复习与导入（5分钟）→品读与探疑（15分钟）→交流与感悟（5分钟）→拓展与提升（6分钟）→元认知评价（2分钟）→作业布置（1分钟）。

【策略】目标明确，重点突出，主次分明。

把课堂40分钟的时间用在刀刃上，让课堂成为调动学生学习积极性，突破教学重点和难点，落实自主、合作、探究学习方式的重要阵地。

（一）分清主次，详略得当

在导学案资源中，各环节均列出参考时间，教师要严格把控各环节的时间。比如，让学生按照学习任务单进行自学，教师要给学生足够的时间自主学习，不走过场，不占用学生自主学习的时间。学生自学过程中，教师巡视指导时，密切关注学生的自学情况，并做适时的点拨引导。再如，课文互动探究导学案的"复习与导入"环节，时间控制在3分钟左右，低年级的教学范式先以开火车读或指名读等形式复习上节课所学的生字，然后结合课文内容，用谈话、图片等形式诱发学生阅读期待之后就导入新课；中高年级的巩固生字词，是将"初读与质疑"环节提出的主问题作为本节要探究的主问题，出示主问题，提出自学要求，直接让学生自主学习。又如，小组汇报过程中，要注意分清主次，详略得当，应当把时间用在对重点词句的品读感悟上，非重点的语句应简略，与主问题无关的语句或段落，可一掠而过，甚至不需要讲，不必面面俱到，真正体现"一课一得"。

（二）结合学情，灵活调整

活用教学资源，就是结合学情合理调整个别教学环节的时间。如某些课型，随着学生学习能力的增强，在遵循教学范式和导学案各教学环节的基础上，可对某些教学环节做适当取舍。如中高年级的自主学习课"写字有方"应适当减少时间，"初读与质疑"可酌情增加时间。学生用"四看法"观察字后初写所有生字，学生书写期间教师巡视了解写字情况，留意学生书写中出现的共性问题，找出体现共性问题的个别学生的书写，在屏幕上展示，组织学生观察和点评所展示的字，指出亮点、不足和注意问题，全班对照有关提示，自我观察或同桌互相点评，在此基础上再进行书写。这样就有更多的时间进行"初读与质疑"。

（三）前置性学习，先学后教

课前有目标地前置性学习，学生通过自学，已经对课文内容有了一定的掌握，并解决了一般性的问题。教师不再重复学生已经掌握的内容，重点指导学生学习尚未掌握的内容。先学后教，以学定教，教学针对性较强，教学效果大大提高。如低年级识字自主学习课，"自读圈画"环节前置在课前，让学生课前自读圈画出生字词，同时鼓励学生收集本课生字中有关字理识字的方法，让学生习得更多、更有个性的记字方法。再如单元导读课，让学生课前完成"单元导读预习单"，课前就自主进行"通览单元→通读课文→提出问题→课外拓展"的学习；一上课就让学生交流展示预习结果，让同桌或小组根据预习单完成情况进行评价，教师适时反馈、点评学生的学习情况。

六、共同体合作学习流于形式

【现象】课堂上，我们经常看到教师组织学习共同体进行合作学习，但教师不知道怎样"训练"学生进行合作。一些教师只是在学生合作之前交代一句"下面请同学们合作探究"，或者"请同学们分好工，进行合作探究"，至于怎么探究，怎么分工，怎么合作，却缺乏有意识的训练。另外，有些教师在合作学习中未能体现点拨、引导的作用，对一些问题泛泛而过，不了了之。

【对策】提升学习共同体合作学习实效。

学习共同体合作互教互学、交流探讨是"爱种子"重要的学习方式。"爱种子"范式资源在每个环节中用信息技术强化学习方法和教学策略，引导和驱动学生开展自主、合作、探究与协同式学习，培养学生主动学习、合作学习和协同学习能力。

（一）明确任务

学习任务单中的"合作要求"如同路线图，给予共同体任务指引和学习的程序。要让学生明确任务，根据"合作要求"，明白先做什么，怎么做，做到什么程度。学生看懂了"合作要求"，明确了任务后，再进行个人自主或小组合作学习，就会起到事半功倍的效果。如《美丽的小兴安岭》的"品读与探疑"学习任务单（见图5-2-6），学生根据"活动要求"先自主学习，自读夏天、秋天、冬天的小兴安岭，圈画重点词句，感受不同季节不同的小兴安岭；然后小组内交流自学结果，互相探究问题解决方案；再通过小组汇报学习结果，其他组员点评与补充，或提出不同见解，最终达成学习目标。

小组组名：			
小组长：	操作员：	汇报员：	记录员：

※活动要求：

用学习第二自然段的方法，小组合作学习第三、四、五自然段：
①自由读第三、四、五自然段，说说给你留下怎样的印象，从哪些词体会到的？
②看视频，看看描写了哪些景物。
③向同学介绍夏天、秋天、冬天的小兴安岭。

时间	给你留下怎样的印象？从哪些词体会到的？	描写了哪些景物
夏天	印象： 重点字词：	
秋天	印象： 重点字词：	
冬天	印象： 重点字词：	

图 5-2-6 合作学习任务单

（二）适时引导

教师要对学习共同体进行调控和引导。学生自主学习时，教师给予必要的提示与辅导，若发现个别学生或个别小组交流不认真，要及时加以引导，提出明确的要求；发现学生因为思维受阻而不能深入交流，就要及时点拨，帮助其排除障碍；发现学生没能抓住重点词语或关键句段，要及时提醒。小组交流时，教师融入共同体学习，了解合作学习情况，提供多样化学习资源，协助学习任务的有效完成；小组汇报展示时，学生个人或小组汇报交流完毕后，教师要调动其他成员互相补充、互相点评、互相辩论等，解决主问题，并指导学习共同体将成员的学习成果进行有机整合和简要小结。如在《落花生》的"拓展与提升"环节中，让学生交流：你想做像落花生这样的人，还是想做像苹果、石榴这样的人？为什么？先让学生在四人小组里轮流表达自己的观点，引导学生结合各自的好处与缺点进行表述。再让学生自由组合，在班级共同体中形成一个小辩论赛，想做像落花生这样的人为正方，想做像苹果、石榴这样的人为反方进行辩论，要求认真倾听同学的发言，大胆思考驳倒对方的观点，并要求学生辩论时引用父亲所说的蕴藏着做人道理的重点句子进行表述，让每个学生都真正融入共同体的学习中。辩论过程中，教师及时抓住学生观点上的分歧点、闪光点作为延伸，激励、启发学生做进一步的思考和讨论，从而激起学生更大范围的探究，待学生汇报后，教师再阐述自己的观点，给学生以示范和指引。

第三节　基于"爱种子"教学范式基础的平台资源使用常见问题及对策

"爱种子"平台根据导学案资源制作了配套的平台课件资源，教师可以借助平台资源展开课堂教学。而教师在使用平台资源的过程中存在着对平台课件资源的设计意图理解不到位的问题，以至于没能有效利用平台资源，没能充分发挥出平台资源辅助教学的作用和优势。

一、滥用平台课件资源

【现象】"爱种子"课堂教学中，部分教师没能对平台的课件资源进行合理的取舍，对平台上的每一个课件都照搬不误。如课文《富饶的西沙群岛》互动探究教学中，教学意图是让学生感受画面美，而教师却流水式地播放一个个课件，然后就直接让学生回答课件上的问题（见图5-3-1）……学生的阅读感悟、分享交流的时间被挤压了，文字的感受与想象被干扰了，学生语感的培养被边缘化了，学生的听、说、读、写等语言实践的时间被挤占了。

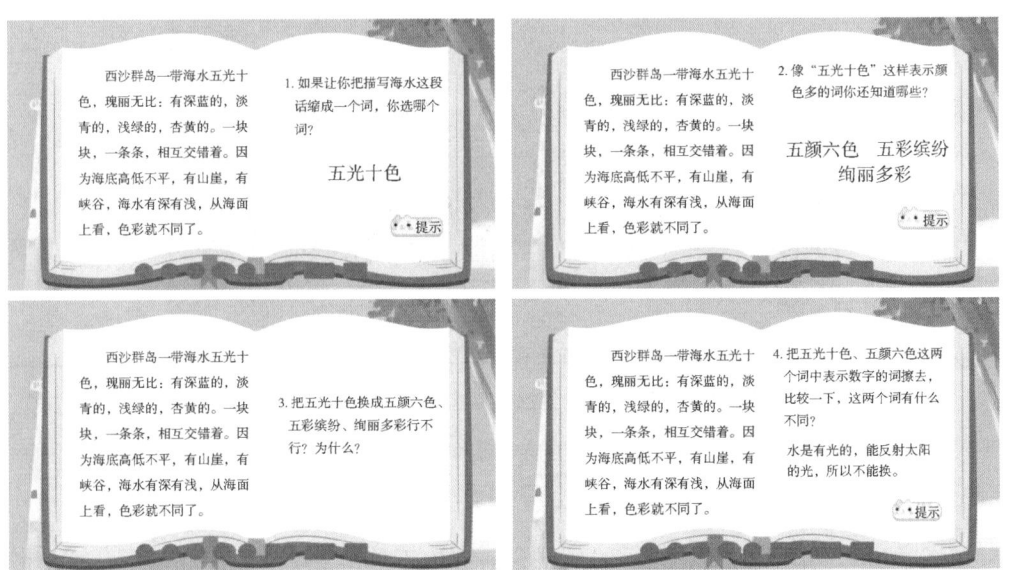

图5-3-1　《富饶的西沙群岛》"海水之美"画面的课件

【对策】恰当把握平台资源使用的时机。

在备课时，教师要认真钻研教材，提前熟悉平台课件资源，深入了解课件的意图；在课堂上，把握好课件的动态展示时机，灵活根据学情或教情适时展示相关内容，让学生更多地进行听、说、读、写等语文实践活动。

（一）于重点、难点处利用平台资源

应该把课堂 40 分钟的时间用在刀刃上，突出重点，突破难点，强化对语言文字的学习。在重、难点处借助平台评价工具，调动积极性，进行数据采集与分析，精准导学，增强教学效果，达成教学目标。如在"写字有方"活动中，让学生用应答器选出难写的字，根据学生的选择，教师对难写字进行精细化的写字指导。同时，充分利用平台素材形象直观、能突破时空限制的特点，解决抽象、陌生或难理解的问题。利用素材的丰富性，对重、难点内容进行有针对性的强化训练；利用平台资源可编辑的特点，提升教学效益。如在《太空生活趣事多》互动探究学习中，为了更好落实"学会用找关键词的方法从课文中提取主要信息，能说出太空生活中的趣事"这一教学重点，教师可充分利用平台上的微课资源"宇航员的太空生活"（见图 5-3-2），不但让学生初步感受太空生活的有趣，还能激发学生的阅读期待。

图 5-3-2 《太空生活趣事多》的平台微课资源

（二）于需要激励处利用平台资源

在学生有突出表现时，可适时用平台的评价工具来激励学生。点击平台工具栏的"评价"按钮，在界面（见图 5-3-3）中选择要表扬的学生个人（见图 5-3-4）、学习小组（见图 5-3-5）、全班学生（见图 5-3-6），悦耳的音乐响起的同时，被表扬的学生心中的自豪感油然而生。

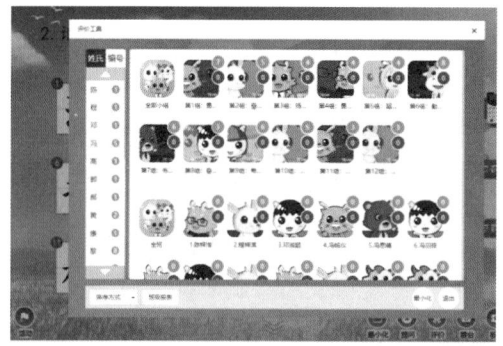
图 5-3-3 平台工具栏"评价"界面

图 5-3-4 评价学生个人

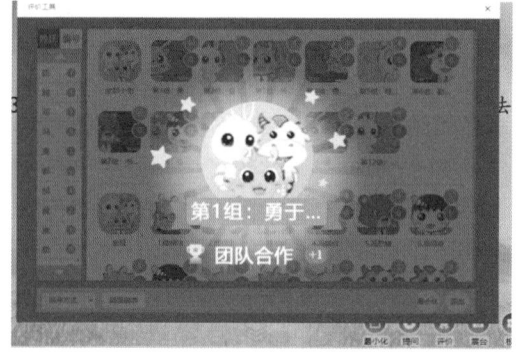
图 5-3-5 评价学习小组

图 5-3-6 评价全班学生

在学生学习出现疲态时,尤其是在课程的后半段时间,学生比较容易分神,更需要老师适当的鼓励。除了利用平台的评价工具和激励性语言调动学生的积极性外,教师还可以利用平台的"提问"工具激励学生主动参与学习。点击平台工具栏的"提问"按钮,平台上出现学生个人和学习小组"随机答""选答""抢答",选择其中一项,点击"开始",就会出现所选择的学生参与方式(见图 5-3-7 至图 5-3-10)。"抢答"方式是最受学生欢迎的,学生用应答器来争取参与的机会,最快按下应答器的将"抢"得答题机会。

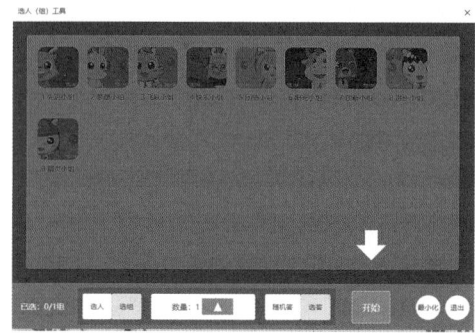
图 5-3-7 平台工具栏"提问"界面

图 5-3-8 学习小组的"随机答"

图 5-3-9　学生个人的"选答"　　　　图 5-3-10　学生个人的"抢答"

（三）于情境创设时利用平台资源

在"爱种子"课堂教学中，教师可适时利用平台课件创设情景，渲染氛围，将静止、抽象的书面文字变为具体、直观、形象的画面，让学生产生视觉、听觉的冲击，激发他们主动、积极参与学习，达到事半功倍的效果。如在《雷雨》"阅读与理解"的"雷雨前"的自主探究中，平台上电闪雷鸣的动态画面加上"呼——呼——呼"的风声（见图5-3-11），课件有效地创设雷雨前乌云满天、电光闪闪、大风呼呼令人胆战的情境，让学生有身临其境的感受。

图 5-3-11　《雷雨》"雷雨前"的平台课件

二、机械使用平台资源

【现象】曲解"点点用"的意思，机械照搬"爱种子"平台资源，没能结合学情、教情对平台资源进行"改改用"。

【对策】在"爱种子"备课端上对平台资源进行"改改用"。

平台上的中年级识字自主学习课备课模板分"读文识字""互教互学""写字有方""初读与质疑""元认知评价"等板块，课文互动探究课型备课模板分"复习与导入""品读与探疑""交流与感悟""拓展与提升"和"元认知评价"等几个板块。教师备课时,点击进入相应的板块,将事先制作与搜集的资源或平台资源库、数字教材、互联网上已有的资源上传,并保存到自己的账号空间供个性化教学使用。备课端上"爱种子"课程编辑器中有很多功能键供教师使用,易学易操作,与平常制作普通的PPT(演示文稿)课件操作方式基本一样。(见图5-3-12)

图5-3-12 "爱种子"备课端上的课程编辑器

(一)新增课件

例如,在《葡萄沟》互动探究教学中,学生对"阴房"的样子、结构,如何制葡萄干的理解有一定的难度。教师可在改课平台资源的"阅读与理解"版块新增不同角度的阴房的图片,让学生了解其结构特点,并通过简单的动画演示空气流动过程,使抽象难懂的文字变得形象,化难为易,让学生准确理解、体会课文的内容。再如,在识字自主学习平台资源中的"互教互学"版块中新增字理识字课件(见图5-3-13),使抽象的汉字变得形象、生动,让学生更好地掌握所学生字,领悟识字要领,拓宽视野,提高识字质量,培养识记汉字的兴趣和发展思维。

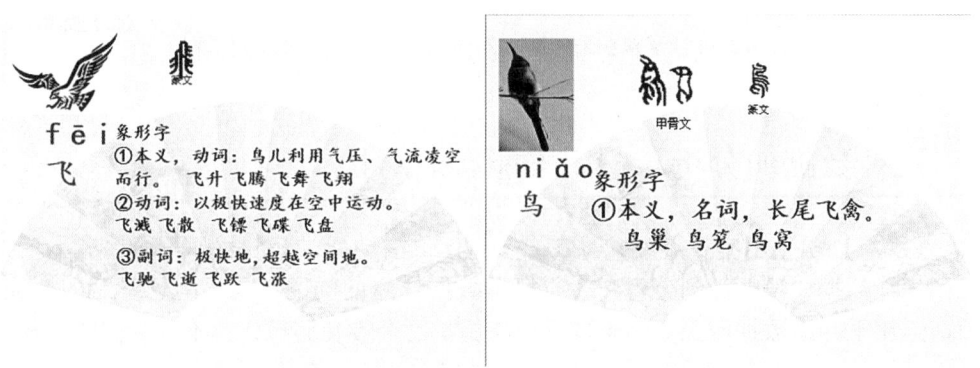

图5-3-13 字理识字课件

（二）优化平台课件

教师也可以对平台上原始课件进行优化。如在《普罗米修斯》互动探究课的课前备课中，一位实验教师根据单元目标、课时目标，结合自己班学生的学习习惯及水平，重新拟定教学目标，修改原始导学案，在备课端上修改了原始课件。（见图 5-3-14 和图 5-3-15）

图 5-3-14 《普罗米修斯》互动探究课平台上的原始课件

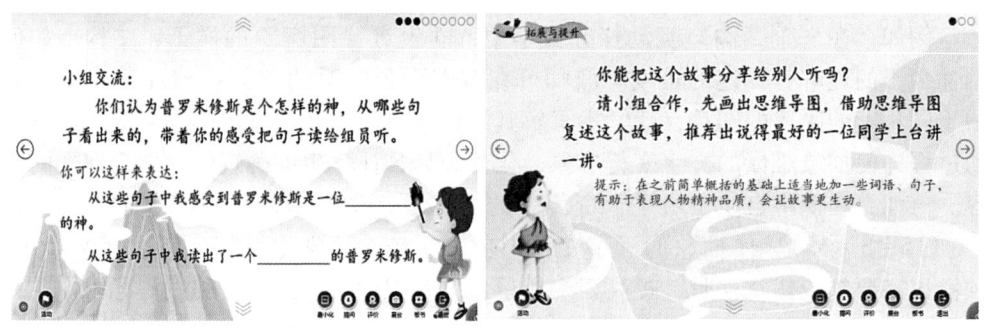

图 5-3-15 《普罗米修斯》互动探究课平台上优化后的课件

三、数据的分析与应用不能有效对接

【现象】学生用应答器完成习题或参与评价活动后，部分教师只简单展示反馈的图表或数据，没能做到分析图表或根据数据暴露的问题，找寻问题背后的原因，没能运用平台的数据资源对学生进行精准施教、个性化施教，达不到数据资源指导教学的目的，平台利用的效益不高，课堂缺乏"爱种子"的特点。

【对策】学会分析数据，有效应用数据。

"爱种子"平台资源在各个环节中创设问题让学生应答，通过数据关联形成对学习问题判断和本次教学的学况分析图，教师分析图形了解学生的学习情况和学习质量,选用适合的策略进行有效施教。教师要不断增强采集分析数据,应用数据指导教学的意识,提升教学效能。

(一)及时查看数据、分析数据,顺学而导

如教学《狐假虎威》,引导学生用应答器进行自评、同桌互评完毕后,教师点击"查看数据"按钮,根据评价情况,有针对性地对没读出角色语气的学生进行个别辅导,或安排得星数多的同学当小老师,一对一帮教得星数少的同学(见图5-3-16)。再如《葡萄沟》的"词语积累"习题练习,学生完成应答后,教师点击"习题分析"或"今日数据"按钮,就能了解各道训练题的正确率,也可以了解每个学生所选的答案(见图5-3-17)。从这些课堂生成的数据反馈中,教师可以请做错的学生说说"你是怎样想的?",引导学生认识到自己的错误,达到自我反思、自我纠正,并在思辨中达成共识的目的。

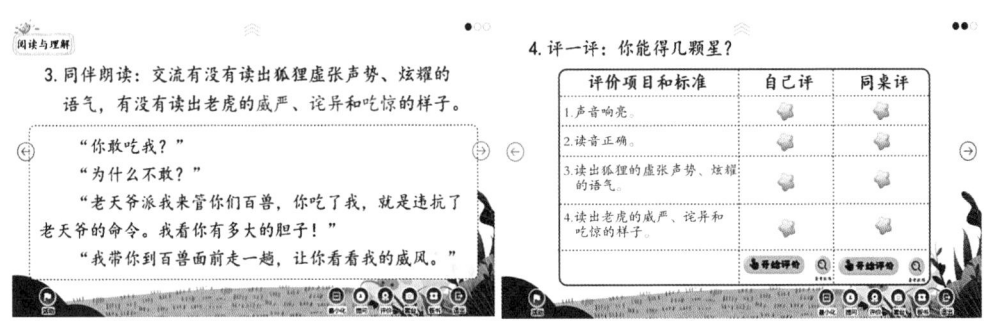

图5-3-16 《狐假虎威》"阅读与理解"中的朗读评价

图5-3-17 《葡萄沟》答题后数据反馈

(二)有效利用反馈分析数据,以学定教

课堂上或课后,教师要有效利用功能菜单上的"学况分析"或"学生分析"中的数据,了解该课程中学生与班级的学习情况。在"课程学习详情""课程达标分析""班级成长分析"中分别查看自主学习和互动课堂中具体每个模块的学习详情数据、每个知识点的掌握情况和所有课程的知识掌握情况。如某校二（2）班《黄山奇石》自主学习课，平台反馈的全班学生学况数据画像和学生个性化数据画像，能清楚反映全班学生的学习详情。教师就可以根据学生的具体情况制订相应的教学计划，调整教学策略，实现因材施教。

四、不重视个性化学习

【现象】为了满足广大教师"点点用""爱种子"模式，平台资源的思考、练习内容基本都备份了参考答案。课堂教学中，部分教师出示学生自主学习或合作探究的任务要求后，没给予充足的时间让学生阅读思考、交流讨论、汇报分享、评价反思，而是任务式地点击平台的"答案""小结""提示""示例"等图标，让学生读答案或对答案，忽略了学生的个性化学习，限制了学生的思维和个性化感受。如《大小多少》的识字自主学习的"互教互学"中，教师出示了小组交流的任务后，学生交流了2分钟左右，教师就点击课件的"方法指导"图标，让学生齐读4种记字方法，没让学生分享汇报其他的记字方法。（见图5-3-18）

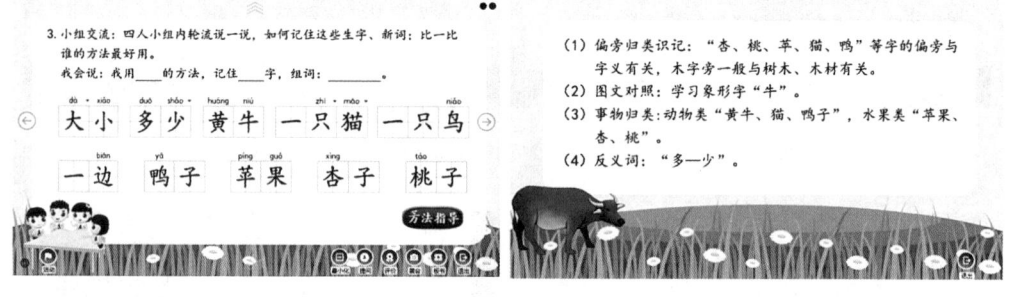

图5-3-18 《大小多少》的小组交流学习的任务单和记字方法课件

【对策】正确使用平台答案，不让平台的答案代替学生的理解和感受。

教师知晓平台上备份的答案只供参考，不要受平台上的参考答案牵制，也不能让平台的答案代替学生自己的理解和感受，珍视学生独特的、个性化的感受和体验，让学生有感而发，有疑而问，有得而写，满足个体学习的需要，促进个性品质的发展。

如在《大小多少》识字自主学习的"互教互学"中，要让学生充分交流自己的记字方法，学生如果说到了偏旁归类识记、图文对照、事物归类、反义词这些识记方法，则可忽略"记字方法"这一课件内容，直接进入下一环节的学习。同时，教师需要尊重学生的多元认知方式，善于发现不同学生适宜运用哪些方法可以学得更快、更好，还要鼓励学生创造性识字，调动学生课前或课后识字的积极性，让学生进行课前自学,收集本课生字中有关识字的方法,只要方法能帮助其记住生字就要加以肯定,引导学生习得象形、会意等字理识字法。

阅读是学生的个性化行为。阅读教学中,教师不应以自己对文本的感受代替学生对课文的理解,更不应将平台答案作为标准答案,忽略学生独特的感受、体验。如在学习《为中华之崛起而读书》的"交流与感悟"活动中,教师在学生充分交流了"周恩来是个怎样的人"后才点击课件动画,用"周恩来的博大胸怀和远大的志向……为民族振兴而刻苦学习的精神"这一参考答案作为过渡,让学生用自己喜欢的方式朗读课文,在引导和评价学生的朗读时,对朗读的语气不宜过多地强求划一,学生只要对语意有了自己的理解,对语情有了自己的领悟,就让学生大胆地朗读出来,以表心声。(见图5-3-19)

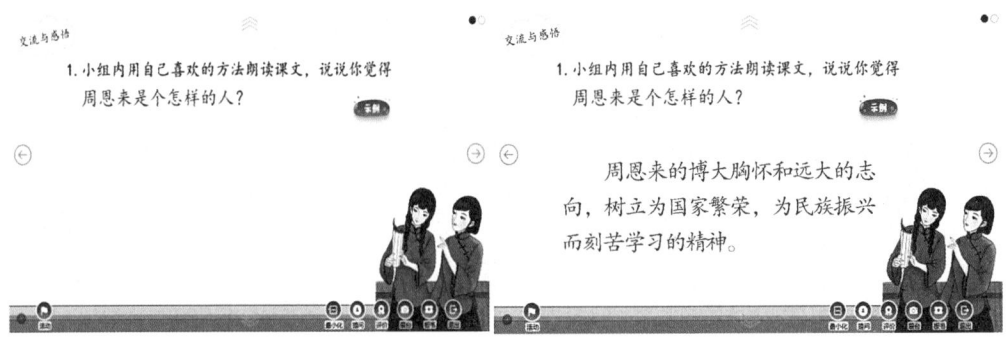

图5-3-19 《为中华之崛起而读书》中"交流与感悟"课件

五、不会处理简单的技术问题

【现象】教师对平台的很多功能仍未能熟练运用,对平台资源只停留在"点点用",还不会"改改用",更不会"创创用"。

【策略】提升信息技术应用能力,发挥平台资源的最大效用。

教师不但要加强对平台资源的研读,找准平台资源与教学内容的切入点,预设平台课件运用的最佳作用点,发挥平台资源的最大效用,还要熟知平台工具的功能,加强操作实践,熟练运用平台进行"爱种子"课前备课和课堂教学,提高自己对现代教育技术手段的运用能力。

课前备课时,教师可在"爱种子"平台备课端新增或修改课件;课堂教学中,教师还可在平台授课端根据学情灵活使用平台工具设计制作课件。平台工具包括评价、展台、提问、板书、倒计时等。如学生应答器答题限时、小组交流限时等,教师可在授课端"设置"工具栏中根据实际情况自行设定;平台的"板书"工具,有画笔、白板、橡皮擦、鼠标等,教师、学生可自主选择工具进行修改、标注、绘图、书写或制作展示内容；平台的"提问"工具可通过随机或选人、选组应答以及抢答等互动方式调动学生主动参与学习的积极性；"展台"是通过微信扫描弹出的二维码，通过手机上传图片和拍照到平台上进行展示。又如教师将学生的课前预习任务单拍照上传平台进行展示，把小组合作完成的任务单拍照上传平台进行展示，将生字书写、小练笔等学生作品拍照上传平台进行展示，将学生的交流讨论、解决问题的过程拍照上传平台进行展示……丰富的课堂教学手段通过"展台"变成了有效的教学资源。

备注：文中课件引用 I-SEED 互动探究教学平台——小学语文统编版（清城区本）课程资源。

第四节　学生学习资源的使用

"爱种子"课堂是数字化的课堂，是多元化的课堂。当下是"互联网+"的时代，应鼓励学生通过多种途径，助力学生线上智慧学习"互联网+"资源，学习多元化的数字资源。我们可以利用"爱种子"平台，实现智慧学习资源共享，引导学生通过微课、电子书、网络搜索引擎等进行预习、自学和拓展。"互联网+"的学习方式使学生智慧学习最优化，让"爱种子"平台真正实现"网络学习人人通"。

《基础教育课程改革纲要》提出："要改变课程实施过于强调接受学习、死记硬背、机械训练的现状，倡导学生主动参与、乐于探究、勤于动手，要培养学生搜集和处理信息的能力，获取新知识的能力。"网络环境为学生学习方式的改变提供了最有力的支撑，网络包罗万象，不受时空限制，能够有效补充教材内容，丰富学生的知识储备，成为小学语文教材内容的重要补充。

一、合理利用微课资源，深化课文学习

微课资源是指微视频、教学课件、教学反思、学科练习等碎片化的网络资源，一般是教师为了重点讲解某一个知识点展开的微课设计，便于学生突破学习难点，教给学生科学的学习方法，提高教学实效。在"爱种子"课堂教学中，我们可以合理开发并利用微课资源，通过微课组织学生进行互动与探究，让学生随时随地利用微课资源学习语文知识，以微课资源解释重点内容，帮助学生攻克学习难关。例如，在统编版二年级语文上册《坐井观天》一课中，对于文中出现的"天只有井口那么大，还用飞那么远吗？"这个反问句，我们可以利用计算机收集有关反问句的微课资源，从中筛选出最符合学情的微课资源。

除了可以利用微课资源解决学习难点外，我们还可以利用微课资源进行课前预

习，训练学生的自主学习能力。如在教学《风娃娃》这篇课文时，教师可以在钉钉学习群上给学生先发送一个微视频的学习链接。这个微视频以《风娃娃》这篇课文的朗读入手，介绍了本课的生字词，解析了课文内容与篇章结构，便于学生通过这个微课更好地进行课前预习。

二、适度引入电子阅读，拓展阅读范围

阅读是语文学科最重要的组成部分之一，学生的阅读能力与阅读习惯将直接影响他们学习语文的能力。当下是信息迅猛发展的时代，教师单靠课文阅读来提升学生的阅读能力是远远不够的，还需用适度的课外阅读作为补充，网络上的电子书就是快速、便捷的阅读材料，能让学生及时地在海量阅读中丰富课外知识，锻炼阅读思维。

比如，三年级上册第三单元是童话单元，包含《卖火柴的小女孩》《那一定会很好》《在牛肚子里旅行》《一块奶酪》四篇童话故事。在单元导读时，教师可以推荐学生阅读《安徒生童话》等；在每一课的互动探究学习中，教师可以展示相对应的阅读材料给学生拓展；在全单元学习完后，教师还可以推荐《爱丽丝梦游仙境》《汤姆·索亚历险记》给学生阅读。由于要推荐的书目较多，学生未能及时到书店购买，教师可以利用当下的网络资源，充分利用各类电子书软件及时下载书籍，使学生能迅速、及时地进行阅读。现在的电子书软件都有自动记录阅读进度的功能，便于学生随时翻阅，更好地完成连贯的课外阅读任务。教师要充分利用网络资源，搜集相关的阅读材料，让学生在海量阅读的充实下，极大地提高其阅读能力。

三、充分利用搜索功能，扩充知识体系

在信息化时代，阅读方式可以适度地变革，我们也可以充分利用网络资源库进行高效的检阅、搜索，找到需要的信息资料，从而整合信息进行自主学习。教师可以利用常用的网络搜索引擎检索相关信息，充实、丰富、拓展语文课堂学习资源，让学生学会选择、整理、重组。我们要真正做到学生需要的学习信息不再是从教师口里听的，而是可以由学生在更广阔的网络空间里"找"出来的，从而唤起学生自主学习的兴趣，更深入地进行探究性学习。

例如，课文中有一些知识点未能在课堂上进行深入学习，教师为了更好地表现这些知识点，可以通过网络搜集材料，结合课文和教学需要对学生进行教授，最好能提前让学生提出一些简单要求，让他们先结合知识点，试着自己寻找相关资料，从而培养他们的自学能力和探究能力。在教学过程中，教师只需讲授基本的知识点，然后放手让学生在学习共同体的驱动下进行合作学习、汇报交流。最后，教师

推荐一些网络资源给学生，让学生结合自己的学习情况到相应网站进行再学习，真正实现教学的个性化，引导学生在"学会学习"的道路上迈进一大步。

四、积极利用通信软件，分享学习成果

当下，学生们都喜欢利用QQ、微信等进行沟通交流。教师要充分利用好常用的通信软件，积极地与学生保持及时、有效的联系。教师可以在QQ或微信上建立班级群，每逢周末或空闲时，就和班上的学生一起在网上交流，并对他们进行在线辅导；特别是对待进生，可以积极利用这些通信软件，进行远程辅导。

心理学家告诉我们，兴趣是个体力求从事某项活动的心理倾向，它表现为个体对某项活动的选择性态度和积极的情绪反应，兴趣是引起保持注意的重要因素。"爱种子"模式下的主题拓展课就是结合学生的实际生活，布置相关主题的实践活动，教师可以利用当下发达的通信软件，让学生积极地进行活动的实践与创新，去感受知识的迁移，然后把自己的活动成果主动分享到个人或班级网站。同时，教师可以教会孩子如何创建班级电子相册，将学校开展活动的精彩相片或个人活动实践的精彩瞬间贴在班级电子相册里。

例如，整本书阅读分享课，教师可以灵活、大胆地利用通信软件和网络资源，鼓励学生在家里与家人一起进行阅读成果汇报、分享，再把阅读的成果通过网络分享出来，从而增强学生阅读的成功感和自豪感。教师还可以帮助学生申请网上阅读空间、网上作文本，把学生的个人阅读成果、个人习作跟大家分享，变网络空闲为网络学习，让学生在网络中飞扬思维，激发无穷的创造力。

在信息高速发展的今天，语文教师应精心备好课，做好网络教学的课前、课后学习有效链接，让"互联网＋"真正成为学生学习知识的主渠道。

第五节　教师研修资源的使用

"爱种子"的教师研修资源主要包括范式研修资源和专题性研修资源。为了更好地落实"爱种子"的范式教学，我们充分使用教师研修资源，对广大教师进行培训指导。根据各项研修资源的内容和作用以全员培训和精准培训的形式进行，以提高资源使用的效益。

一、范式研修资源的使用

范式研修资源分为范式解读资源和范式课例资源。教师在实施"爱种子"范

式教学时，首先要深入研读范式研修资源，才能深入理解"爱种子"的教学理念，更好地落实"爱种子"范式教学。

（一）学习范式解读资源，领会"爱种子"理念

范式解读资源是指围绕"爱种子"的"自主学习—互动探究—主题拓展"三环节构建的教学范式体系，具体有汉语拼音教学范式、识字单元教学范式、课文单元教学范式、口语交际教学范式、整本书阅读教学范式、辅助性专题教学范式、阅读策略单元教学范式、习作单元教学范式、普通习作单元教学范式、综合性学习单元教学范式。

范式资源是教师进行教学的主要依据，它以纲要的形式规定各类型语文课堂的教学流程、教学方法。教师对教学范式的解读程度决定着其对所教授课型的广度和深度、范围和结构能否正确地把握和执行，也是检验教师能否合理运用"爱种子""三环四得"理念的重要标准。

对于范式的解读，主要通过区教师发展中心骨干教师培训以及骨干教师面向所有一线教师的培训两种方式。这种以点带面的培训方式，既加强了骨干教师的引领作用，同时也在全区推广了"爱种子"的教学范式体系，使全体一线教师都懂得"爱种子"的教学范式体系的内容及操作方法。

（二）巧用范式课例视频，使范式具体化

范式课例视频是指具有范式、导向作用的教学课例视频，其中，课例视频包括微型课例视频和常规教学课例视频。

范式课例视频的学习，是一种精细化解读范式资源的方式。它的解读具有明确的目的性，解决"学什么"的问题；具有很强的方法性，解决如何学习的问题。范式课例视频的学习，使教师对范式解读从抽象化变得具体化。同时，它既是教师自身专业学习的一种有效方法，也是对范式学习反思的一个直接过程，从而使教师对范式的理解达到新的高度。

我区对范式课例视频的学习主要以学校教研活动集中学习和教师线下自主学习为主。通过这两种形式，我们对课例视频进行观摩学习，开展评课、议课活动，进一步熟悉"爱种子"的范式教学。范式课例视频的学习，既使教师加深对"爱种子"各课型教学范式体系的理解，也对教师们灵活运用范式资源起到了点拨、指引的作用。

二、专题性研修资源的使用

专题性研修资源主要是根据"爱种子"语文教学范式实施过程中出现的突出问题对教师们进行精准指导，使教师少走弯路，真正把"爱种子"的教学理念落

实到每节课中，打造有生命力的课堂。

（一）构建共同体学习，提高教学效率

"爱种子"模式下的新课堂以学生的"学"为中心，坚持素质教学在课堂，教为学服务的思想，培养学生敢于质疑、大胆提问、积极发言、乐于表达的良好习惯，同时培养学生善于合作、勇于探究的精神。在"爱种子"实验背景下，学习共同体的学习真正体现了学生自主、合作、探究的学习过程，是培养学生语文能力的最佳学习方式。然而，在学习共同体的构建和组织实施过程中却存在诸多问题，如合作学习形式化、走过场，表面"热闹"，实际无效。具体表现为貌似小组合作学习，实际分工不明确、学习任务不清晰，没有围绕主问题开展互动探究，甚至有些小组只是个别学生主宰合作过程，其他同学则是事不关己，无所事事……究其原因，主要是教师对学习共同体的构建缺乏认识和实践经验。

针对以上问题，"爱种子"实验项目建立了学习共同体的专题性培训资源，包括学习共同体建设方案、案例视频和讲座视频。学习共同体的专题性培训资源为教师有效开展共同体合作学习提供了支撑，指明了方向。在构建学习共同体时教师要注意做到以下几点。

1. 做好合理构建

共同体人数一般以 4～6 人为宜，分组一般要遵循组内异质、组间同质、优势互补的原则，小组内一般包含优等生、中等生、学困生。这样既保证小组内各个成员之间的差异性和互补性，也便于各个小组间开展公平竞争。共同体成员要有明确的分工，并承担相应的责任，做到人人有事做，事事有人做。小组成员有小组长（汇报员）、记录员、观察员（激励员）、操作员等。小组长应选组织能力强、学习态度好、乐于助人，有一定合作、创新意识的学生担任。组长产生的方式有教师指定（在低年级用）、小组内部推选、竞选、轮流制。为了保证合作学习纪律，激发组内成员学习积极性，教师还可以让组内制定"帮扶契约"，困难学生自定"进步契约"等。

2. 明确活动步骤

按照"提出问题—自主探究—小组探究（操作、讨论）—汇报交流—评议小结（个人或小组展示）"的流程进行共同体学习。例如，刘老师在执教《西门豹治邺》一文中，围绕主问题开展了学习共同体活动，以下是刘老师组织共同体学习的流程。

老师首先围绕本课教学重点，提出主问题。

师：同学们，我们了解了课文的主要内容，梳理出三个情节——了解民情、惩治恶人、兴修水利，还明确了简要复述要做到有详有略。下面请同学们四人一小组，根据故事的三个情节，练习简要复述故事吧！

提出问题后，学生先独立思考，自主探究，尝试解决问题，再小组讨论交流。根据之前已定好的组内成员分工，组长负责组织合作内容的分工，保证每个成员都有参与的机会。记录员则负责记录本组合作中发现的问题和讨论的结果等。汇报员的职责是将本组合作学习的情况向全班或老师进行汇报。激励员根据组员的学习情况口头激励，并根据组员的态度、交流质量等给组员打分。

小组交流讨论后，接着是小组汇报、评议小结步骤。

师：同学们，刚才的小组交流非常热烈，下面请各小组派代表分享复述。

生1：大家好！我代表××小组复述课文内容。战国时期，魏王派西门豹去管理邺县。到邺县后，他发现那里田地荒芜，人烟稀少。西门豹找到一位老大爷打听，才知道原因。……

生2：我觉得××同学复述得很好，能根据故事的三个情节进行复述内容。

生3：我同意××同学的说法，但是我建议"惩治恶人"这一情节可以讲得详细一些，因为这是课文的重点内容。

…………

合理构建和明确共同体学习的活动步骤，不仅能提高学生自主学习、合作探究、自我反思的能力，还能有效地优化学习效果，提高课堂教学效率。

（二）应用课堂即时评价，激发学生学习积极性

评价是尊重学生主体地位、促进学生发展的重要环节，是充分发挥教师主导作用、促进学生主动学习的有效手段。课堂即时评价是在课堂教学过程中有着极高使用频次、对学生有着极大影响力的形成性评价方式。课堂即时评价的特点是快捷性和直接性。在小学语文教学中课堂即时评价的作用发挥情况，对语文教学质量有着极大影响，也制约着素质教育的推进步伐。在"爱种子"课堂教学中，我们发现教师的评价语存在随意性，缺乏准确性、生动性、幽默性和独创性；评价单一，忽略了评价的多向互动性；评价时机把握不当，错失评价的关键期等弊端。

解决以上评价弊端的方法就是对广大教师进行课堂即时评价的培训学习。"爱种子"课堂即时评价的培训资源包括"爱种子"平台的即时评价、教师的语言评价以及生生间的互动评价。"三结合"的多元评价方式大大调动了学生的学习积极性。三者中，对调动学生学习热情、促进学生主动学习起重要作用的是教师的语言评价。因而广大教师在课堂教学中，要适时、准确地运用课堂即时评价。例如，"你朗读得真棒，比专业播音员还出色。""你的想法很独特，老师都佩服你！""你的眼睛真亮，能发现这么多问题！"对于回答错误的孩子，我们也要对他说："没

关系,坐下再好好想想,相信你一定会打倒这个'拦路虎'的!"……在课堂上,老师恰当地使用赞赏性的或包容性的评价语,可以大大提高学生的学习积极性,实现高效课堂。

(三)落实自主、合作、探究的学习方式,培养学生自学能力

"自主、合作、探究"是新课标倡导的学习方式,教师应把这一新的课程理念引入课堂,充分调动学生自主学习、合作探究的积极性,把学习的主动权交给学生,让学生真正成为课堂学习的主人。"爱种子"教学理念也是"以学生为中心,教师为主导",这就意味着我们教师要更新观念,转换"以教师为中心"的角色,改变以往"一言堂"的教学模式,变传授者为学生学习和发展的促进者、引导者、组织者和协调者。在教学中教师要为学生创设自由、民主、和谐的学习氛围,使学生想学、乐学,积极有效地参与到学习中来,从而培养学生的自主探究、团结协作的能力。

例如,在教学三年级上册第四单元的口语交际课《名字里的故事》时,本节课的教学目标是让学生通过口语交际,能把了解到的信息讲清楚;听别人讲话的时候,能学会礼貌地回应。学生对"名字里的故事"这个话题比较有新鲜感,于是教师在课前可布置学生回去通过各种途径收集信息,了解自己的、家人的或者名人的名字的含义以及来历,让每一个学生都参与到活动中。当学生完成老师布置的任务,感受到成功的喜悦时,学习的劲头、求知欲望就会更浓,在课堂上就表现得更加积极,愿意主动与他人交流、讨论,这样,教学目标也就更容易达成。

可见,在课堂教学中,教师组织学生"自主、合作、探究"的学习活动,有利于激发学生的学习欲望,培养学生的自主探究、合作学习的能力,提高课堂教学效果。

(四)立足本体性教学,简洁明了教语文

所谓语文本体性教学内容,就是包括语文知识、语文策略(方法)和语文技能。在"爱种子"资源范式实践中,仍然有不少教师偏重于语文"人文性"的挖掘,缺少了语文味,造成了本体性和非本体性教学内容的颠倒或错位。我们要逐步脱离"讲课文"的语文教学形态,围绕本体性教学内容来展开教学,提升课堂的"语文味",促进学生在语文知识和方法技能上获得进步。

教师要根据每篇课文的特点明确本体性的教学内容,然后围绕本体性的教学内容组织语文课教学。教学一篇课文,除了必须落实生字词、课文朗读这些基本要求之外,教师还要落实在语文知识、方法和技能方面的教学,而且一节课应该重点教什么,必须要有明确的选择。例如,在《鱼游到了纸上》一课中,如果把教学目标定为"通过人物外貌、动作、神态描写体悟人物的思想品质",目标指向理解人物品质,这就是非本体性教学内容;如果把教学目标改为"抓住人物外貌、动作、

神态描写表现人物品质的写作方法"，目标指向认识课文中人物品质是怎么表达的，这就是本体性的教学内容。所以，教师在设计教学目标时首先要检验一下，所设计的目标是否以本体性教学内容为主，只有将本体性教学内容作为主要目标，才有可能把这节课真正上成语文课。

（五）锤炼教学语言，提高课堂效率

课堂的教学活动是通过独特的教学语言来完成的。虽然随着信息技术的发展，教学手段日益多元化，多媒体教学已然成为最常见的一种教学手段，但教师的语言仍然是整个教学活动中必不可少的组成部分，发挥着至关重要的作用。

教育家夸美纽斯说过："教师的嘴，就是一个源泉，从那里可以发出知识的溪流。"这句话，说明了教师课堂语言的重要性。教师的课堂语言应是生动有趣、富有感染力的讲演，而不是枯燥无味的说教。这就要求教师要善于用充满情趣、富有表情的语言吸引学生、感染学生，以增强表达的"可听性"和感染力，师生达成共鸣与默契，增强课堂教学的效果。如果教师不善言辞，讲起课来吞吞吐吐、语无伦次，正像"茶壶里倒饺子"一样，那么即使知识渊博，也很难完成教师"传道、授业、解惑"的任务。因此，为了提高课堂教学效率，教师的课堂语言必须具有较强的号召力、饱满的激情、严密的逻辑性，也应该是通俗易懂、形象生动而富有幽默感的。

（六）合理安排教学时间，实现有效教学

传统的课堂教学耗时多、收效少，"爱种子"的"三环四得"教学模式打破了这一尴尬局面；通过构建学习共同体，推动合作探究落到实处，培养学生主动参与、乐于探究、交流合作的学习态度。在课堂时间管理中，"爱种子"教学模式通过提高学生的课堂学习参与度，改变课堂教学节奏，合理安排时间，有效地组织教学，使课堂走向动态生成。

此外，"爱种子"教学范式注重以主问题引领教学，注重环节之间的联系，确保精讲精练，大胆取舍，在关键时间段解决核心问题，实现有效教学。

（七）把握学生学情，达成教学目标

"爱种子"教学模式提倡"先学定教，以学定教"理念，让学生通过自主学习，暴露学习的难点和遇到的问题，教师再根据学情进行精准化、个性化的教学。例如，在识字自主学习的"互教互学"环节中，先由学生自读字词，选出难认字，教师再根据平台收集的数据进行有针对性的教读；在"写字有方"环节中，由学生先练写生字，根据学生选择的难写字进行教写。通过学生自主学习，教师根据学生自读情况及时了解学情，调整教学策略，围绕核心问题对学生做适当的启发、点拨和引导，最终达成教学目标。

(八)及时反馈数据,精准指导教学

实践表明,将数据采集技术应用于课堂中,能够最大限度地将学习过程可视化,有利于教师及时获取教学效果反馈数据,进行教学分析和反思,实现个性化教学。

为了让教师们在教学中能够及时通过数据分析实现精准导学和导教,提高教学效果,区教师发展中心多次组织教师开展"关于数据可视化的教学策略与方法"的专题培训,使教师们能熟练掌握如何查看平台的反馈数据,并根据数据分析,实行精准教学。

例如,在三年级上册《司马光》一课的识字教学时,学生通过初写感知难写字,再利用应答器选出自己认为难写的字。教师通过查看"爱种子"平台的反馈数据,发现大多数同学认为"庭""登""跌"三个字难写。于是,教师根据数据反映的学情,引导学生利用"四看法"对这三个生字分别进行细致的观察,然后通过老师的点拨、示范,实行精准指导教学,收到了事半功倍的教学效果。

(九)利用平台资源,优化课堂教学

受传统的教学观念以及固有的专业水平的限制,在教学实践中,很多教师基本靠借用网络上他人的教学资源组织教学。网络资源虽然丰富,但是质量良莠不齐,不一定可直接借用。为了优化教学资源,促进教育均衡发展,"爱种子"平台建立了资源库,包括课件、导学案、动画、制作课件的背景元素等,并组织教师学习、使用。

"爱种子"平台为学校提供了与教学具有同步性、完整性、便捷性、协调性的共享资源库,大大减轻了不同发展水平的学校中教学经验不一的教师的备课压力。如在讲授《开国大典》一课时,教师可利用平台上的《开国大典》电影片段,将之插入课件中,上课时播放给学生观看,可以渲染气氛,激发学生情感,给学生营造良好的学习氛围,从而优化课堂教学。

第六节 以"三用"进阶机制促进教师的专业发展

一、"三用"进阶机制的内涵及评定条件

（一）"三用"进阶机制的内涵

基于"爱种子""互联网+"的背景下，我们建立了丰富的"爱种子"教学资源，为实行资源使用的梯度化，促进教师专业发展，我们还建立了"点点用""改改用""创创用"的"三用"进阶机制。"三用"进阶机制的具体内涵如下所示。

1. **"点点用"**

"点点用"，即直接使用平台提供的导学案进行教学。由于优化后的导学案的设计比较详细，包含了情境导入、独立学习单、协作建构单和训练题组，对每一环节的处理方法都有说明。教师备课时只需熟悉教学流程，课前进入备课端，了解导学案中的教学内容，知道操作按钮的位置，懂得如何查看数据，按部就班地把教学过程展示出来即可。"点点用"是对教师使用"爱种子"资源最起码的保底要求，是倒逼教师转变教学行为的保障。

2. **"改改用"**

"改改用"，就是在"爱种子"教学理念和教学模式的基础上，教师可以对"爱种子"资源进行删除、增加、修改……使教学资源更符合地方实际和校情、学情，更有生成性。有些导学案在设计学生学习单时，问题设计得比较开放，训练题难度相对较大，因此对于学习基础相对比较薄弱的学生，操作起来就较为困难。这时，"改改用"就契合了学生的学情需求，降低学习难度，从而顺应学生学情。例如，某实验老师在上四年级课文《牛和鹅》的互动探究课时，根据平台提供的备课模板，结合本班学生的实际情况，在第一环节"复习与引入"部分，增加了"听写词语、复习课文内容"环节，这样能及时了解学生的学情，为老师更好地开展下面的教学活动做铺垫。

3. **"创创用"**

"创创用"，是指对教学流程或教学框架进行重改，就是利用应用平台，根据区域、学校、教师的优势和特色，个性创建应用平台的活动流程，构建出更多样、更丰富的教学模式，利用信息技术融合创新、跨学科教学创新教学行为。它是最高层次的备课。它对教师的要求较高，需要教师具备较高的教学理论水平和教学研究

能力，要求教师能利用模式的数据指导教学；开展教学与教研融合创新，需要教师在深刻理解"爱种子"教学模式的基础上，对各教学环节进行重新设计。因此，使用"改改用"教学，教师必须先认真研读新课程标准、教师教学用书和教材，才能确定课时的教学要求，预设本班学生所要达到的目标层次，并根据本学科的特点、教学内容的特点、学校条件以及学生的水平，选择合适的教学内容及教学方法。

"点点用""改改用""创创用"三个层次的备课方式，能最大限度地适应教师群体素质参差不齐的实际。有些教师信息技术水平偏低，不会设计制作课件；有些教师信息技术好，但是缺乏教学经验，不懂得如何去设计一节课。这两类教师都可以直接通过"点点用"借助信息技术提高课堂的教学效率。有些教师积累了一定的教学经验，教学水平也比较好，但由于学校的硬件设备跟不上，优质教学资源较少，加上教师信息技术水平不高，发挥不了应有的水平。有了"爱种子"教学平台的资源，这类教师可以进行"改改用"，在原有资源的基础上加入自己的见解，融入自己的特色，更好地发挥中流砥柱的作用。对于更高层次的教师，他们与时俱进，既有创新的教学理念，又能驾轻就熟地进行课堂教学，使用"爱种子"教学平台的资源时可以达到"创创用"的层次，更好地发挥自己的创意，用好、用活平台的资源库，优化课堂教学，收到事半功倍的效果。

（二）"三用"进阶机制的评定条件

"爱种子"的"点点用""改改用"和"创创用"的使用范式，为教师提供了有效的应用框架，较好地解决了"爱种子"教学模式落地的问题。但在教学实践中，我们也发现，对优质教学资源的"点点用"，只是以优质资源倒逼教师转变教学行为、改善课堂生态、促进教育均衡发展的保底要求和现实需要，而进行富有成效的"改改用"和"创创用"，才是"爱种子"模式设计者对"爱种子"教学模式和教师专业发展的进一步期许。为顺应"爱种子"教学模式的良性发展，我们通过信息技术赋能并基于我区实验学校的实际，制定了"清城区小学语文'爱种子''三用'评定标准及进阶条件"。（见表5-6-1）

表5-6-1　清城区小学语文"爱种子""三用"评定标准及进阶条件

许可使用方式	评定标准	进阶条件
点点用	观察教师"点点用"课例，凡各项指标不能达B等级以上均需"点点用"	凡"点点用"课例各项指标评定均达到B等级以上，可进阶"改改用"
改改用	观察教师"改改用"课例，有关课例各项指标均达B等级以上，可使用"改改用"	凡"改改用"课例各项指标均达到A等级，可进阶"创创用"

续表 5-6-1

许可使用方式	评定标准	进阶条件
创创用	观察教师"创创用"课例，各项指标均达到 A 等级，可使用"创创用"	凡"创创用"课例各项指标均达到 A 等级，可继续使用"创创用"

备注：本表提及的课堂观察，是指使用《清城区小学语文"爱种子"课堂观察表》（综合表）进行的课堂观察。

二、"三用"进阶机制建立的意义和价值

（一）便于界定资源使用的群体，提高资源使用效果

随着"爱种子"教学范式的渐渐深入使用，优化的导学案和平台的教学资源也逐渐得到广泛使用。但是，部分教师基于观念和专业水平的限制，在使用过程中出现了对教学资源越改越糟糕的情况。因此，除了提供作为教学"拐杖"的教学范式和导学案外，我们还建立了"点点用""改改用""创创用"的"三用"进阶机制，以便于界定资源使用的教学群体，提高资源使用的效益。

教师在使用"爱种子"资源过程中，我们通过"'爱种子'课堂观察等级评价表"记录和分析教师教学行为、学生学习行为和课程性质等，对照各项指标，对教师的课堂进行观察、记录，并给予 A、B、C、D 的等级评价。如果各项指标不能达 B 等级以上的，界定为"点点用"教学群体；如果各项指标均达到 B 等级以上的，界定为"改改用"教学群体；如果各项指标均达到 A 等级以上的，界定为"创创用"教学群体。通过界定资源使用的教学群体，教师们可清楚地知道自己的定位，正确使用资源，避免了资源的混乱使用，从而发挥资源使用的最大效果。

（二）提供专业发展的进阶通道，促进教师专业发展

"三用"进阶机制的建立，为教师们提供了有效的范式教学，也使"爱种子"教学模式得到了有效的实施。经过一段时间的实践和不懈的努力，教师的教学水平、信息技术能力等均有所提高，这时教师对优质教学资源的使用就不仅仅停留在"点点用"的层次上了。根据"三用"进阶机制的评定标准及进阶条件，教师可申请"改改用"或"创创用"，为教师的专业发展打通了进阶通道，让教师明确自己的发展目标和路径，从而促进教师的专业发展。

教师通过观摩教学视频、课堂实践、听讲座等途径，对"爱种子"的教学模式及教学理念逐渐深入了解，"三用"进阶机制的运作也渐渐成熟。凡"点点用"案例，各项指标评定均达 B 等级以上，可进阶"改改用"；凡"改改用"案例，各

项指标均达 A 等级，可进阶"创创用"。利用"三用"进阶机制，教师为自己制订发展的目标及努力的方向，通过不同层次的课堂实践，自身专业能力得到发展、提高。同时，"三用"进阶机制促进了"爱种子"的良性发展，使"爱种子"向纵深推进，为构建高效课堂起了关键作用。

（三）有利于对不同层次的教师进行精准指导

我们利用"清城区'爱种子'实验课堂观察量表"，分别对教师教学行为及其教学效果进行观察，通过分析数据，暴露问题，及时了解教师在教学上存在的问题，从而实行精准指导。如何对不同层次的教师实行精准指导呢？"三用"进阶机制为我们提供了明确的方向和指引。

定位在"点点用"层次的教师群体，我们着重对其进行"爱种子"教学模式和框架结构的指导，以及对"爱种子"平台的操作培训。例如，通过培训，使教师熟练操作平台，能结合平台资源组织课堂互动，灵活使用应答器配合教学和教学互动，学会看数据，用数据指导教学，等等。但是，部分教师缺乏"爱种子"教学模式和平台的实践经验，要熟练掌握"点点用"教学，还需要多去实践，多去思考，甚至可以对使用情况进行小结分析，及时发现问题，开展精准指导。

进阶为"改改用"层次的教师，对"爱种子"的基本教学模式和平台的使用已基本熟练。这时我们可以从教师的教学方式、课堂提问的价值、课堂问题的指向性、对学情的关注、对学习共同体的构建、对学生的激励性评价、对教学资源的使用等方面，通过信息技术赋能和基于教师的教学实际，进行进一步的精准指导，提升教师的信息化教学设计能力，顺应"爱种子"的良性发展。

进阶为"创创用"层次的教师，由于他们的教学创新能力比较强，对教学有自己独特的想法和创新的思维，所以，我们可以对其进行创新思维方面的培训，如教学理论的学习培训、教研能力提升的培训、信息技术融合学科教学的创新能力培训等。在使用"爱种子"教学资源的时候，我们要着重激发他们发挥自身的创新能力，把自己独特的想法，融入教学中，对"爱种子"教学资源试着"创创用"，以达到创新教学，提高教学实效，提升教学水平的目的。

综合以上，"三用"进阶机制有利于对不同层次的教师实行精准指导。分层次的精准指导和跟踪实践情况，能促进教师较好把握"爱种子""三环四得"教学模式的精髓，能精准指导教师在课堂教学中熟练操作平台，找准教学的核心问题，组织学生进行自主、合作、探究学习，做到"以学生为中心""以学定教，顺学而导"，打造更多的高效课堂，促进教师的专业发展。

三、"三用"进阶机制的运作

建立了"点点用""改改用""创创用"的"三用"进阶机制及其评定条件

后，我们如何有效运用它，促进不同层次的教师专业发展，从而使"爱种子"教学模式更好地落地、生根、发芽呢？学校应每学期定期对使用"爱种子"资源的教师的课堂进行观察评定，如果符合进阶标准及评定条件则可进阶一级，使教师的专业发展呈螺旋式提升。进阶的具体流程如图5-6-1所示。

图5-6-1 "三用"进阶的具体流程

（一）课堂观察

教师使用"爱种子"资源一段时间后，教导处将组织科组长及骨干教师成立考核小组，考核小组对教师的"点点用"或"改改用"课例进行课堂观察，并做好观察记录。

（二）考核小组讨论

进阶考核小组就"爱种子"教师的课例进行商量、讨论，根据课堂观察记录，围绕"教师教学行为""学生学习行为""课程性质""师生关系"等23个观察点，对照各项指标，逐一进行考评，确保将"三用"进阶落到实处，促进教师专业发展。

（三）鉴定结果

进阶考核小组就教师的课例观察情况进行商量、讨论，观察"点点用"课例，各项指标均达B等级的，同意进阶"改改用"教学；观察"改改用"课例，各项指标均达A等级的，同意进阶"创创用"教学。

（四）进阶成功

进阶成功的教师，还需继续接受学校考核小组的监督、跟踪观察，便于学校及时了解教师使用"爱种子"教学资源的情况。在跟踪观察过程中，学校一定要对不同层次级别的教师进行精准指导，可以从教师的教学行为、角色定位、学生学习方式、师生互动、合作探究、学习共同体的构建等方面给予每位老师有效的指导、点拨，从而有效促进教师的专业发展，使不同层次的教师均得到不同程度的提升，从而确保"爱种子"教学模式能在我们的课堂上生根、发芽，并茁壮成长。

以某实验学校的吴老师为例，她在熟练掌握"点点用"范式教学后，学校组织考核小组对她的"爱种子"课堂进行了观察，具体观察结果见表5-6-2。

表 5-6-2 清城区小学语文"爱种子"课堂教学评价

研究问题：实验中期课堂教学现状是怎样的？
观察学校：清城区××小学　班级：四（7）班　学生人数：49人　观察对象：教师、学生
授课内容：《牛和鹅》互动探究课　观察日期：2020年11月17日　观察者：×××

观察视角		项目				选项	权重	得分
		A	B	C	D			
教师教学行为（10项）（39分）	1 对"爱种子"课型教学范式的理解及运用	熟悉并能灵活运用范式展开教学，各教学环节时间分配合理，教学效果好	熟悉并能运用范式展开教学，各教学环节时间分配比较合理，教学效果较好	基本能按范式展开教学，各教学环节时间分配不太合理，教学效果一般	没按范式展开教学，各教学环节时间分配不合理，教学效果较差	A	5	5
	2 角色定位	以学为主，以学定教，教师是学生自主学习的组织者、指导者、参与者和促进者，角色定位准确	以学为主，以学定教，教师是学生自主学习的组织者、指导者，角色定位较准确	教师讲得较多，学生自主学习较少，角色定位不太准确	教师是知识的灌输者，教师的角色定位不准确	B	5	4
	3 教学方式、方法	教学方式、方法灵活多样，有效促进学生自主、合作、探究学习，效果好	教学方式、方法较灵活，比较有效促进学生自主、合作、探究学习，效果较好	教学方式、方法比较单一，促进学生自主学习、合作探究的意识不够强，效果一般	教学方式、方法单一，学生自主学习、合作探究的意识不强，效果较差	A	4	4
	4 提问的价值	紧扣教学目标、教学重难点提出有价值的问题，问题处于学生的最近发展区，对教学目标的达成具有必要性	围绕教学目标、教学重难点提出一般性问题，问题处于学生的最近发展区，对教学目标的达成具有必要性	基本围绕教学目标、教学重难点提出一般性问题，没考虑到大部分学生的认知水平和理解能力	问题表面化、碎片化、简单化，无多大价值	B	4	3

续表 5-6-2

观察视角		项目				选项	权重	得分
		A	B	C	D			
教师教学行为（10项）（39分）	5 课堂问题的指向性	问题具体、清晰、明确，具有明确的目的性和针对性，提问的时机合适	问题比较具体、清晰、明确，有比较明确的目的性和针对性，提问的时机比较合适	问题不够具体、清晰、明确，目的性和针对性不够强，提问的时机不太合适	问题不具体、不清晰、不明确，目的性和针对性不强，提问的时机不合适	B	3	2
	6 对学情的关注	教学过程面向并关注全体学生，处理好个体学习与全班参与学习之间的关系，各层次的学生都有不同程度的发展	教学过程面向并关注全体学生，较好地处理好个体学习与全班参与学习之间的关系，大部分学生有不同程度的发展	教学过程基本能面向和关注大部分学生，基本能处理个体学习与全班参与学习之间的关系	教学过程未能面向和关注学生，没能处理好个体学习与全班参与学习之间的关系	B	3	2
	7 对学习小组的重视	重视学习小组的组织和指导，小组合作学习任务明确，合作学习效果好	比较重视学习小组的组织和指导，小组合作学习任务比较明确，合作学习效果较好	不够重视学习小组的组织和指导，小组合作学习效果一般	不重视学习小组的组织和指导，小组合作学习流于形式，效果较差	B	4	3
	8 对学生的激励性评价	合理利用平台评价工具和富有激励性的评价语言激发学生积极主动参与学习活动，效果好	较合理利用平台评价工具和评价语言激发学生参与学习活动，效果较好	偶尔利用平台评价工具和评价语言激励学生参与学习活动，效果一般	没有利用平台评价工具和评价语言激励学生参与学习活动，效果较差	B	3	2

续表 5-6-2

观察视角			项目				选项	权重	得分
			A	B	C	D			
教师教学行为（10项）（39分）	9	对教学资源的使用	对教学资源的理解和把握到位，能根据导学案进行有效的教学预设，灵活运用教学资源开展教学，资源使用效果好	对教学资源的理解和把握比较到位，能根据导学案进行教学预设，比较熟练地运用教学资源开展教学，资源使用效果较好	对教学资源理解和把握不够到位，基本能根据导学案进行教学预设并运用教学资源展开教学，资源使用效果一般	对教学资源理解和把握不到位，不会根据导学案进行教学预设并运用教学资源展开教学，资源使用效果较差	A	3	3
	10	教学目标达成度	高	较高	一般	较差	A	5	5
学生学习行为（5项）（27分）	11	参与度	全班90%以上的学生带着学习任务参与学习	全班80%以上的学生带着学习任务参与学习	全班70%以上的学生带着学习任务参与学习	全班不足60%的学生带着学习任务参与学习	A	5	5
	12	学习方式	教与学时间分配合理，学生积极参与自主学习、合作探究的时间充裕	教与学时间分配比较合理，学生积极参与自主学习、合作探究的时间比较充裕	教与学时间分配不太合理，学生积极参与自主学习、合作探究的时间不太充裕	教与学时间分配不合理，学生积极参与自主学习、合作探究的时间不足	B	6	5
	13	学习态度	全班90%以上的学生认真参与学习全过程	全班80%以上的学生认真参与学习全过程	全班70%以上的学生认真参与学习全过程	全班不足60%的学生认真参与学习全过程	B	6	5
	14	学习习惯	全班90%以上的学生养成良好的学习习惯，做到认真倾听，积极讨论，大胆交流、展示和评价，善于与人合作	全班80%以上的学生养成良好的学习习惯，做到认真倾听，积极讨论，大胆交流、展示和评价，善于与人合作	全班70%以上的学生养成良好的学习习惯，做到认真倾听，积极讨论，大胆交流、展示和评价，善于与人合作	全班不足60%的学生能做到认真倾听，积极讨论，大胆交流、展示和评价，善于与人合作	B	5	4

续表 5-6-2

观察视角		项目				选项	权重	得分
		A	B	C	D			
学生学习行为（5项）（27分）	15 学习小组	学习小组构建合理，小组长的组织协调能力强，互教互学效果好	学习小组构建比较合理，小组长的组织协调能力较强，互教互学效果较好	学习小组构建不太合理，小组长的组织协调能力一般，互教互学效果一般	学习小组构建不合理，小组长的组织协调能力较差，互教互学效果较差	B	5	4
课程性质（5项）（23分）	16 教学过程的语文性	准确把握语文教学的规律和特点，教学过程通过用语文的手段和语文实践活动达成教学目标，效果好	较准确把握语文教学规律和特点，教学过程较注意通过用语文的手段和语文实践活动达成教学目标，效果较好	有注意把握语文教学规律和特点，教学过程中运用语文的手段和语文实践活动的方式方法还有待改进，达成教学目标的效果一般	没有准确把握语文教学规律和特点，教学过程不注意用语文的手段和语文实践活动达成教学目标，效果较差	A	6	6
	17 工具性与人文性	处理好工具性与人文性的关系，在语文实践活动中渗透人文性的效果好	较好处理工具性与人文性的关系，在语文实践活动中渗透人文性的效果较好	有注意处理工具性与人文性的关系，在语文实践活动中渗透人文性的效果一般	不注意处理工具性与人文性的关系，在语文实践活动中渗透人文性的效果较差	B	2	1
	18 语文实践	重视语文实践活动	比较重视语文实践活动	不太重视语文实践活动	不重视语文实践活动	B	5	4
	19 思维的发展	在语言文字运用的同时注重思维能力的发展	在语言文字运用的同时比较注重思维能力的发展	在语言文字运用的同时不够注重思维能力的发展	在语言文字运用的同时不注重思维能力的发展	B	5	4

续表 5-6-2

观察视角		项目				选项	权重	得分
		A	B	C	D			
课程性质（5项）（23分）	20 教材处理	教材处理恰当；能紧扣教学目标、教学重难点处理教材，拓展的课外学习材料能有效达成教学目标	教材处理较恰当；基本能围绕教学目标、教学重难点处理教材，拓展的课外学习材料对教学目标的达成有一定帮助	教材处理尚有处理不当的地方；基本能紧扣教学目标、教学重难点处理教材，拓展的课外学习材料对教学目标的达成有一定帮助	教材处理较多地方不够恰当；没能紧扣教学目标、教学重难点处理教材，拓展的课外学习材料对教学目标的达成没帮助	B	5	4
课堂文化（3项）（11分）	21 师生关系	建立和谐、民主、平等的师生关系，师生关系融洽	建立和谐、民主、平等的师生关系，师生关系较融洽	有注意建立和谐、民主、平等的师生关系，师生关系一般	不注意建立和谐、民主、平等的师生关系，师生关系不够和谐	B	3	2
	22 生生关系	生生之间相互尊重，互帮互学、平等交流氛围好	生生之间相互尊重，互教互学、平等交流氛围较好	生生之间相互尊重，互教互学、平等交流氛围一般	生生之间欠相互尊重，互教互学、平等交流氛围较差	B	4	3
	23 课堂气氛	营造了民主、平等、和谐的课堂氛围，学习氛围浓郁，师生之间、生生之间的互动交流良好	营造了比较民主、平等、和谐的课堂氛围，学习氛围比较浓郁，师生之间、生生之间的互动交流较好	课堂学习氛围一般，师生之间、生生之间的互动交流一般	课堂学习氛围较差，师生之间、生生之间缺乏互动交流	A	4	4
总得分								84

注：A 为优，B 为良，C 为中，D 为差。

教师教学行为：A 4 个，B 6 个，C 0 个，D 0 个；

学生学习行为：A 1 个，B 4 个，C 0 个，D 0 个；

课 程 性 质：A 1 个，B 4 个，C 0 个，D 0 个；

课堂文化：A __1__ 个，B __2__ 个，C __0__ 个，D __0__ 个。

表5-6-2有23个观察视角，A等级占比 __30.4%__，B等级占比 __69.6%__，C等级占比 __0__；D等级占比 __0__。

根据表5-6-2得出以下结论和建议：

吴老师能熟练操作"爱种子"平台，能熟悉并灵活运用"爱种子"教学范式展开教学，在课堂上以学生为中心，以学定教，顺学而导，能合理构建并组织开展学习共同体学习，注重培养学生自主、合作、探究的学习能力。各教学环节时间分配合理，全班90%以上的学生养成良好的学习习惯，做到认真倾听，积极讨论，大胆交流、展示和评价，善于与他人合作，教学效果好。

综上所述，吴老师的"点点用"教学案例各项指标评定均达B等级以上，可进阶"改改用"教学。

第六章

小学语文"爱种子"教学范式应用效果评价

第一节　小学语文"爱种子"课堂观察表的设计

课堂观察是研究课堂教学的一种方法，通过观察对课堂的运行状况进行记录、分析和研究，并在此基础上谋求学生课堂学习的改善、促进教师的专业发展，是改进课堂教学的一种有效途径。"爱种子"模式下的课堂教学是以学生为主体、教师为主导，坚持教为学服务，是体现现代学习和现代教学规律、方法和手段的课堂教学模式，但如何真正呈现"爱种子"教学模式下的课堂生态，促进学生的全面发展，就需要制定出相应的课堂实施效果指标，深入课堂进行评价才能了解课堂教学现状。因此，我们结合"爱种子"范式对课堂教学观察表的设计进行了研究。

一、课堂观察表设计的原则

（一）体现多维，具有广泛性

"爱种子"模式下的课堂是以学生的学为中心、教师的教为主导，坚持教为学服务思想的课堂，因此，课堂上不仅要关注教师的"教"和学生的"学"，同时还需要关注课堂的语文性与本体性、课堂生成情况以及课堂互动等多个方面。在设计课堂观察记录表时，我们设计了4个观察维度，23个观察视角、对课堂实施效果开展多角度评价。如评价教师的教学行为，既对教师的思维是否转变，课堂的教学方式方法是否有效促进学生自主、合作、探究学习进行了评价，又对课堂中教师对学生发展情况的关注程度，对课堂上教学资源的把握与使用都进行了相应评价。又如评价课堂文化，从师生关系、生生关系、课堂气氛3个观察视角出发，既对学生与老师的关系、学生与学生之间的多维互动教学模式进行了评价，也对课堂上的教学氛围进行了相应评价，从多维度出发，体现出观察的广泛性。

（二）突出重点，具有针对性

课堂观察是为解决课堂教学问题服务的，其评价指标需选取可观察、可记录、可解释、具有代表性的观察点，才能有效了解到课堂的教学现状。因此，本观察记录表立足课堂教学实际，结合"爱种子"实验背景下"三环四得"教学模式，对23个子观察视角列出了相应的观察框架，指引教师听评课时抓住重点对课堂教学成效做出评价。如学生学习行为的评价，则通过了解课堂上学生的参与程度、学习方式、学习态度、学习习惯、学习小组情况，来有针对性地观察教师设计的学生活动是否达到预定的教学目标，以及教学中学生活动完成的实际情况。

（三）注重实效，具有可操作性

制定观察表的目的是更直观、更明了地记录和表现课堂教学过程中各要素发展变化的过程，关注的是学生在课堂上学到的，而不是教师教了什么和教了多少，也就是看学生课堂上获得的具体进步和发展。因此，在制定课程观察表时，我们对各观察指标都有比较明确的要点提示和描述，以便于增强观察表的可操作性，让教师进一步明确语文教学中"教什么"的问题，也让听课的教师对于"听什么"有全局性的把握，对于课堂教学评价的研究具有非常重要的理论和实践价值。如我们在观察记录表中"课堂性质"这一栏，提出三点要求。一是要关注教学过程中的语文性、工具性和人文性，重点提示了解教学过程中是否引导学生学习语言文字运用，是否用语文的手段解决语文的问题；在进行人文性教育时，是否注意把人文教育渗透到语言文字的学习过程中，做到工具性与人文性的统一。二是关注语文实践、思维能力的发展，重点提示了解课堂是否重视语文实践活动，如语言积累、各种形式的读、读悟结合、口头表达、练笔、仿写等，是否在学习语言文字运用的同时注重思维能力的发展。三是关注教师对教材的处理程度，重点了解是否紧扣教学目标、教学重难点去处理教材，拓展的课外学习材料对教学目标的达成是否有效。这样制定课程观察记录表能让教师有针对性地观察，取得有效数据进行研究与分析。

"爱种子"课堂观察表指向课堂教学问题的发现和解决，引导教师创造性地运用现代教学理论，重塑教学理念，重构教学方法和教学流程，用"互联网+"信息技术进行流程优化、再造；改变了教师教学的方式和学生学习的方式，实现了学习形态与方法、教学方法和方式以及培养学生的目标与方式的变革，让课堂教学更加鲜活、更为高效；促使教师更加注重培养学生的学习能力、知识重构，让学生"学得""习得"；注重多元评价，激励学生，促进学生发展，以评促学，因材施教，进行个性化指导，落实"教得"和"评得"。此外，"'爱种子'课堂观察表"还有效促进了教师自身专业的成长，增进教师教学技艺，锤炼教学风格，提升教学质量，有效提高课堂教学效果，促进教师专业水平的提高和学生的全面发展。

二、"爱种子"课堂观察表的设计

（一）"爱种子"课堂观察记录表的设计

"爱种子"实验背景下的"三环四得"课堂教学模式，注重教学资源的整合与拓展运用，突出学生的主体地位，转变教师的角色，让学生在课堂学习的过程中学会独立思考、发现问题、相互合作、归纳创新，引领教师在课堂教学中善于学习、勤于思考、敢于实践、勇于探索，促进教师专业成长，提高课堂教学实效。基于此，在"爱种子"课堂观察记录表的设计中，我们围绕着教学过程中教师"教"的行为和学生"学"的行为，以及课堂教学效益和学生的发展为核心。主要是从教师教学行为、学生学习行为、课堂性质、课堂文化4个维度23个观察视角展开，结合课堂教学实际，设计了"清城区小学语文'爱种子'课堂观察记录表"。（见表6-1-1）

观察记录表设计的目的主要是对"爱种子"课堂教学范式的验证，可以针对性地选取"4个维度"中的一项进行专项观察、诊断，从而形成专项评价。教师是课堂教学的组织者、引导者。教师是否用好用活"爱种子"教学资源，很大程度上影响着课堂教学的效益。因此，我们关注教师使用教学范式的情况。学生学习行为主要通过观察"爱种子"课堂教学范式下学生怎么学、学得怎么样的问题。学生是课堂学习活动的主体，他们是课堂学习的积极参与者、主动构建者，学生的有效学习是课堂成败的决定性因素。课堂性质主要指向教师的教和学生学的内容是什么的问题，如教师的教是否准确把握语文教学的规律和特点、是否处理好工具性和人文性的关系、是否重视语文实践活动等问题，学生学习和教师的教学通过课程发生联系，在整个互动、对话、交往的过程形成了课堂文化。"爱种子"课堂观察记录表立足课堂教学实际，对23个子观察视角分别进行了重点观察框架的列举，"爱种子"教学范式的效果验证恰可以通过课堂观察的4个维度得到回答。

1. 关注教师教学行为

教师的教是为了促进学生更好地学，"爱种子"教学模式下的范式是为了突出教师的引导作用，让课堂以学生为主体、教为学而服务，因此，在构建观察框架时，对关键点设置评价指标来充分观察课堂，深入研究课堂教学现状。如通过了解教师教学环节的安排是否合理、提出的问题是否考虑到学生的认知水平和理解能力、教学过程是否面向全体学生等方面来进行观察与评价，以了解课堂上教师教学行为是否起到引导作用，是否有效关注到学生的差异性，实现角色的转变、思维的转变等，反馈教师课堂教学情况。同时，根据学生身心发展特点，在课堂上，对学生的评价也至关重要。"爱种子"教学模式充分利用互联网平台，为教师们提供了多元化的评价方式。因此，在构建课堂观察记录表框架时，也对教师是否重视利用平台资源评价工具激励学生，以及评价工具使用的数量和时机是否合适进行了指标的制定，对是否能够激发学生学习的热情和探究的兴趣、教师是否选择最佳的时机对课堂进行有针对性的评价和指导等方面进行了观察与评价。

2. 关注学生学习行为

"爱种子"教学范式注重关注学生学会自主、合作、探究学习，因此在构建观察框架时，通过了解学生在课堂上的参与度、学习方式、学习态度、学习习惯以及学习小组的情况，反馈课堂教学情况以及课堂的实效性；同时，语文课堂注重激发学生的学习兴趣，诱发学生的求知欲望，培养学生良好的思维意识，因此，在这方面设置了观察学生主动参与学习的人数，参与自主、合作、探究的学习时间，学生

3. 关注课堂性质和课堂文化

课程性质维度通过"教学过程的语文性""教材处理"等方面进行观察。课堂文化维度通过"师生关系""生生关系""课堂气氛"三方面进行观察，在关注教师的教和学生的学的同时，反馈课堂教学效果和学生的发展情况。

（二）"爱种子"课堂教学时间记录表的设计

为加强观察表的可操作性，准确帮助听课教师了解课堂实效性，针对"学生学习行为"观察视角中的"学习方式"一项，另外设置了"清城区小学语文'爱种子'课堂教学时间记录表"（见表6-1-2）。该表从教师讲授时间、学生自主学习时间、学生合作探究时间、师生交流时间等来了解课堂时间的具体分配是否合理，是否突出以学生为主体的教学理念，清楚地了解整节课全班学生参与自主、合作、探究的具体学习时间，检验学生学习的成效性，同时也能够更好地帮助教师掌握"爱种子"教学范式构建中的不足，及时进行完善。

（三）"爱种子"课堂观察等级评价表的设计

"爱种子"课堂观察等级评价表是针对课堂教学实践中，教师的教学行为、课堂生态及学生的学习效果而展开的有针对性的细致观察，以此反馈出教学范式的应用成效，是对"4个维度"进行全方位、终结性的评价。它是在"爱种子"课堂观察框架的基础上，将教师教学行为、学生学习行为、课程性质、课堂文化4个维度具体的观察点、23个子观察视角内容分为了四个等级——优、良、中、差，针对课堂上教师对"爱种子"各课型掌握情况及课堂实施效果进行等级指标的设计，以此对"爱种子"教学范式课堂教学实施效果进行评价。（见表6-1-3）

首先，在教学实践中，观察教师依据观察等级评价表中的评价指标，结合实验教师课堂教学情况给出相应的等级评价，并统计各指标等级的占比，得出观察数据，做出推论，了解实验教师使用"爱种子"范式进行课堂教学的变化。其次，根据观察等级评价表的等级结果了解实验教师目前对爱种子教学范式的运用现状，引导教师不断改善课堂生态。最后，还可以根据观察等级评价表的等级结果检验"爱种子"范式的利与弊，促使实验教师勤于思考，勇于探索，完善教学范式，促进优秀教学资源的创新。

表6-1-1 清城区小学语文"爱种子"课堂观察记录

研究问题：实验_____期课堂教学现状是怎样的？

观察学校：_____ 班级：_____ 学生人数：_____ 观察对象：_____

授课内容：_____ 观察者：_____ 观察日期：_____

观察视角			观察框架	观察记录
教师教学行为（10项）	1	对"爱种子"课型教学范式的理解及运用	1. 教学中是否紧扣"爱种子"范式要求 2. 该课型由哪些环节构成，是否围绕教学目标展开 3. 每个教学环节的时间是多少 4. 每个教学环节的时间是否合理分配 5. 教学中能否完全达成教学目标 6. 预设哪些方法（讲授、讨论、活动、探究、互动），对学习目标达成的成效如何	
	2	角色定位	课堂教学时以学生自主、合作、探究学习，教师做适当的启发、点拨和引导为主，还是以教师课堂讲授为主	
	3	教学方式、方法	1. 围绕学生自主、合作、探究的学习方式有哪些具体形式（如围绕问题自主阅读思考、完成学习单、小组合作解决问题并汇报合作成果、全班交流、边读边思考边记录等），效果如何 2. 教学环节的安排是否合理，环节过渡是否自然 3. 教师的指导有哪些形式（分析、讲解、启发、点拨、先自学后指导、先指导后自学、顺学而导），做怎样的启发、点拨、引导，采取的指导形式效果如何 4. 板书怎样呈现，是否为学生学习提供了帮助 5. 信息技术的运用形式有哪些（如文字、图文、动画、声音等），效果如何	
	4	提问的价值	1. 所提问题是否紧扣教学目标、教学重难点，对教学目标的达成是否具有必要性 2. 提出的问题对培养正确的情感态度、语言的建构与运用思维的发展是否有价值，效果如何 3. 提出的问题是否考虑到大部分学生的认知水平和理解能力，处于学生的最近发展区 4. 要求同伴合作解决的问题是否有同伴合作才能解决的必要性	

续表 6-1-1

观察视角			观察框架	观察记录
教师教学行为（10项）	5	课堂问题的指向性	1. 所提问题是否具有明确的目的性和针对性 2. 所提问题是否具体、清晰、明确，让学生理解其中的要求，并知道要做什么 3. 提问的时机是否合适	
	6	对学情的关注	1. 教师教学过程是否面向全体学生，是否恰当处理个别与全体之间的关系（如在个别回答或汇报学习结果时，教师是否同时给其他学生相应的学习任务，并注意了解他们完成任务的情况） 2. 对于学生学习过程中遇到的问题，教师如何处理 3. 教师课堂提问的学生分布、次数、候答时间怎样 4. 特殊（学习困难、疾病）学生的学习是否得到关注 5. 教师对学生的学习结果（观点、作业）考查是否有梯度	
	7	对学习小组的重视	1. 小组长能否认真履行职责，组织好小组成员合作学习？由此看，教师平时有没有重视小组合作的组织和指导 2. 从小组成员参与小组合作的态度看，教师有没有重视对成员参与小组学习的引导 3. 小组合作学习期间，教师有没有巡视小组合作情况，并适时指导小组开展合作学习 4. 小组合作完毕，是否组织小组汇报学习结果	
	8	对学生的激励性评价	1. 重视利用资源平台评价工具激励学生，评价工具使用的数量和时机是否合适 2. 有没有经常采用真诚、富有激励性的评价语言激发学生积极主动参与学习活动 3. 是否有及时发现学生（尤其是学困生）学习的闪光点并进行激励	
	9	对教学资源的使用	1. 有没有熟练使用教学资源（导学案资源、平台资源及其他资源） 2. 对资源的理解和把握是否到位，在教学过程中有没有根据导学案进行有效的教学预设，（备课时对学情的预估并制定相应的应对策略）资源使用效果如何	

续表 6-1-1

观察视角			观察框架	观察记录
教师教学行为（10项）	10	教学目标达成度	本节课提出的各教学目标达成情况如何（从学生学习状况进行观察，包括平台的学情统计数据、回答问题的质量、任务单的完成情况、堂上练习题的完成情况）	
学生学习行为（5项）	11	参与度	1. 整节课学生参与学习的人数有多少，占全班学生的百分比是多少 2. 一节课中，全班学生带着学习任务并参与学习的时间占多少分钟	
	12	学习方式	整节课全班学生参与自主、合作、探究的学习时间有多少分钟（含学生回答问题、讨论交流、汇报学习结果的时间）	
	13	学习态度	整节课认真参与学习全过程的人数有多少，占全班人数的百分比是多少	
	14	学习习惯	1. 学生认真倾听、自学和交流的人数是多少，占全班人数的百分比是多少 2. 学生先举手后发言、坐姿、写字姿势、小组合作的组织与交流等方面的习惯如何	
	15	学习小组	1. 学习小组的构建是否合理（如人员构成、人数、座位的安排） 2. 小组长组织是否得力（包括组员分工是否合理、互教互学是否有效果、组织交流是否流畅、流程安排是否合理）	
课程性质（5项）	16	教学过程的语文性	教学过程是否引导学生学习语言文字运用，是否用语文的手段（如阅读课中的划词划句，各种形式的读，组织对语言的积累理解、感受、欣赏和评价活动），是否解决语文的问题（如围绕语言的建构与运用确定教学目标、语言学习中的思维品质的培养、语言学习中的情感态度价值观的渗透）	
	17	工具性与人文性	1. 工具性与人文性是否统一 2. 在进行人文性教育时，是否注意把人文教育渗透到语言文字的学习过程中	

续表 6-1-1

观察视角		观察框架	观察记录
课程性质（5项）	18 语文实践	是否重视语文实践活动（如语言积累、各种形式的读、读悟结合、口头表达、练笔、仿写等）	
	19 思维的发展	是否在学习语言文字运用的同时注重思维能力的发展	
	20 教材处理	1. 是否紧扣教学目标、教学重难点处理教材 2. 教材处理是否恰当，拓展的课外学习材料对教学目标的达成是否有效	
课堂文化（3项）	21 师生关系	1. 教师是否尊重学生个性化的选择、思考和表达，对学生学习中出现的错误，教师是否做耐心的启发、点拨和引导 2. 对学生的发言，教师是否认真倾听 3. 学生是否认真聆听教师的发言，学生向教师提出自己的不同看法时，态度是否诚恳	
	22 生生关系	1. 学生有没有随意中断同学的发言 2. 在合作学习中，学生是否彼此认真倾听、互帮互学 3. 学习过程中，同学之间是否互相尊重	
	23 课堂气氛	1. 师生之间、生生之间是否展开良好互动、交流 2. 课堂学习气氛是否浓郁 3. 是否营造了民主、平等、和谐的课堂氛围	

表 6-1-2　清城区小学语文"爱种子"课堂教学时间记录

观察学校：_____　　班级：_____　　学生人数：_____　　观察对象：_____
授课内容：_____　　观察日期：_____　　观察者：_____

观察视角	一节课里合计用时	占课堂总时间的百分比	备注
教师讲授时间			
学生自主学习时间			
学生合作探究时间			
师生交流时间			
其他			

注：本表是配合"爱种子"课堂观察记录表第12项观察视角"学习方式"使用的。

表6-1-3 清城区小学语文"爱种子"课堂观察等级评价

研究问题：实验____期课堂教学现状是怎样的？

观察学校：_____ 班级：_____ 学生人数：_____ 观察对象：_____

授课内容：_____ 观察日期：_____ 观察者：_____

观察视角		项目				选项	权重	得分
		A	B	C	D			
教师教学行为（10项）（39分）	1 对"爱种子"课型教学范式的理解及运用	熟悉并能灵活运用范式展开教学，各教学环节时间分配合理，教学效果好	熟悉并能运用范式展开教学，各教学环节时间分配比较合理，教学效果较好	基本能按范式展开教学，各教学环节时间分配不太合理，教学效果一般	没按范式展开教学，各教学环节时间分配不合理，教学效果较差			
	2 角色定位	以学为主，以学定教，教师是学生自主学习的组织者、指导者、参与者和促进者，角色定位准确	以学为主，以学定教，教师是学生自主学习的组织者、指导者，角色定位较准确	教师讲得较多，学生自主学习较少，角色定位不太准确	教师是知识的灌输者，教师的角色定位不准确			
	3 教学方式、方法	教学方式、方法灵活多样，有效促进学生自主、合作、探究学习，效果好	教学方式、方法较灵活，比较有效促进学生自主、合作、探究学习，效果较好	教学方式、方法比较单一，促进学生自主学习、合作探究的意识不够强，效果一般	教学方式、方法单一，学生自主学习、合作探究的意识不强，效果较差			
	4 提问的价值	紧扣教学目标、教学重难点提出有价值的问题，问题处于学生的最近发展区，对教学目标的达成具有必要性	围绕教学目标、教学重难点提出一般性问题，问题处于学生的最近发展区，对教学目标的达成具有必要性	基本围绕教学目标、教学重难点提出一般性问题，没考虑到大部分学生的认知水平和理解能力	问题表面化、碎片化、简单化，无多大价值			

续表 6-1-3

观察视角		项目				选项	权重	得分
		A	B	C	D			
教师教学行为（10项）（39分）	5 课堂问题的指向性	问题具体、清晰、明确，具有明确的目的性和针对性，提问的时机合适	问题比较具体、清晰、明确，有比较明确的目的性和针对性，提问的时机比较合适	问题不够具体、清晰、明确，目的性和针对性不够强，提问的时机不太合适	问题不具体、不清晰、不明确，目的性和针对性不强，提问的时机不合适			
	6 对学情的关注	教学过程面向并关注全体学生，处理好个体学习与全班参与学习之间的关系，各层次的学生都有不同程度的发展	教学过程面向并关注全体学生，较好地处理好个体学习与全班参与学习之间的关系，大部分学生有不同程度的发展	教学过程基本能面向和关注大部分学生，基本能处理个体学习与全班参与学习之间的关系	教学过程未能面向和关注学生，没能处理好个体学习与全班参与学习之间的关系			
	7 对学习小组的重视	重视学习小组的组织和指导，小组合作学习任务明确，合作学习效果好	比较重视学习小组的组织和指导，小组合作学习任务比较明确，合作学习效果较好	不够重视学习小组的组织和指导，小组合作学习效果一般	不重视学习小组的组织和指导，小组合作学习流于形式，效果较差			
	8 对学生的激励性评价	合理利用平台评价工具和富有激励性的评价语言激发学生积极主动参与学习活动，效果好	较合理利用平台评价工具和评价语言激发学生参与学习活动，效果较好	偶尔利用平台评价工具和评价语言激励学生参与学习活动，效果一般	没有利用平台评价工具和评价语言激励学生参与学习活动，效果较差			

续表 6-1-3

观察视角		项目				选项	权重	得分
		A	B	C	D			
教师教学行为（10项）（39分）	9 对教学资源的使用	对教学资源的理解和把握到位，能根据导学案进行有效的教学预设，灵活运用教学资源开展教学，资源使用效果好	对教学资源的理解和把握比较到位，能根据导学案进行教学预设，比较熟练地运用教学资源开展教学，资源使用效果较好	对教学资源理解和把握不够到位，基本能根据导学案进行教学预设并运用教学资源展开教学，资源使用效果一般	对教学资源理解和把握不到位，不会根据导学案进行教学预设并运用教学资源展开教学，资源使用效果较差			
	10 教学目标达成度	高	较高	一般	较差			
学生学习行为（5项）（27分）	11 参与度	全班90%以上的学生带着学习任务参与学习	全班80%以上的学生带着学习任务参与学习	全班70%以上的学生带着学习任务参与学习	全班不足60%的学生带着学习任务参与学习			
	12 学习方式	教与学时间分配合理，学生积极参与自主学习、合作探究的时间充裕	教与学时间分配比较合理，学生积极参与自主学习、合作探究的时间比较充裕	教与学时间分配不太合理，学生积极参与自主学习、合作探究的时间不太充裕	教与学时间分配不合理，学生积极参与自主学习、合作探究的时间不足			
	13 学习态度	全班90%以上的学生认真参与学习全过程	全班80%以上的学生认真参与学习全过程	全班70%以上的学生认真参与学习全过程	全班不足60%的学生认真参与学习全过程			
	14 学习习惯	全班90%以上的学生养成良好的学习习惯，做到认真倾听，积极讨论、大胆交流、展示和评价，善于与人合作	全班80%以上的学生养成良好的学习习惯，做到认真倾听，积极讨论、大胆交流、展示和评价，善于与人合作	全班70%以上的学生养成良好的学习习惯，做到认真倾听，积极讨论、大胆交流、展示和评价，善于与人合作	全班不足60%的学生能做到认真倾听，积极讨论、大胆交流、展示和评价，不善于与人合作			

续表 6-1-3

观察视角		项目				选项	权重	得分
		A	B	C	D			
学生学习行为（5项）（27分）	15 学习小组	学习小组构建合理，小组长的组织协调能力强，互教互学效果好	学习小组构建比较合理，小组长的组织协调能力较强，互教互学效果较好	学习小组构建不太合理，小组长的组织协调能力一般，互教互学效果一般	学习小组构建不合理，小组长的组织协调能力较差，互教互学效果较差			
课程性质（5项）（23分）	16 教学过程的语文性	准确把握语文教学的规律和特点，教学过程通过用语文的手段和语文实践活动达成教学目标，效果好	较准确把握语文教学规律和特点，教学过程较注意通过用语文的手段和语文实践活动达成教学目标，效果较好	有注意把握语文教学规律和特点，教学过程中运用语文的手段和语文实践活动的方式方法还有待改进，达成教学目标的效果一般	没有准确把握语文教学规律和特点，教学过程不注意用语文的手段和语文实践活动达成教学目标，效果较差			
	17 工具性与人文性	处理好工具性与人文性的关系，在语文实践活动中渗透人文性的效果好	较好地处理工具性与人文性的关系，在语文实践活动中渗透人文性的效果较好	有注意处理工具性与人文性的关系，在语文实践活动中渗透人文性的效果一般	不注意处理工具性与人文性的关系，在语文实践活动中渗透人文性的效果较差			
	18 语文实践	重视语文实践活动	比较重视语文实践活动	不太重视语文实践活动	不重视语文实践活动			
	19 思维的发展	在语言文字运用的同时注重思维能力的发展	在语言文字运用的同时比较注重思维能力的发展	在语言文字运用的同时不够注重思维能力的发展	在语言文字运用的同时不注重思维能力的发展			

续表 6-1-3

观察视角		项目				选项	权重	得分
		A	B	C	D			
课程性质（5项）（23分）	20 教材处理	教材处理恰当；能紧扣教学目标、教学重难点处理教材，拓展的课外学习材料能有效达成教学目标	教材处理较恰当；基本能围绕教学目标、教学重难点处理教材，拓展的课外学习材料对教学目标的达成有一定帮助	教材处理尚有处理不当的地方；基本能紧扣教学目标、教学重难点处理教材，拓展的课外学习材料对教学目标的达成有一定帮助	教材处理较多地方不够恰当；没能紧扣教学目标、教学重难点处理教材，拓展的课外学习材料对教学目标的达成没帮助			
课堂文化（3项）（11分）	21 师生关系	建立和谐、民主、平等的师生关系，师生关系融洽	建立和谐、民主、平等的师生关系，师生关系较融洽	有注意建立和谐、民主、平等的师生关系，师生关系一般	不注意建立和谐、民主、平等的师生关系，师生关系不够和谐			
	22 生生关系	生生之间相互尊重，互帮互学、平等交流氛围好	生生之间相互尊重，互教互学、平等交流氛围较好	生生之间相互尊重，互教互学、平等交流氛围一般	生生之间欠相互尊重，互教互学、平等交流氛围较差			
	23 课堂气氛	营造了民主、平等、和谐的课堂氛围，学习氛围浓郁，师生之间、生生之间互动交流良好	营造了比较民主、平等、和谐的课堂氛围，学习氛围比较浓郁，师生之间、生生之间的互动交流较好	课堂学习氛围一般，师生之间、生生之间的互动交流一般	课堂学习氛围较差，师生之间、生生之间缺乏互动交流			
总得分								

注：A 为优，B 为良，C 为中，D 为差。

教师教学行为：A ____ 个，B ____ 个，C ____ 个，D ____ 个。
学生学习行为：A ____ 个，B ____ 个，C ____ 个，D ____ 个。
课 程 性 质：A ____ 个，B ____ 个，C ____ 个，D ____ 个。
课 堂 文 化：A ____ 个，B ____ 个，C ____ 个，D ____ 个。
表 6-1-3 中有 23 个观察视角，A 等级占比 _____，B 等级占比 _____，C 等级占比 _____，D 等级占比 _____。

三、课堂观察表的使用方法

课堂观察是一种独特的教育科学研究方法。它将研究问题具体化为观察点,将课堂中连续性事件拆解为时间单元,将课堂中复杂性情境拆解为空间单元,透过观察点对单元进行定格、扫描、搜集、描述与记录相关的详细信息,再对观察结果进行反思、分析、推论,以此改善教师的教学,促进学生的学习。我们探讨小学语文"爱种子"观察表在"爱种子"课堂中的应用,希望以这样一种精确、科学、有效的方法来研究小学语文"爱种子"课堂。

华东师范大学崔允漷教授曾说:"课堂观察在文科上是最难操作的,也很少有人去做。"语文的课堂相对复杂,而该观察表致力于将定性研究和定量研究结合起来对它进行深入的分析。定量的观察主要通过制定观察表来实现,通过不断完善"爱种子"课堂观察表,实现对语文"爱种子"课堂的定量研究。"爱种子"课堂观察记录表得出的数据能直观地反映出研究问题,可以帮助我们及时优化教学范式,改进课堂实践,提高课堂实效,得出更好的、更切实际的研究结论,也使研究结果更具说服力。

通过大量阅读课堂观察相关文献书籍,充分地掌握课堂观察法的理念和运用,利用"爱种子"教育教研、"爱种子"实验学校成果展示、学校"爱种子"课程实验等多种渠道,结合"爱种子"后台网络信息技术的支持,我们对小学语文"爱种子"课堂教学进行了有效的课堂观察。在课堂观察中选取了不同视点和多个观察点,观察的方案在多次不断的改进中逐渐完善。

(一)观察方法

我们采用定性与定量相结合的观察方法,利用课堂观摩、录像、直播等形式,采用线上线下相结合的方式,借助"清城区小学语文'爱种子'课堂观察记录表"(见表6-1-1)、"清城区小学语文'爱种子'课堂教学时间记录表"(见表6-1-2)以及"清城区小学语文'爱种子'课堂观察等级评价表"(见表6-1-3)来全面记录课堂教学过程,收集信息。

(二)观察内容

依据课标的评价标准,以下的实践将对小学语文"爱种子"部编版二年级上册第五单元《坐井观天》识字自主学习课堂案例及三年级上册第八单元《掌声》识字自主学习课堂案例进行分析。

(三)观察目的

随着课改的不断深入,"爱种子"的理念已扎根在教师的心田。为了帮助教师们实现从以"满堂灌"为特征的"独白式"教学向"以学生为中心,教为学服务"的转变,增加学生的自主、合作学习的时间和空间,有意识地让学生在自主、合作、探究的实践中学习,提高课堂教学效果,我们对"爱种子"课堂进行观察研究,找出存在的教学问题来解决学生在语文学习中的困难,并为教师提供建设性的意见或建议。

(四) 案例分析

案例一:清远市新北江小学陈老师"爱种子""改改用"导学案,部编版二年级上册第五单元《坐井观天》识字自主学习。运用"清城区小学语文'爱种子'课堂观察记录表""清城区小学语文'爱种子'课堂教学时间记录表"及"清城区小学语文'爱种子'课堂观察等级评价表"进行综合观察。

【教学目标】

1. 认识"沿""答"等10个生字,读准多音字"哪",会写"井""观"等8个生字,会写"坐井观天""井沿"等7个词语。

2. 朗读课文,把字音读准,句子读顺。

3. 知道"喝""渴"的字理。

【教学重、难点】

学会10个会读生字,8个会写生字。

【活动一】听文认字(5分钟)

※任务要求:请同学们认真听课文朗读录音,一边读一边想象画面。不会的生字可以圈画出来。

※方法指导:眼看书,认真听,想画面。

※任务说明:学生倾听的过程,老师巡视,并对个别同学给予听读习惯指导。

【活动二】互教互学(10分钟)

1. 同桌互读:请你把以下生字和词语读给同桌听,同桌互相评价,每读对一个,同桌在课后生字表对应的字上打"√",同桌纠正后才会读的画圈。

出示生字词:

jǐng yán	dá	kě	hē	huà	nòng cuò
井沿	回答	口渴	喝水	说话	弄错
jì	na	tái		guān	
无边无际	好哪	抬头		坐井观天	

2. 投票:请你用应答器选出最难认读的字。(平台收集)

3. 小组互教:和四人小组的同学讨论你是用什么方法记住这些生字的。比一比谁的方法最好用。

(1) 出示生字和要求。
(2) 回顾上学期所学的识字方法，尝试用"加一加、减一减、换一换、组词法、偏旁法"等识记本课生字。例如，我用加一加的方法，记住了抬字，扌＋台＝抬，组词：抬头。
我会说：我用_____的方法，记住____字，组词：_____。
(3) 四人小组内轮流说一说，如何记住这些生字、新词。比一比谁的方法最好用。
(4) 全班交流、评价。

字源识字。

（渴）

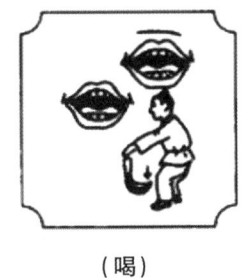

（喝）

答案：渴，形声字。水表意，篆书形体像一道流水，表示水枯竭。曷表声，曷含有一无所见之义，表示渴为看不见水。本义是水干涸，引申为口渴。

答案：喝，形声字。口表意，其形像张开的口，表示开口呼喊。曷表声，曷是竭的省文，表示喝是竭力呼喊。本义是大声呼喊。

4．词语积累。
比一比，再组词。
渴（　　　）　观（　　　）　铅（　　　）
喝（　　　）　现（　　　）　沿（　　　）

【活动三】自由读文（10分钟）
注意读准字音，不会读的字可以借助拼音读准或请教同学。
【活动四】写字有方（12分钟）
1．出示课文要求写的生字。（出示生字，并在这些生字下面标上序号）

　　井　观　沿　答　渴　喝　话　际

2．学生初写，感知易错难写的字。
学生写字，教师巡视，留意哪些字难写，哪些字易错，哪些笔画写得不到位。
3．学生用应答器选出最难写的字。
4．教师根据学生的选择，选出最难写的几个字进行写字教学。（课件可设置

超链接，点到哪个字就出现哪个字的书写动态过程）

写字教学方法：（供参考）

（1）引导观察。出示书写小窍门口诀，引导观察难写字。写字"四看"：一看宽窄，二看高矮，三看位置，四看笔画。

（2）教师范写。教师边范写边说生字的书写规律（或注意的问题）。

（3）学生练习书写。

5. 小组交流。

以同桌或小组为单位，互相点评同学的书写作业。（星星评分）

6. 展示作品，进行评价。

全班评选"最美书写"。老师将作品张贴在班级宣传栏或拍照上传班级家长群，定期为获得"最美书写"或"进步书写"的学生颁奖。

7. 学生练习书写其余生字。

【活动五】元认知评价（3分钟）

> 👍 课堂学习评价
>
> ◇ 我能认识本课的生字，得1颗★。
>
> ◇ 我能把字写正确、写端正，得1颗★。
>
> ◇ 我在写字时，能注意关键笔画，得1颗★。
>
> ◇ 合计以上各题，我共得到（　　）颗星。

以下是课堂观察表在本节课的运用及其观察结果。

表6-1-4　清城区小学语文"爱种子"课堂观察记录

观察视角		观察框架	观察记录
教师教学行为（10项）	1　对"爱种子"课型教学范式的理解及运用	1. 教学中是否紧扣"爱种子"范式要求 2. 该课型由哪些环节构成，是否围绕教学目标展开 3. 每个教学环节的时间是多少 4. 每个教学环节的时间是否合理分配 5. 教学中能否完全达成教学目标 6. 预设哪些方法（讲授、讨论、活动、探究、互动），对学习目标的达成的成效如何	教学中紧扣"爱种子"范式要求；该课型由听文认字（5分钟）、互教互学（10分钟）、自由读文（10分钟）、写字有方（12分钟）、元认知评价（3分钟）五个环节构成，围绕教学目标展开；每个教学环节的时间分配较为合理；教学中达成教学目标。预设讲授、讨论、探究、互动的方法，有效促进了学习目标的达成
	2　角色定位	课堂教学时以学生自主、合作、探究学习，教师适当地启发、点拨和引导为主，还是以教师课堂讲授为主	课堂教学时以学生自主、合作、探究学习，教师适当地启发、点拨和引导为主
	3　教学方式、方法	1. 围绕学生自主、合作、探究的学习方式有哪些具体形式（如围绕问题自主阅读思考、完成学习单、小组合作解决问题并汇报合作成果、全班交流、边读边思考边记录等），效果如何 2. 教学环节的安排是否合理，环节过渡是否自然 3. 教师的指导有哪些形式（分析、讲解、启发、点拨、先自学后指导、先指导后自学、顺学而导），做怎样的启发、点拨、引导？采取的指导形式效果如何 4. 板书怎样呈现，是否为学生学习提供了帮助 5. 信息技术的运用形式有哪些（如文字、图文、动画、声音等），效果如何	围绕学生自主、合作、探究的学习方式有完成学习单、小组合作解决问题并汇报合作成果、全班交流。学生能够积极参与；教学环节的安排较为合理，环节过渡欠缺自然。教师的指导有讲解、启发、点拨、先自学后指导点拨等。在识字有方环节中，用字源识字法引导学生认识生字，能够吸引学生的注意力；板书能为学生学习提供帮助；文字、图文、动画、声音信息技术的运用形式多种多样，学生们比较喜欢

续表6-1-4

观察视角		观察框架	观察记录
教师教学行为（10项）	4 提问的价值	1. 所提问题是否紧扣教学目标、教学重难点，对教学目标的达成是否具有必要性 2. 提出的问题对培养正确的情感态度、语言的建构与运用思维的发展是否有价值，效果如何 3. 提出的问题是否考虑到大部分学生的认知水平和理解能力，处于学生的最近发展区 4. 要求同伴合作解决的问题是否有同伴合作才能解决的必要性	能够紧扣教学目标、教学重难点提出问题，所提问题对教学目标的达成具有必要性；提出的问题能够培养正确的情感态度、语言的建构与运用思维的发展；能够考虑到大部分学生的认知水平和理解能力
	5 课堂问题的指向性	1. 所提问题是否具有明确的目的性和针对性 2. 所提问题是否具体、清晰、明确，让学生理解其中的要求，并知道要做什么 3. 提问的时机是否合适	所提问题比较具体、清晰、明确，学生基本理解其中的要求，并知道要做什么；提问的时机安排较为合理
	6 对学情的关注	1. 教师教学过程是否面向全体学生，是否恰当处理个别与全体之间的关系（如在个别回答或汇报学习结果时，教师是否同时给其他学生相应的学习任务，并注意了解他们完成任务的情况） 2. 对于学生学习过程中遇到的问题，教师如何处理 3. 教师课堂提问的学生分布、次数、候答时间怎样 4. 特殊（学习困难、疾病）学生的学习是否得到关注 5. 教师对学生的学习结果（观点、作业）考查是否有梯度	教师教学过程面向全体学生；个别同学在回答或汇报学习结果时，教师要求其他学生认真听、引导学生的思考；对于学习过程中遇到的问题，如孩子提出疑问，教师做了简单回应；课堂提问的学生基本固定为几个积极举手、表达清晰的学生；个别特殊学生的学习较少得到关注；教师对学生的学习结果（观点、作业）根据学生的情况有不同的评价标准

续表 6-1-4

观察视角		观察框架	观察记录
教师教学行为（10项）	7 对学习小组的重视	1. 小组长能否认真履行职责，组织好小组成员合作学习？由此看，教师平时有没有重视小组合作的组织和指导 2. 从小组成员参与小组合作的态度看，教师有没有重视对成员参与小组学习的引导 3. 小组合作学习期间，教师有没有巡视小组合作情况，并适时指导小组开展合作学习 4. 小组合作完毕，是否组织小组汇报学习结果	小组长能认真履行职责，能够较好地组织小组成员合作学习；小组合作学习期间，教师巡视小组合作情况，并适时指导小组开展合作学习；小组合作完毕，基本能组织好小组汇报学习结果
	8 对学生的激励性评价	1. 重视利用资源平台评价工具激励学生，评价工具使用的数量和时机是否合适 2. 有没有经常采用真诚、富有激励性的评价语言激发学生积极主动参与学习活动 3. 是否有及时发现学生（尤其是学困生）学习的闪光点并进行激励	重视利用资源平台评价工具激励学生，评价工具使用的数量为3次，时机较为合适；用以激发学生积极主动参与学习活动的评价语言不足
	9 对教学资源的使用	1. 有没有熟练使用教学资源（导学案资源、平台资源及其他资源） 2. 对资源的理解和把握是否到位，在教学过程中有没有根据导学案进行有效的教学预设，（备课时对学情的预估并制定相应的应对策略）资源使用效果如何	能够熟练使用教学资源；对资源的理解和把握基本到位；备课时对学情进行了预估并制定相应的应对策略
	10 教学目标达成度	本节课提出的各教学目标达成情况如何（从学生学习状况进行观察，包括平台的学情统计数据、回答问题的质量、任务单的完成情况、堂上练习题的完成情况）	根据平台的学情统计数据、学生回答问题的质量、任务单的完成情况、堂上练习题的完成情况，本节课基本完成提出的教学目标

续表 6-1-4

观察视角		观察框架	观察记录
学生学习行为（5项）	11 参与度	1. 整节课学生参与学习的人数有多少，占全班学生的百分比是多少 2. 一节课中，全班学生带着学习任务并参与学习的时间占多少分钟	整节课学生参与学习的人数是 52 人，占全班人数的百分比为 100%。一节课中，全班学生带着学习任务并参与学习的时间占 25 分钟
	12 学习方式	整节课全班学生参与自主、合作、探究的学习时间有多少分钟（含学生回答问题、讨论交流、汇报学习结果的时间）	整节课全班人数参与自主、合作、探究的学习时间为 6 分钟
	13 学习态度	整节课认真参与学习全过程的人数有多少，占全班人数百分比是多少	整节课认真参与学习全过程的人数是 43 人，占全班人数百分比为 82.7%
学生学习行为（5项）	14 学习习惯	1. 学生认真倾听、自学和交流的人数是多少，占全班人数的百分比是多少 2. 学生先举手后发言、坐姿、写字姿势、小组合作的组织与交流等方面的习惯如何	学生认真倾听、自学和交流的人数是 38 人，占全班人数百分比为 73%；学生先举手后发言、坐姿、写字姿势、小组合作的组织与交流等方面的习惯良好
	15 学习小组	1. 学习小组的构建是否合理（如人员构成、人数、座位的安排） 2. 小组长组织是否得力（包括组员分工是否合理、互教互学是否有效果、组织交流是否流畅、流程安排是否合理）	学习小组的构建比较合理，分为 13 个小组；大多数小组长组织得力
课程性质（5项）	16 教学过程的语文性	教学过程是否引导学生学习语言文字运用，是否用语文的手段（如阅读课中的划词划句，各种形式的读，组织对语言的积累理解、感受、欣赏和评价活动）解决语文的问题？（如围绕语言的建构与运用确定教学目标、语言学习中的思维品质的培养、语言学习中的情感态度价值观的渗透）	教学过程中采用听文、自由读、同桌互读、小组讨论的方式，引导学生学习语言文字的运用；语言学习中的思维品质的培养、语言学习中的情感态度价值观的渗透还不够充分

续表 6-1-4

		观察视角	观察框架	观察记录
课程性质（5项）	17	工具性与人文性	1. 工具性与人文性是否统一 2. 在进行人文性教育时，是否注意把人文教育渗透到语言文字的学习过程中	有注意处理工具性与人文性的关系，在语文实践活动中渗透人文性的效果一般
	18	语文实践	是否重视语文实践活动？（如语言积累、各种形式的读、读悟结合、口头表达、练笔、仿写等）	比较重视语文实践活动
	19	思维的发展	是否在学习语言文字运用的同时注重思维能力的发展	在语言文字运用的同时不够注重思维能力的发展
	20	教材处理	1. 是否紧扣教学目标、教学重难点处理教材 2. 教材处理是否恰当，拓展的课外学习材料对教学目标的达成是否有效	教材尚有处理不当的地方；基本能紧扣教学目标、教学重难点处理教材，拓展的课外学习材料对教学目标的达成有一定帮助
课堂文化（3项）	21	师生关系	1. 教师是否尊重学生个性化的选择、思考和表达，对学生学习中出现的错误，教师是否做耐心的启发、点拨和引导 2. 对学生的发言，教师是否认真倾听 3. 学生是否认真聆听教师的发言，学生向教师提出自己的不同看法时，态度是否诚恳	教师尊重学生个性化的选择、思考和表达；对学生的发言，教师能认真倾听；学生向老师提出自己的不同看法时，态度较为诚恳
	22	生生关系	1. 学生有没有随意中断同学的发言 2. 在合作学习中，学生是否彼此认真倾听、互帮互学 3. 学习过程中，同学之间是否互相尊重	生生之间相互尊重，互教互学、平等交流氛围较好
	23	课堂气氛	1. 师生之间、生生之间是否展开良好互动、交流 2. 课堂学习气氛是否浓郁 3. 是否营造了民主、平等、和谐的课堂氛围	营造了比较民主、平等、和谐的课堂氛围，学习氛围比较浓郁，师生之间、生生之间的互动交流较好

根据表6-1-4的记录，我们对该节课得出以下结论和建议。

（1）教师教学行为方面。陈老师熟悉并能运用范式展开教学，各教学环节时间分配比较合理，教学效果较好；以学为主，以学定教，教师是学生自主学习的组织者、指导者，角色定位较准确；围绕教学目标、教学重难点提出一般性问题，问题处于学生的最近发展区，对教学目标的达成具有必要性；教学过程基本能面向和关注大部分学生，基本能处理个体学习与全班参与学习之间的关系；比较重视学习小组的组织和指导，小组合作学习任务比较明确；偶尔利用平台评价工具和评价语言激励学生参与学习活动。

（2）学生学习行为方面。全班90%以上的学生带着学习任务参与学习；教与学时间分配不太合理，学生积极参与自主学习、合作探究的时间不太充裕；全班80%以上的学生认真参与学习全过程；全班70%以上的学生养成良好的学习习惯，做到认真倾听，积极讨论，大胆交流、展示和评价，乐于与人合作；学习小组构建比较合理，小组长的组织协调能力较强，互教互学效果较好。

（3）课程性质方面。陈老师准确把握语文教学规律和特点，教学过程较注意通过用语文的手段和语文实践活动达成教学目标，效果较好；有注意处理工具性与人文性的关系，在语文实践活动中渗透人文性的效果一般；比较重视语文实践活动；在语言文字运用的同时不够注重思维能力的发展；教材处理较恰当，基本能围绕教学目标、教学重难点处理教材，拓展的课外学习材料对教学目标的达成有一定帮助。

（4）课堂文化方面。生生之间相互比较尊重，互教互学、平等交流氛围较好；营造了比较民主、平等、和谐的课堂氛围；学习氛围比较浓郁，师生之间、生生之间的互动交流较好。

本案例课堂教学时间情况为：教师讲授时间为12分钟，占课堂总时间30%，占比较高；学生自主学习时间为6分钟，占课堂总时间15%，学生合作探究时间为9分钟，占课堂总时间22.5%，学生自主学习、合作探究时间较短；师生交流时间为13分钟，占课堂总时间32.5%，交流比较充分。

表6-1-5　清城区小学语文"爱种子"课堂观察等级评价

观察视角		项目				选项	权重	得分
		A	B	C	D			
教师教学行为（10项）	1 对"爱种子"课型教学范式的理解及运用	熟悉并能灵活运用范式展开教学，各教学环节时间分配合理，教学效果好	熟悉并能运用范式展开教学，各教学环节时间分配比较合理，教学效果较好	基本能按范式展开教学，各教学环节时间分配不太合理，教学效果一般	没按范式展开教学，各教学环节时间分配不合理，教学效果较差	B		
	2 角色定位	以学为主，以学定教，教师是学生自主学习的组织者、指导者、参与者和促进者，角色定位准确	以学为主，以学定教，教师是学生自主学习的组织者、指导者，角色定位较准确	教师讲得较多，学生自主学习较少，角色定位不太准确	教师是知识的灌输者，教师的角色定位不准确	A		
	3 教学方式、方法	教学方式、方法灵活多样，有效促进学生自主、合作、探究学习，效果好	教学方式、方法较灵活，比较有效促进学生自主、合作、探究学习，效果较好	教学方式、方法比较单一，促进学生自主学习、合作探究的意识不够强，效果一般	教学方式、方法单一，学生自主学习、合作探究的意识不强，效果较差	B		
	4 提问的价值	紧扣教学目标、教学重难点提出有价值的问题，问题处于学生的最近发展区，对教学目标的达成具有必要性	围绕教学目标、教学重难点提出一般性问题，问题处于学生的最近发展区，对教学目标的达成具有必要性	基本围绕教学目标、教学重难点提出一般性问题，没考虑到大部分学生的认知水平和理解能力	问题表面化、碎片化、简单化，无多大价值	B		
	5 课堂问题的指向性	问题具体、清晰、明确，具有明确的目的性和针对性，提问的时机合适	问题比较具体、清晰、明确，有比较明确的目的性和针对性，提问的时机比较合适	问题不够具体、清晰、明确，目的性和针对性不够强，提问的时机不太合适	问题不具体、不清晰、不明确，目的性和针对性不强，提问的时机不合适	A		

续表 6-1-5

观察视角		项目				选项	权重	得分
		A	B	C	D			
教师教学行为（10项）	6 对学情的关注	教学过程面向并关注全体学生，处理好个体学习与全班参与学习之间的关系，各层次的学生都有不同程度的发展	教学过程面向并关注全体学生，较好地处理好个体学习与全班参与学习之间的关系，大部分学生有不同程度的发展	教学过程基本能面向和关注大部分学生，基本能处理好个体学习与全班参与学习之间的关系	教学过程未能面向和关注学生，没能处理好个体学习与全班参与学习之间的关系	B		
	7 对学习小组的重视	重视学习小组的组织和指导，小组合作学习任务明确，合作学习效果好	比较重视学习小组的组织和指导，小组合作学习任务比较明确，合作学习效果较好	不够重视学习小组的组织和指导，小组合作学习效果一般	不重视学习小组的组织和指导，小组合作学习流于形式，效果较差	B		
	8 对学生的激励性评价	合理利用平台评价工具和富有激励性的评价语言激发学生积极主动参与学习活动，效果好	较合理利用平台评价工具和评价语言激发学生参与学习活动，效果较好	偶尔利用平台评价工具和评价语言激励学生参与学习活动，效果一般	没有利用平台评价工具和评价语言激励学生参与学习活动，效果较差	B		
	9 对教学资源的使用	对教学资源的理解和把握到位，能根据导学案进行有效的教学预设，灵活运用教学资源开展教学，资源使用效果好	对教学资源的理解和把握比较到位，能根据导学案进行教学预设，比较熟练地运用教学资源开展教学，资源使用效果较好	对教学资源理解和把握不够到位，基本能根据导学案进行教学预设并运用教学资源展开教学，资源使用效果一般	对教学资源理解和把握不到位，不会根据导学案进行教学预设并运用教学资源展开教学，资源使用效果较差	A		
	10 教学目标达成度	高	较高	一般	较差	B		

续表 6-1-5

观察视角		项目				选项	权重	得分
		A	B	C	D			
学生学习行为（5项）	11 参与度	全班90%以上的学生带着学习任务参与学习	全班80%以上的学生带着学习任务参与学习	全班70%以上的学生带着学习任务参与学习	全班不足60%的学生带着学习任务参与学习	A		
	12 学习方式	教与学时间分配合理，学生积极参与自主学习、合作探究的时间充裕	教与学时间分配比较合理，学生积极参与自主学习、合作探究的时间比较充裕	教与学时间分配不太合理，学生积极参与自主学习、合作探究的时间不太充裕	教与学时间分配不合理，学生积极参与自主学习、合作探究的时间不足	B		
	13 学习态度	全班90%以上的学生认真参与学习全过程	全班80%以上的学生认真参与学习全过程	全班70%以上的学生认真参与学习全过程	全班不足60%的学生认真参与学习全过程	B		
	14 学习习惯	全班90%以上的学生养成良好的学习习惯，做到认真倾听，积极讨论，大胆交流、展示和评价，善于与人合作	全班80%以上的学生养成良好的学习习惯，做到认真倾听，积极讨论，大胆交流、展示和评价，善于与人合作	全班70%以上的学生养成良好的学习习惯，做到认真倾听，积极讨论，大胆交流、展示和评价，善于与人合作	全班不足60%的学生能做到认真倾听，积极讨论，大胆交流、展示和评价，不善于与人合作	C		
	15 学习小组	学习小组构建合理，小组长的组织协调能力强，互教互学效果好	学习小组构建比较合理，小组长的组织协调能力较强，互教互学效果较好	学习小组构建不太合理，小组长的组织协调能力一般，互教互学效果一般	学习小组构建不合理，小组长的组织协调能力较差，互教互学效果较差	B		

续表 6-1-5

观察视角		项目				选项	权重	得分
		A	B	C	D			
课程性质（5项）	16 教学过程的语文性	准确把握语文教学的规律和特点，教学过程通过用语文的手段和语文实践活动达成教学目标，效果好	较准确把握语文教学规律和特点，教学过程较注意通过用语文的手段和语文实践活动达成教学目标，效果较好	有注意把握语文教学规律和特点，教学过程中运用语文的手段和语文实践活动的方式方法还有待改进，达成教学目标的效果一般	没有准确把握语文教学规律和特点，教学过程不注意用语文的手段和语文实践活动达成教学目标，效果较差	B		
	17 工具性与人文性	处理好工具性与人文性的关系，在语文实践活动中渗透人文性的效果好	较好地处理工具性与人文性的关系，在语文实践活动中渗透人文性的效果较好	有注意处理工具性与人文性的关系，在语文实践活动中渗透人文性的效果一般	不注意处理工具性与人文性的关系，在语文实践活动中渗透人文性的效果较差	B		
	18 语文实践	重视语文实践活动	比较重视语文实践活动	不太重视语文实践活动	不重视语文实践活动	A		
	19 思维的发展	在语言文字运用的同时注重思维能力的发展	在语言文字运用的同时比较注重思维能力的发展	在语言文字运用的同时不够注重思维能力的发展	在语言文字运用的同时不注重思维能力的发展	C		
	20 教材处理	教材处理恰当；能紧扣教学目标、教学重难点处理教材，拓展的课外学习材料能有效达成教学目标	教材处理较恰当；基本能围绕教学目标、教学重难点处理教材，拓展的课外学习材料对教学目标的达成有一定帮助	教材处理尚有处理不当的地方；基本能紧扣教学目标、教学重难点处理教材，拓展的课外学习材料对教学目标的达成有一定帮助	教材处理较多地方不够恰当；没能紧扣教学目标、教学重难点处理教材，拓展的课外学习材料对教学目标的达成没帮助	B		

续表 6-1-5

观察视角		项目				选项	权重	得分
		A	B	C	D			
课堂文化（3项）	21 师生关系	建立和谐、民主、平等的师生关系，师生关系融洽	建立和谐、民主、平等的师生关系，师生关系较融洽	有注意建立和谐、民主、平等的师生关系，师生关系一般	不注意建立和谐、民主、平等的师生关系，师生关系不够和谐	A		
	22 生生关系	生生之间相互尊重，互帮互学、平等交流氛围好	生生之间相互尊重，互教互学、平等交流氛围较好	生生之间相互尊重，互教互学、平等交流氛围一般	生生之间欠相互尊重，互教互学、平等交流氛围较差	B		
	23 课堂气氛	营造了民主、平等、和谐的课堂氛围，学习氛围浓郁，师生之间、生生之间的互动交流良好	营造了比较民主、平等、和谐的课堂氛围，学习氛围比较浓郁，师生之间、生生之间的互动交流较好	课堂学习氛围一般，师生之间、生生之间的互动交流一般	课堂学习氛围较差，师生之间、生生之间缺乏互动交流	B		

注：A 为优，B 为良，C 为中，D 为差。

教师教学行为：A __3__ 个，B __7__ 个，C __0__ 个，D __0__ 个。
学生学习行为：A __1__ 个，B __3__ 个，C __1__ 个，D __0__ 个。
课 程 性 质：A __1__ 个，B __3__ 个，C __1__ 个，D __0__ 个。
课 堂 文 化：A __1__ 个，B __2__ 个，C __0__ 个，D __0__ 个。

上表 23 个观察视角，A 等级占比 26%，B 等级占比 65.2%，C 等级占比 8.6%，D 等级占比 0。

根据表 6-1-5 得出以下结论和建议：陈老师在课堂上以学生为主，较好地把握了"爱种子"课堂中"三环四得"的精髓，在课堂教学中基本抓准了教学的核心问题组织学生自主、合作、探究学习，做到注重参与，关注学情，敢于放手。观察学生学习行为，其学习习惯的表现仍有待提高，在日后应加强训练，培养学生认真倾听，积极讨论，大胆交流、展示和评价的能力；思维训练是语文教学中重要的一环，在语言文字运用的同时应该更加注重思维能力的发展，鼓励学生勤观察、勤思考。

案例二：清城区××小学郭老师"爱种子""改改用"导学案，部编版三年级上册第八单元《掌声》识字自主学习，运用"清城区小学语文'爱种子'课堂观察记录表""清城区小学语文'爱种子'课堂教学时间记录表"及"清城区小学语文'爱种子'课堂观察等级评价表"进行专项观察。

【教学目标】

1. 认识"默""势"等10个生字，读准多音字"落""调"，会写"掌""班"等13个生字，正确书写"掌声""摇晃"等词语。

2. 能通过"四看法"正确书写"掌""默"等字，注意观察、认清字形，掌握自主识字方法，培养良好的书写习惯和书写能力。

3. 能正确、流利地朗读课文，了解课文内容，感受人物美好品质。

【教学重、难点】

1. 认识"默""势"等10个生字，读准多音字"落""调"，会写"掌""班"等13个生字，正确书写"掌声""摇晃"等词语。

2. 能通过"四看"法正确书写"掌""默"等字，注意观察、认清字形，掌握自主识字方法，培养良好的书写习惯和书写能力。

【活动一】读文认字

1. 导入：交流掌声代表的意义，引入课题。

2. 请同学们先自由朗读课文，遇到不会读的字借助拼音多读几次。

【活动二】互教互学

1. 互读互教：请你把词语读给同桌听，同桌互相评价，每读对一个，同桌在生词表上打"√"，不会读的同桌纠正，会读后再打"√"。

2. 选择最难认的字：请你用应答器选出最难认读的字。

3. 开火车，读一读。

4. 小组合作讨论：我们是用什么方法记住这些生字的，比一比谁的方法最好用。

5. 拓展识字方法：古体字识字法、多音字识字法等。

【活动三】写字有方

1. 出示课文要求写的生字。

2. 学生初写，感知易错难写的字。

学生写字，教师巡视，留意哪些字难写，哪些字易错，哪些笔画写得不到位。

3. 学生用应答器从生字中选出最难写的字。

4. 运用"四看法"（一看宽窄，二看高矮，三看位置，四看笔画）观察、学习生字。

5. 学生练习书写难写字。

6. 教师找出有代表性的书写投影到幻灯片，组织全班点评。

【活动四】初读与质疑

1. 请同学们自由朗读课文，边读边思考：课文中，英子前后有怎样的变化？
2. 学生汇报。
3. 课后思考：英子前后为什么会有这样的变化？

【活动五】元认知评价

 课堂学习评价

◇ 我会正确认读12个生字，得2颗★。

◇ 我能把13个生字写正确，得2颗★。

◇ 我在写字时，能注意关键笔画，得2颗★。

以下是运用"爱种子"课堂教学评价表针对本节课进行专项课堂观察的结果，主要从平台使用、学习共同体和教学范式的理解和运用三个观察重点进行观察。

表 6-1-6　清城区小学语文"爱种子"课堂教学评价

观察重点：平台使用的熟练程度、学习共同体学习的情况（包括学习过程的组织是否有序、学习是否有效、是否有合作的价值）、教学范式的理解和运用是否得当。

观察学校：<u>清城区××小学</u>　班级：<u>三（1）班</u>　学生人数：<u>50人</u>　观察对象：<u>郭老师</u>

授课内容：<u>《掌声》</u>　观察日期：<u>2020年12月28日</u>　观察者：<u>×××</u>

观察视角		项目				选项	权重	得分
		A	B	C	D			
教师教学行为（10项）（39分）	1 对"爱种子"课型教学范式的理解及运用	熟悉并能灵活运用范式展开教学，各教学环节时间分配合理，教学效果好	熟悉并能运用范式展开教学，各教学环节时间分配比较合理，教学效果较好	基本能按范式展开教学，各教学环节时间分配不太合理，教学效果一般	没按范式展开教学，各教学环节时间分配不合理，教学效果较差	A	5	5
	2 角色定位	以学为主，以学定教，教师是学生自主学习的组织者、指导者、参与者和促进者，角色定位准确	以学为主，以学定教，教师是学生自主学习的组织者、指导者，角色定位较准确	教师讲得较多，学生自主学习较少，角色定位不太准确	教师是知识的灌输者，教师的角色定位不准确	A	5	5
	3 教学方式、方法	教学方式、方法灵活多样，有效促进学生自主、合作、探究学习，效果好	教学方式、方法较灵活，比较有效促进学生自主、合作、探究学习，效果较好	教学方式、方法比较单一，促进学生自主学习、合作探究的意识不够强，效果一般	教学方式、方法单一，学生自主学习、合作探究的意识不强，效果较差	B	4	3
	4 提问的价值	紧扣教学目标、教学重难点提出有价值的问题，问题处于学生的最近发展区，对教学目标的达成具有必要性	围绕教学目标、教学重难点提出一般性问题，问题处于学生的最近发展区，对教学目标的达成具有必要性	基本围绕教学目标、教学重难点提出一般性问题，没考虑到大部分学生的认知水平和理解能力	问题表面化、碎片化、简单化，无多大价值	B	4	3

续表 6-1-6

观察视角		项目				选项	权重	得分
		A	B	C	D			
教师教学行为（10项）（39分）	5 课堂问题的指向性	问题具体、清晰、明确，具有明确的目的性和针对性，提问的时机合适	问题比较具体、清晰、明确，有比较明确的目的性和针对性，提问的时机比较合适	问题不够具体、清晰、明确，目的性和针对性不够强，提问的时机不太合适	问题不具体、不清晰、不明确，目的性和针对性不强，提问的时机不合适	B	3	2
	6 对学情的关注	教学过程面向并关注全体学生，处理好个体学习与全班参与学习之间的关系，各层次的学生都有不同程度的发展	教学过程面向并关注全体学生，较好地处理好个体学习与全班参与学习之间的关系，大部分学生有不同程度的发展	教学过程基本能面向和关注大部分学生，基本能处理个体学习与全班参与学习之间的关系	教学过程未能面向和关注学生，没能处理好个体学习与全班参与学习之间的关系	B	3	2
	7 对学习小组的重视	重视学习小组的组织和指导，小组合作学习任务明确，合作学习效果好	比较重视学习小组的组织和指导，小组合作学习任务比较明确，合作学习效果较好	不够重视学习小组的组织和指导，小组合作学习效果一般	不重视学习小组的组织和指导，小组合作学习流于形式，效果较差	A	4	4
	8 对学生的激励性评价	合理利用平台评价工具和富有激励性的评价语言激发学生积极主动参与学习活动，效果好	较合理利用平台评价工具和评价语言激发学生参与学习活动，效果较好	偶尔利用平台评价工具和评价语言激励学生参与学习活动，效果一般	没有利用平台评价工具和评价语言激励学生参与学习活动，效果较差	A	3	3

续表 6-1-6

观察视角			项目				选项	权重	得分
			A	B	C	D			
教师教学行为（10项）（39分）	9	对教学资源的使用	对教学资源的理解和把握到位，能根据导学案进行有效的教学预设，灵活运用教学资源开展教学，资源使用效果好	对教学资源的理解和把握比较到位，能根据导学案进行教学预设，比较熟练地运用教学资源开展教学，资源使用效果较好	对教学资源理解和把握不够到位，基本能根据导学案进行教学预设并运用教学资源展开教学，资源使用效果一般	对教学资源理解和把握不到位，不会根据导学案进行教学预设并运用教学资源展开教学，资源使用效果较差	A	3	3
	10	教学目标达成度	高	较高	一般	较差	B	5	4
学生学习行为（5项）（27分）	11	参与度	全班90%以上的学生带着学习任务参与学习	全班80%以上的学生带着学习任务参与学习	全班70%以上的学生带着学习任务参与学习	全班不足60%的学生带着学习任务参与学习	A	5	5
	12	学习方式	教与学时间分配合理，学生积极参与自主学习、合作探究的时间充裕	教与学时间分配比较合理，学生积极参与自主学习、合作探究的时间比较充裕	教与学时间分配不太合理，学生积极参与自主学习、合作探究的时间不太充裕	教与学时间分配不合理，学生积极参与自主学习、合作探究的时间不足	A	6	6
	13	学习态度	全班90%以上的学生认真参与学习全过程	全班80%以上的学生认真参与学习全过程	全班70%以上的学生认真参与学习全过程	全班不足60%的学生认真参与学习全过程	B	6	5
	14	学习习惯	全班90%以上的学生养成良好的学习习惯，做到认真倾听，积极讨论、大胆交流、展示和评价，善于与人合作	全班80%以上的学生养成良好的学习习惯，做到认真倾听，积极讨论、大胆交流、展示和评价，善于与人合作	全班70%以上的学生养成良好的学习习惯，做到认真倾听，积极讨论、大胆交流、展示和评价，善于与人合作	全班不足60%的学生能做到认真倾听，积极讨论、大胆交流、展示和评价，不善于与人合作	B	5	4

续表6-1-6

观察视角		项目				选项	权重	得分
		A	B	C	D			
学生学习行为（5项）（27分）	15 学习小组	学习小组构建合理，小组长的组织协调能力强，互教互学效果好	学习小组构建比较合理，小组长的组织协调能力较强，互教互学效果较好	学习小组构建不太合理，小组长的组织协调能力一般，互教互学效果一般	学习小组构建不合理，小组长的组织协调能力较差，互教互学效果较差	A	5	5
课程性质（5项）（23分）	16 教学过程的语文性	准确把握语文教学的规律和特点，教学过程通过用语文的手段和语文实践活动达成教学目标，效果好	较准确把握语文教学规律和特点，教学过程较注意通过用语文的手段和语文实践活动达成教学目标，效果较好	有注意把握语文教学规律和特点，教学过程中运用语文的手段和语文实践活动的方式方法还有待改进，达成教学目标的效果一般	没有准确把握语文教学规律和特点，教学过程不注意用语文的手段和语文实践活动达成教学目标，效果较差	A	6	6
	17 工具性与人文性	处理好工具性与人文性的关系，在语文实践活动中渗透人文性的效果好	较好处理工具性与人文性的关系，在语文实践活动中渗透人文性的效果较好	有注意处理工具性与人文性的关系，在语文实践活动中渗透人文性的效果一般	不注意处理工具性与人文性的关系，在语文实践活动中渗透人文性的效果较差	B	2	1
	18 语文实践	重视语文实践活动	比较重视语文实践活动	不太重视语文实践活动	不重视语文实践活动	A	5	5
	19 思维的发展	在语言文字运用的同时注重思维能力的发展	在语言文字运用的同时比较注重思维能力的发展	在语言文字运用的同时不够注重思维能力的发展	在语言文字运用的同时不注重思维能力的发展	B	5	4

续表 6-1-6

观察视角		项目				选项	权重	得分
		A	B	C	D			
课程性质（5项）（23分）	20 教材处理	教材处理恰当；能紧扣教学目标、教学重难点处理教材，拓展的课外学习材料能有效达成教学目标	教材处理较恰当；基本能围绕教学目标、教学重难点处理教材，拓展的课外学习材料对教学目标的达成有一定帮助	教材处理尚有处理不当的地方；基本能紧扣教学目标、教学重难点处理教材，拓展的课外学习材料对教学目标的达成有一定帮助	教材处理较多地方不够恰当；没能紧扣教学目标、教学重难点处理教材，拓展的课外学习材料对教学目标的达成没帮助	B	5	4
课堂文化（3项）（11分）	21 师生关系	建立和谐、民主、平等的师生关系，师生关系融洽	建立和谐、民主、平等的师生关系，师生关系较融洽	有注意建立和谐、民主、平等的师生关系，师生关系一般	不注意建立和谐、民主、平等的师生关系，师生关系不够和谐	A	3	3
	22 生生关系	生生之间相互尊重，互帮互学、平等交流氛围好	生生之间相互尊重，互教互学、平等交流氛围较好	生生之间相互尊重，互教互学、平等交流氛围一般	生生之间欠相互尊重，互教互学、平等交流氛围较差	A	4	4
	23 课堂气氛	营造了民主、平等、和谐的课堂氛围，学习氛围浓郁，师生之间、生生之间的互动交流良好	营造了比较民主、平等、和谐的课堂氛围，学习氛围比较浓郁，师生之间、生生之间的互动交流较好	课堂学习氛围一般，师生之间、生生之间的互动交流一般	课堂学习氛围较差，师生之间、生生之间缺乏互动交流	B	4	3
总得分		89						

注：A 为优，B 为良，C 为中，D 为差。

教师教学行为：A __5__ 个，B __5__ 个，C __0__ 个，D __0__ 个。
学生学习行为：A __3__ 个，B __2__ 个，C __0__ 个，D __0__ 个。
课 程 性 质：A __2__ 个，B __3__ 个，C __0__ 个，D __0__ 个。
课 堂 文 化：A __2__ 个，B __1__ 个，C __0__ 个，D __0__ 个。

上表 23 个观察视角，A 等级占比 52%，B 等级占比 48%，C 等级占比 0，D 等级占比 0。

根据表 6-1-6，在对平台使用、学习共同体的学习情况和教学范式的理解和运用三个观察重点进行观察后，得出以下结论。

（1）平台使用的熟练程度。郭老师能合理利用平台评价工具和富有激励性的评价语言激发学生积极主动参与学习活动，效果好；学生能熟练使用应答器参与到自主、合作、探究学习中，能使用平台对自身学习情况进行自我评价，并适时评价同学。

（2）学习共同体的学习情况。学习小组构建合理，小组长的组织协调能力强，互教互学效果好；生生之间相互尊重，互帮互学、平等交流氛围好；全班 80% 以上的学生养成良好的学习习惯，做到认真倾听，积极讨论，大胆交流、展示和评价，善于与人合作；教师能够重视学习小组的组织和指导，小组合作学习任务明确，合作学习效果好。

（3）教学范式的理解和运用是否得当。郭老师能够熟悉并灵活运用范式展开教学，各教学环节时间分配合理，教学效果好；对教学资源的理解和把握到位，能根据导学案进行有效的教学预设，灵活运用教学资源开展教学，资源使用效果好；教材处理较恰当，能围绕教学目标、教学重难点处理教材，拓展的课外学习材料对教学目标的达成有一定帮助。

运用"爱种子"专项观察表对教师进行专项观察，我们可以通过对关键点设置评价指标来充分观察课堂，深入研究教师课堂教学现状，对课堂行为的局部进行分析与阶段性、跟踪性诊断，有针对性地对教师给予点评与指导，教师也可以将由观察而获得的反馈信息，用作理智反思和改进实践的依据。我们对各观察指标都有比较明确的要点提示和描述，以助于增强量表的可操作性，观察工作由既彼此分工又相互合作的团队进行，教师借助课堂观察共同体，探究和应对具体的课程、教学、学习、管理上的问题，开展自我反思和专业对话，在改进课堂教学的同时，促使合作体的每一位成员都得到应有的发展，让教师进一步明确语文教学中"教什么"的问题，也让听课的教师对于"听什么"有全局性的把握，对课堂教学评价的研究具有非常重要的理论和实践价值。

第二节　利用课堂观察完善教学范式

课堂观察是我们开展"爱种子"实验以来经常使用的手段。我们以数据为载体，对教学范式的应用效果进行实证，并对范式不断进行修正和完善。

一、对不同课型范式的共性问题进行优化和创生

（一）一节语文课效率的高低，范式十分重要

范式过于简单、操作指引不清晰会导致导学案设计或五花八门，或千篇一律，因此，我们迫切要对现有的范式进行完善，使各环节的指引清晰、明确、具体，如课例《升国旗》最后的环节。

旧范式：
【活动】说一说
1. 说说下面的字的意思。
（1）尖　尘　林　掰　众
（2）从"众"字知道了什么？
2. 联系生活，说说升国旗时你是怎么做的。
（1）同桌分享。
（2）读一读，做一做。
向着国旗，我们立正；望着国旗，我们敬礼。
（3）试着背一背《升国旗》。

新范式：
【活动】表达与拓展（10分钟）
1. 出示三个词卡：中国　国旗　五星红旗
2. 摆词卡：小组成员轮流摆词卡，把词卡连成一句话并说一说。（可增添词语）
3. 小组评议：评评谁说得好。
4. 小结评价：我们的祖国叫中国，五星红旗是中国的国旗，我们要尊敬国旗、热爱国旗。
5. 拓展阅读。
晨光中，校园里，奏国歌，升国旗，我们都行注目礼，小朋友，齐努力，为祖国，勤学习，长大了，来装扮河山更美丽。
6. 拓展练习。
（1）我会用"＿＿＿＿"给加点字选择正确的读音。
升（shēng shēn）旗　　多么（me mó）　　中国（gó guó）　　美丽（nì lì）
（2）看图，猜一猜它们是哪个生字的古体字。
点击逐一出示红色答案（国）（红）。

答案：国，会意字。从"囗"（wéi），表示疆域。从"或"（即"国"）。
拓展：国字框的字大多与疆域、界限有关，如围、圈、园等。
答案：红，本义是染成浅赤色的高级丝帛。
拓展：绞丝旁的字大多与丝线、纺织、布匹有关，如线、经、纬、纹、绿等。
（3）我会连一连，组字成词。
起　火　国　美　升
好　立　红　旗　家

（二）阅读教学是学习课文的重点

阅读教学是学习课文的重点，也是情感态度的实践过程，然而教学过程却过于简单，仅停留于说一说、找一找，缺乏学生自己独特的感悟、个性的体验，这就不符合新课标的要求。我们要对现有的范式进行完善，如课例《雪地里的小画家》第三环节感悟环节。

旧范式：
【活动】说一说
1．雪地里还会来哪些新的小画家？
（出示"脚印"，猜动物，学会表达"谁画什么"）
2．新编儿歌：根据学生的回答，编成儿歌。（填空式）
3．把自己编写的儿歌用自己喜欢的方式读一读。

新范式：
【活动】阅读与理解（12分钟）
（一）议一议
1．为什么小马画月牙而不画梅花呢？（PPT出示）
（先小组说一说，再全班交流）
例如，因为小鸡的脚印像竹叶，所以说"小鸡画竹叶"。
（PPT出示）因为_____，所以说_____。
2．从这些小画家的画里，你知道了什么？（引导：一是作者观察仔细，二是动物们的脚印是不相同的）（PPT出示）
3．为什么青蛙没参加？（PPT出示）（关于冬眠的介绍）
（二）阅读课文
1．朗读第一、二行，可以配合动作朗读，读出下雪时开心的样子。
（示范朗读—自己练读—全班交流朗读）（PPT出示）
2．角色朗读第三、四行。（PPT出示）

（1）找出每个动物画的画。
（2）角色朗读，评价交流。
（3）小结方法：找出对话内容，进行角色朗读。
3. 角色朗读第五、六、七、八行。（PPT出示）
（1）注意读出疑问句的语气。
（2）全班展示朗读。

二、对范式的个性问题进行优化和创生

（一）优化和创生教学流程

1. 优化教学流程

图6-2-1为自主识字的教学流程旧范式。

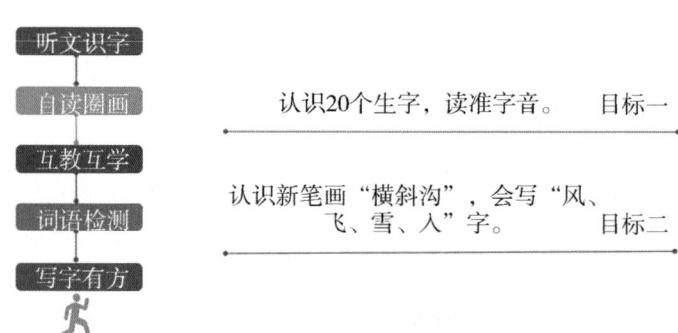

图6-2-1 自主识字的教学流程旧范式

表6-2-1 清城区小学语文"爱种子"课堂观察记录

观察学校： 飞来峡镇中心小学　班级： 二年（2）班　学生人数： 42人
观察对象： 罗老师　授课内容： 《肥皂泡》　观察日期： 2020年6月17日
观察者： ×××

观察视角		观察框架	观察记录
1	对"爱种子"课型教学范式的理解及运用	1. 教学中是否紧扣"爱种子"范式要求 2. 该课型由哪些环节构成，是否围绕教学目标展开 3. 每个教学环节的时间是多少 4. 每个教学环节的时间是否合理分配 5. 教学中能否完全达成教学目标 6. 预设哪些方法（讲授、讨论、活动、探究、互动），对学习目标的达成的成效如何	教学中能紧扣"爱种子"范式要求。该课型由听文认字、自读圈画、互教互学、词语检测、写字有方等环节构成，围绕教学目标展开。每个教学环节的时间分别是3分钟、3分钟、16分钟、5分钟、13分钟，每个教学环节的时间分配不合理。教学环节费时太多。教学中未能达成教学目标
2	角色定位	课堂教学时以学生自主、合作、探究学习，教师做适当的启发、点拨和引导为主，还是以教师课堂讲授为主	课堂教学以学生自主、合作、探究学习为主
3	教师教学行为　教学方式、方法	1. 围绕学生自主、合作、探究的学习方式有哪些具体形式（如围绕问题自主阅读思考、完成学习单、小组合作解决问题并汇报合作成果、全班交流、边读边思边记录等），效果如何 2. 教学环节的安排是否合理，环节过渡是否自然 3. 教师的指导有哪些形式（分析、讲解、启发、点拨、先自学后指导、先指导后自学、顺学而导），应做怎样的启发、点拨、引导，采取的指导形式效果如何 4. 板书怎样呈现，是否为学生学习提供了帮助 5. 信息技术的运用形式有哪些，（如文字、图文、动画、声音等），效果如何	围绕问题自主阅读思考、完成学习单、小组合作解决问题并汇报合作成果、全班交流、边读边思边记录等。效果一般 教学环节的安排不太合理 板书简单，只呈现个别生字 信息技术的运用形式多样。收到的效果一般
4	提问的价值	1. 是否紧扣教学目标、教学重难点提出问题，所提问题对教学目标的达成是否具有必要性 2. 提出的问题对于培养正确的情感态度、语言的建构与运用思维的发展是否有价值，效果如何	紧扣教学目标、教学重难点提出问题。所提问题对教学目标的达成具有必要性 提出的问题对于培养正确的情感态度、语言的建构与运用思维的发展价值不大。效果一般

续表 6-2-1

观察视角			观察框架	观察记录
教师教学行为	4	提问的价值	3. 提出的问题是否考虑到大部分学生的认知水平和理解能力，处于学生的最近发展区	提出的问题多来自课后题
			4. 要求同伴合作解决的问题是否有同伴合作才能解决的必要性	要求同伴合作解决的问题有同伴合作才能解决的必要性
	5	课堂问题的指向性	1. 所提问题是否具有明确的目的和针对性	所提问题围绕课后题
			2. 所提问题是否具体、清晰、明确，让学生理解其中的要求，并知道要做什么	所提问题具体、清晰、明确，让学生理解其中的要求，并知道要做什么
			3. 提问的时机是否合适	提问的时机合适
	6	对学情的关注	1. 教师教学过程是否面向全体学生，是否恰当处理个别与全体之间的关系（如在个别回答或汇报学习结果时，教师是否同时给其他学生相应的学习任务，并注意了解他们完成任务的情况）	教师教学过程面向全体学生
			2. 对于学生学习过程中遇到的问题，教师如何处理	
			3. 教师课堂提问的学生分布、次数、候答时间怎样	教师课堂提问的学生分布在好、中、差的学生，但次数不多
			4. 特殊（学习困难、疾病）学生的学习是否得到关注	特殊学生的学习没有得到关注
			5. 教师对学生的学习结果（观点、作业）考查是否有梯度	教师对学生的学习结果考查没有梯度
	7	对学习小组的重视	1. 小组长能否认真履行职责，组织好小组成员合作学习？由此看，教师平时有没有重视小组合作的组织和指导	重视小组学习，小组长还要加强训练
			2. 从小组成员参与小组合作的态度看出教师有没有重视对成员参与小组学习的引导	
			3. 小组合作学习期间，教师有没有巡视小组合作情况，并适时指导小组开展合作学习	
			4. 小组合作完毕，是否组织小组汇报学习结果	

续表6-2-1

观察视角			观察框架	观察记录
教师教学行为	8	对学生的激励性评价	1. 重视利用资源平台评价工具激励学生，评价工具使用的数量和时机是否合适 2. 有没有经常采用真诚、富有激励性的评价语言激发学生积极主动参与学习活动 3. 是否有及时发现学生（尤其是学困生）学习的闪光点并进行激励	重视平台资源的评价使用，使用适时 老师的激励性评价语言少 极少
	9	对教学资源的使用	1. 有没有熟练使用教学资源（导学案资源、平台资源及其他资源） 2. 对资源的理解和把握是否到位，在教学过程中有没有根据导学案进行有效的教学预设（备课时对学情的预估并制定相应的应对策略），资源使用效果如何	熟练使用教学资源 对资源的理解和把握不到位
	10	教学目标达成度	本节课提出的各教学目标达成情况如何？从学生学习状况进行观察（包括平台的学情统计数据、回答问题的质量、任务单的完成情况、堂上练习题的完成情况）	本节课提出的各教学目标达成情况一般
学生学习行为	11	参与度	1. 整节课学生参与学习的人数有多少，占全班学生的百分比是多少 2. 一节课中，全班学生带着学习任务并参与学习的时间占多少分钟	80%参与学习，且带着任务学习
	12	学习方式	整节课全班学生参与自主、合作、探究的学习时间有多少分钟（含学生回答问题、讨论交流、汇报学习结果的时间）	整节课全班学生参与自主、合作、探究的学习时间有25分钟
	13	学习态度	整节课认真参与学习全过程的人数有多少，占全班人数的百分比是多少	70%学生整节课认真参与学习全过程
	14	学习习惯	1. 学生认真倾听、自学和交流的人数是多少，占全班人数的百分比是多少 2. 学生先举手后发言、坐姿、写字姿势、小组合作的组织与交流等方面的习惯如何	70%学生认真倾听、自学和交流 学生先举手后发言，70%学生坐姿、写字姿势好，小组合作的组织与交流习惯未养成

续表 6-2-1

观察视角			观察框架	观察记录
学生学习行为	15	学习小组	1. 学习小组的构建是否合理（如人员构成、人数、座位的安排） 2. 小组长组织是否得力（包括组员分工是否合理、互教互学是否有效果、组织交流是否流畅、流程安排是否合理）	学习小组的构建合理，但小组长的组织能力还有待加强
课程性质	16	教学过程的语文性	教学过程是否引导学生学习语言文字运用，是否用语文的手段（如阅读课中的划词划句，各种形式的读，组织对语言的积累、理解、感受、欣赏和评价活动）解决语文的问题（如围绕语言的建构与运用确定教学目标、语言学习中的思维品质的培养、语言学习中的情感态度价值观的渗透）	较好地引导学生学习语言文字运用
	17	工具性与人文性	是否做到工具性与人文性的统一？在进行人文性教育时，是否注意把人文教育渗透到语言文字的学习过程中	没有注意把人文教育渗透到语言文字的学习过程中
	18	语文实践	是否重视语文实践活动（如语言积累、各种形式的读、读悟结合、口头表达、练笔、仿写等）	重视语文实践活动，进行各种形式的读
	19	思维的发展	是否在学习语言文字运用的同时注重思维能力的发展	思维能力发展不强
	20	教材处理	1. 是否紧扣教学目标、教学重难点处理教材 2. 教材处理是否恰当，拓展的课外学习材料对教学目标的达成是否有效	紧扣教学目标、教学重难点处理教材 教材处理不恰当，拓展学习较简单

续表6-2-1

观察视角		观察框架	观察记录
课堂文化	21 师生关系	1. 教师是否尊重学生个性化的选择、思考和表达？对学生学习中出现的错误，教师是否做耐心的启发、点拨和引导 2. 对学生的发言，教师是否认真倾听 3. 学生是否认真倾听教师的发言？学生向老师提出自己的不同看法时，态度是否诚恳	师生都能认真互相听取看法
	22 生生关系	1. 学生有没有随意中断同学的发言 2. 在合作学习中，学生是否彼此认真倾听、互帮互学 3. 学习过程中同学之间是否互相尊重	生生间互相尊重，认真倾听，互帮互学
	23 课堂气氛	1. 师生之间、生生之间是否展开良好互动、交流 2. 课堂学习气氛是否浓郁 3. 是否营造了平等、民主和平等的课堂氛围	师生间、生生间交流平等，课堂气氛浓，但后段时间里学生变得疲惫，纪律放松

根据表6-2-1的观察记录，对该节课得出以下结论：

（1）教学环节费时太多，如自主圈划。

（2）教学环节不合理，如学生还没学习课文就进行生字词检测。应该是学习课文完毕，让学生在学习课文过程中对生字词进行不断的巩固、理解的基础上再进行检测。

（3）语文本体性体现不充分，脱离语境进行识字教学，识字方法不够灵活，自主性体现不够，如过分关注字理识字，忽略了其他识字方法。识字习惯有待养成，如写字习惯和写字观察方法。

优化后的低年级自主学习范式——识字教学范式（见图6-2-2）。

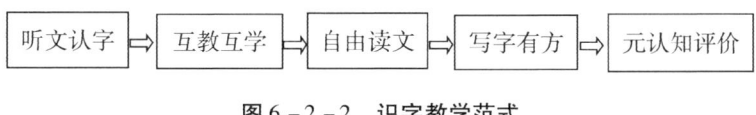

图6-2-2 识字教学范式

新范式把自主圈画放在课前，把生字词检测环节删去了，在认读生字后，低年级增加了10分钟的朗读，识字环节增加了交流识记方法，写字环节增加了写字姿势的体现,增加了"四看"法。

2. 创生教学流程

图6-2-3为单元阅读互动探究课旧范式。

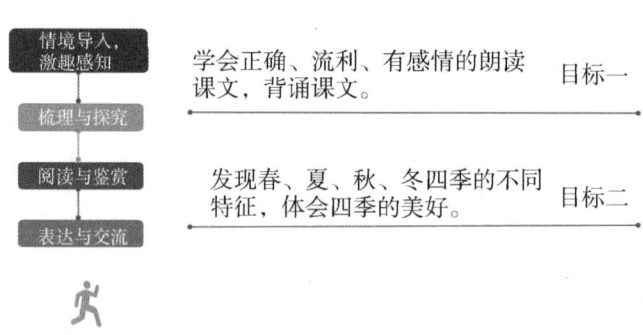

图6-2-3 单元阅读互动探究课旧范式

在课堂观察中,该流程存在的问题如下所示。

(1)流程设计不合理,因为旧流程有关环节是渗透在各环节中的,如朗读、鉴赏这些活动。

(2)学习梯度不明显,体现不出学生由浅入深的认知过程。

优化后的教学流程——低年级课文互动探究课课堂流程如图6-2-4所示。

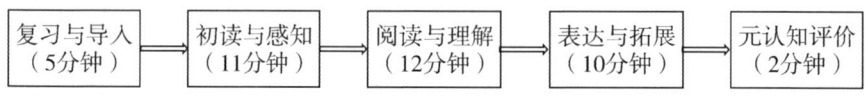

图6-2-4 低年级课文互动探究课课堂流程

中高年级课文互动探究课课堂流程如图6-2-5所示。

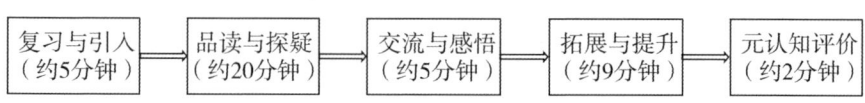

图6-2-5 中高年级课文互动探究课课堂流程

(二)优化教学细节

以中高年级的"初读与质疑"环节为例,在课堂观察中,我们发现导学案主问题的确定不合理,未能体现语文的本体性。我们对范式进行了优化,增加了如何确定主问题的指引,如课例五年级下册《牧场之国》的"初读与质疑"环节。

【活动】初读与质疑(7分钟)
1. 自由朗读课文,要求读准字音,读通句子,了解大意。
2. 引导学生质疑。

预设:牧场之国是指哪个国家?为什么称它为牧场之国?作者眼中"真正的荷兰"是什么样的?

(三)创生教学范式

主题拓展旧范式如图6-2-6所示。

第七课时:群文整合主题拓展(1)

课时:群文整合主题拓展用1课时完成

内容:以课内的几篇课文为研究点

策略:比较异同,适度拓展(作者、体裁、题材、写作特色等)

图6-2-6 主题拓展旧范式

表 6-2-2　清城区小学语文"爱种子"课堂观察记录

观察学校：　飞来峡镇中心小学　　班级：　三年（1）班　　学生人数：　43 人

观察对象：　黄老师　　授课内容：　《园地六》（群文阅读＋交流平台）主题拓展

观察日期：　2020 年 6 月 17 日　　观察者：　×××

观察视角		观察框架	观察记录
教师教学行为	1　对"爱种子"课型教学范式的理解及运用	1. 教学中是否紧扣"爱种子"范式要求 2. 该课型由哪些环节构成，是否围绕教学目标展开 3. 每个教学环节的时间是多少 4. 每个教学环节的时间是否合理分配 5. 教学中能否完全达成教学目标 6. 预设哪些方法（讲授、讨论、活动、探究、互动），对学习目标达成的成效如何	熟悉并能运用范式展开教学，各教学环节时间分配比较合理，教学效果较好，但有些内容学生不太明白，如文章的体裁、题材等词语
	2　角色定位	课堂教学时以学生自主、合作、探究学习，教师做适当的启发、点拨和引导为主，还是以教师课堂讲授为主	以学为主，以学定教，教师是学生自主学习的组织者、指导者，角色定位较准确
	3　教学方式、方法	1. 围绕学生自主、合作、探究的学习方式有哪些具体形式（如围绕问题自主阅读思考、完成学习单、小组合作解决问题并汇报合作成果、全班交流、边读边思考边记录等），效果如何 2. 教学环节的安排是否合理，环节过渡是否自然 3. 教师的指导有哪些形式（分析、讲解、启发、点拨、先自学后指导、先指导后自学、顺学而导），做怎样的启发、点拨、引导，采取的指导形式效果如何 4. 板书怎样呈现，是否为学生学习提供了帮助 5. 信息技术的运用形式有哪些（如文字、图文、动画、声音等），效果如何	教学方式、方法较灵活，比较有效促进学生自主、合作、探究学习，效果较好

续表 6-2-2

观察视角			观察框架	观察记录
教师教学行为	4	提问的价值	1. 是否紧扣教学目标、教学重难点提出问题，所提问题对教学目标的达成是否具有必要性 2. 提出的问题对于培养正确的情感态度、语言的建构与运用思维的发展是否有价值，效果如何 3. 提出的问题是否考虑到大部分学生的认知水平和理解能力，是否处于学生的最近发展区 4. 要求同伴合作解决的问题是否有同伴合作才能解决的必要性	基本围绕教学目标、教学重难点提出一般性问题，没考虑到大部分学生的认知水平和理解能力
	5	课堂问题的指向性	1. 所提问题是否具有明确的目的性和针对性 2. 所提问题是否具体、清晰、明确，让学生理解其中的要求，并知道要做什么 3. 提问的时机是否合适	问题不够具体、清晰、明确，目的性和针对性不够强，提问的时机不太合适
	6	对学情的关注	1. 教师教学过程是否面向全体学生，是否恰当处理个别与全体之间的关系（如在个别回答或汇报学习结果时，教师是否同时给其他学生相应的学习任务，并注意了解他们完成任务的情况） 2. 对于学生学习过程中遇到的问题，教师如何处理 3. 教师课堂提问的学生分布、次数、候答时间怎样 4. 特殊（学习困难、疾病）学生的学习是否得到关注 5. 教师对学生的学习结果（观点、作业）考查是否有梯度	教学过程面向并关注全体学生，较好地处理好个体学习与全班参与学习之间的关系，大部分学生有不同程度的发展

续表 6-2-2

观察视角			观察框架	观察记录
教师教学行为	7	对学习小组的重视	1. 小组长能否认真履行职责，组织好小组成员合作学习？由此看，教师平时有没有重视小组合作的组织和指导 2. 从小组成员参与小组合作的态度看，教师有没有重视对成员参与小组学习的引导 3. 小组合作学习期间，教师有没有巡视小组合作情况，并适时指导小组开展合作学习 4. 小组合作完毕，是否组织小组汇报学习结果	比较重视学习小组的组织和指导，小组合作学习任务比较明确，合作学习效果较好
	8	对学生的激励性评价	1. 重视利用资源平台评价工具激励学生，评价工具使用的数量和时机是否合适 2. 有没有经常采用真诚、富有激励性的评价语言激发学生积极主动参与学习活动 3. 是否及时发现学生（尤其是学困生）学习的闪光点并进行激励	较合理利用平台评价工具和评价语言激发学生参与学习活动，效果较好。平台评价使用 3 次。有使用语言评价，但评价语言不到位
	9	对教学资源的使用	1. 有没有熟练使用教学资源（导学案资源、平台资源及其他资源） 2. 对资源的理解和把握是否到位，在教学过程中有没有根据导学案进行有效的教学预设，（备课时对学情的预估并制定相应的应对策略）资源使用效果如何	对教学资源的理解和把握比较到位，能根据导学案进行教学预设，比较熟练地运用教学资源开展教学，资源使用效果较好
	10	教学目标达成度	本节课提出的各教学目标达成情况如何，从学生学习状况进行观察（包括平台的学情统计数据、回答问题的质量、任务单的完成情况、堂上练习题的完成情况）	一般

续表 6-2-2

观察视角			观察框架	观察记录
学生学习行为	11	参与度	1. 整节课学生参与学习的人数有多少，占全班学生的百分比是多少 2. 课中，全班学生带着学习任务并参与学习的时间占多少分钟	全班80%以上的学生带着学习任务参与学习
	12	学习方式	整节课全班学生参与自主、合作、探究的学习时间有多少分钟（含学生回答问题、讨论交流、汇报学习结果的时间）	教与学时间分配比较合理，学生积极参与自主学习、合作探究的时间比较充裕
	13	学习态度	整节课认真参与学习全过程的人数有多少，占全班人数的百分比是多少	全班80%以上的学生认真参与学习全过程
	14	学习习惯	1. 学生认真倾听、自学和交流的人数是多少，占全班人数的百分比是多少 2. 学生先举手后发言、坐姿、写字姿势、小组合作的组织与交流等方面的习惯如何	全班80%以上的学生养成良好的学习习惯，做到认真倾听，积极讨论，大胆交流、展示和评价，善于与人合作
	15	学习小组	1. 学习小组的构建是否合理（如人员构成、人数、座位的安排） 2. 小组长组织是否得力（包括组员分工是否合理、互教互学是否有效、组织交流是否流畅、流程安排是否合理）	学习小组构建比较合理，小组长的组织协调能力较强，互教互学效果较好
课程性质	16	教学过程的语文性	教学过程是否引导学生学习语言文字运用，是否用语文的手段（如阅读课中的划词划句，各种形式的读，组织对语言的积累、理解、感受、欣赏和评价活动）解决语文的问题（如围绕语言的建构与运用确定教学目标、语言学习中的思维品质的培养、语言学习中的情感态度价值观的渗透）	较准确把握语文教学规律和特点，教学过程较注意通过用语文的手段和语文实践活动达成教学目标，效果较好，但拓展不够深
	17	工具性与人文性	是否做到工具性与人文性的统一？在进行人文性教育时，是否注意把人文教育渗透到语言文字的学习过程中	较好处理工具性与人文性的关系，在语文实践活动中渗透人文性的效果较好

续表 6-2-2

观察视角			观察框架	观察记录
课程性质	18	语文实践	是否重视语文实践活动，如语言积累、各种形式的读、读悟结合、口头表达、练笔、仿写等	比较重视语文实践活动
	19	思维的发展	是否在学习语言文字运用的同时注重思维能力的发展	不够注重思维能力的发展
	20	教材处理	1. 是否紧扣教学目标、教学重难点处理教材 2. 教材处理是否恰当，拓展的课外学习材料对教学目标的达成是否有效	教材处理较恰当，基本能围绕教学目标、教学重难点处理教材，拓展的课外学习材料对教学目标的达成有一定的帮助
课堂文化	21	师生关系	1. 教师是否尊重学生个性化的选择、思考和表达？对学生在学习中出现的错误，教师是否做耐心的启发、点拨和引导 2. 对学生的发言，教师是否认真倾听 3. 学生是否认真倾听教师的发言？学生向老师提出自己的不同看法时，态度是否诚恳	建立和谐、民主、平等的师生关系，师生关系较融洽
	22	生生关系	1. 学生有没有随意中断同学的发言 2. 在合作学习中，学生是否彼此认真倾听、互帮互学 3. 学习过程中，同学之间是否互相尊重	生生之间相互比较尊重，互教互学、平等交流氛围较好
	23	课堂气氛	1. 师生之间、生生之间是否展开良好地互动、交流 2. 课堂学习气氛是否浓郁 3. 是否营造了平等、民主和平等的课堂氛围	营造了比较民主、平等、和谐的课堂氛围，学习氛围比较浓郁，师生之间、生生之间的互动交流较好

黄老师的课堂主要呈现以下问题：

（1）偏重于对单元知识的回顾和单篇文章的拓展，学习内容欠丰富性，思维广度和知识面受限，不利于学生思维发展和知识视野的拓宽。

（2）主题拓展的深度不够，学生学习空间局限在课堂。所以生化出图6-2-7新的单元主题拓展教学范式。

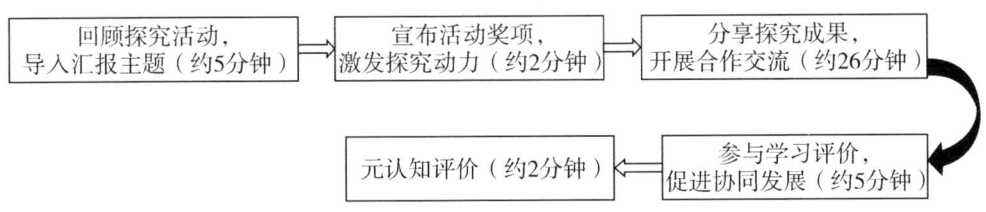

图6-2-7　中高年级单元主题拓展教学范式

新的主题拓展教学范式以单元中的某个点进行拓展，主要是在教师的组织、启发和点拨下，由各阅读小组向全班分享探究学习成果，目的是调动学生语文实践活动的积极性，产生学习成就感，开阔知识视野，拓展学习思路，提升语文素养和策划、组织、合作、思维等能力。在互动探究课学习完毕之后，围绕单元语文要素、人文要素或挖掘本单元中有价值的问题，设计适合学生开展探究活动的问题，并布置学习小组或个体完成探究任务。探究活动以课外活动为主。教师注意设计好学习任务单，让学生有充分的时间开展探究活动和做好课堂汇报的准备。学生探究活动开展期间，教师要做好探究活动和成果展示的指导。

总而言之，以课堂观察记录为载体，客观呈现课堂现象，以前隐藏的较深的问题或被忽视的问题，逐渐浮现出来。有了课堂观察表的"辅助"，我们教师能及时完善教学范式，提高提问的准确性以及对学生的关注度，让课堂"完美"起来。

第三节　利用课堂观察表评价教学范式的应用效果

在两年的实验中，教学范式的构建、优化和应用贯穿着全过程，虽然我们明显感受到试验区课堂生态的明显好转，但这只是一种总体的判断，缺乏足够的数据支撑。为了实证教学范式的应用效果，我们通过课堂观察，完成了教学范式的应用效果评价，用数据说话，较为客观地验证实验成效。

一、实验前期和后期进行对比观察

为了对语文教学范式在实验过程的成效进行实证，在实验前期和后期，我们利用"清城区小学语文'爱种子'课堂观察表"，采用同一观察者对同一实验教师进行跟踪性课堂观察。

我们从"教师讲授时间""学生自主学习时间""学生合作交流时间""师生交流时间"四个方面对37个实验班课堂教学的师生活动进行跟踪观察记录,并对37个实验班课堂教学的师生活动时间进行了统计。结果反映,教师讲授时间明显减少,学生参与学习时间明显增加。

我们利用"清城区小学语文'爱种子'课堂观察表",分别对教师教学行为及其效果进行观察,对第一批参加实验的37个班实验前期和后期的课堂进行跟踪观察。结果反映,实验后期教师教学行为评定为优良等级的百分比明显高于实验初期,如图6-3-1所示。

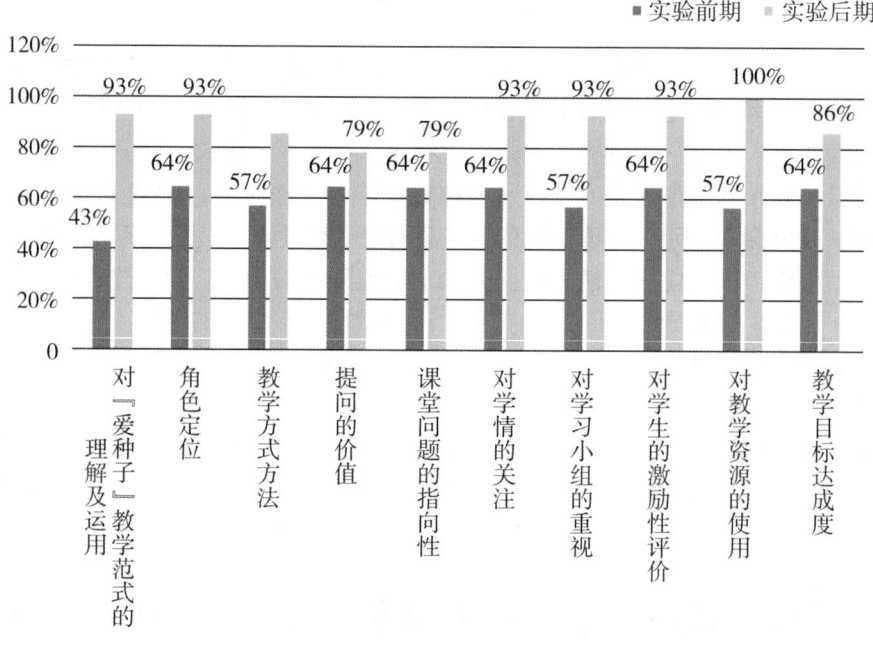

图6-3-1 观察37位语文实验教师课堂教学行为,选择A、B项的占比(优良等级)

学生学习行为的维度,我们从"参与度""学习方式""学习态度""学习习惯""学习小组"等方面对37个实验班的学生课堂学习行为进行跟踪观察记录,结果反映,实验后期语文学科学生课堂学习行为获得优良等级的百分比明显高于实验初期。

课堂文化的维度,我们从"师生关系""生生关系""课堂气氛"等方面对37个实验班的语文课堂文化进行跟踪观察情况。因"课堂文化"是实验后期增加的观察维度,因此没有对比数据。

课程性质的维度,我们从"教学过程的语文性""人文性与工具性""语文实践""思维的发展""教材处理"等方面对37个实验班的语文课堂课程性质进行跟踪观察情况。(见图6-3-2)结果反映,随着课改的不断深入,"爱种子"的理念已深入教师们的心田，极大地改变了教师的思维和观念，使我们的教师在学习观、知识观、教学观、教师观以及科研观方面都发生着根本性变化。

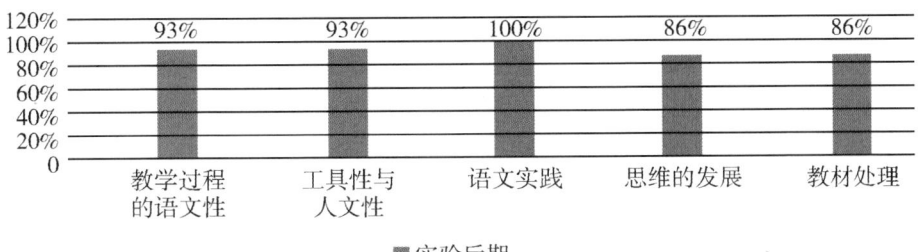

图6-3-2 观察三科37个实验班的课堂课程性质，选择A、B项的占比（优良等级）

二、从数据得出范式应用的效果

经过课改实践，利用"清城区小学语文'爱种子'课堂观察表"进行课堂观察得到的数据表明，两个试验区大多数实验教师的思维完成了转变，在教学中逐步向着"以学生为中心，教为学服务"的思想开展教学，积极践行"爱种子"范式的教学，试点学校呈现出生机勃勃的形态。实践证明，"爱种子"课改推动了教师专业素质的发展，改善了教师的教学方式方法，促进了学生的主动学习，效果是喜人的，是值得推广的。

（一）教师"会教"

1. 教师思维、观念的转变

与实验初期相比，大多数教师打破了传统教育观念的束缚，改变了以教师为中心、对学生在教学中的主体作用重视不够的"填鸭式"教学，改变了应试为指挥棒的教学。教师充分认识到课堂教学中要突出学生学习主体地位，把课堂话语权移交给学生，教学的核心要由枯燥的被动灌输转变为愉快的主动发现。教师从只注意学生的基础知识和应试能力的教学，到重视学生的能力和个性的培养，再到注重学生的主观能动性，实现了从以满堂灌为特征的"独白式"教学向"以学生为中心，教为学服务"的转变。教师从"讲解员"的角色中摆脱出来，做学生学习的引导者、合作者、参与者。课堂上教师分析、讲解的时间明显减少，为学生的自主、合作学习腾出的时间和空间增多，多了一些启发式教育，注意学生的个性、思维、想象力的发挥，有意识地让他们在自主、合作、探究的实践中学习。学生的积极变化必然是教师教学理念与行为转变的结果，课堂教学效果的提高非常明显。

2. 教学行为的转变

经过三年的实践，"爱种子"范式得到了验证，从课堂观察中得知，大部分教师都能较好把握"三环四得"的精髓,从"基本能按范式展开教学、各教学环节时间分配不太合理,教学效果一般"到"熟练地掌握教学范式的操作要领,在课堂教学中,能抓准教学的核心问题组织学生自主、合作、探究学习,做到注重参与,关注学情,敢于放手"。在学习小组共同学习过程中,教师关注学生的讨论过程,倾听、参与、指导学生学习小组的研讨活动,从而保障了课堂交流的有效进行。教师越来越善于创设和谐、宽松的教学情境,促使学生敢疑、善疑,鼓励学生自主学习、标新立异,自觉参与集体学习,主动挖掘知识发生的过程。教师的角色定位由"教"者变成"导"者,努力调动学生的主观能动性,使之积极参与教学过程,寻找解决问题的方法。教师用实际行动在自己的教学实践中提高教研能力,形成教学、教研相互促进。

（二）学生"想学""会学"

与以往课堂教学相比,自实施"爱种子"课改以来,学生自主学习、主动参与合作学习和探究学习的意识逐步增强,学习兴趣更浓、热情度更高,学生们变得更加自信,不少学生已养成了由被动学习向主动学习,由接受式学习向主动学习、协同学习转变的习惯。学生真正投入学习中,使课堂学习充满活力和乐趣,从而唤起学生浓厚的学习兴趣,使学生在乐中学、在学中乐,不同学生群体都发生了积极的变化,各层面学生都有不同程度的发展,学生在学习、交流、探讨、竞争、合作的过程中,逐渐发现自己、发现他人,逐渐学会质疑、解疑,逐渐学会竞争与合作,在合作中实现共赢。

（三）课程性质体现大语文观

课标提出了义务教育语文课程的基本理念:全面提高学生的语文素养,正确把握语文教育的特点,积极倡导自主、合作、探究的学习方式,努力建设开放而有活力的语文课程。"爱种子"模式恰恰契合了这一基本理念,在践行"爱种子"范式过程中,我们的课堂观察表中的第三个观察维度是"课程性质",分别从"教学过程的语文性""语文实践""工具性和人文性""教材处理"和"思维的发展"五方面进行观察。从观察数据显示,"爱种子"范式能准确把握语文教学的规律和特点,引导教师在教学过程中通过语文的手段和语文实践活动达成教学目标,能处理好工具性与人文性的关系,在语文实践活动中渗透人文性的效果好,重视语文实践活动,在语言文字运用的同时注重思维能力的发展,教材处理恰当,能紧扣教学目标、教学重难点处理教材,拓展的课外学习材料能有效达成教学目标。"爱种子"范式面向全体学生,使学生获得基本的语文素养,语文素养是学生终身发展的基础;而语言技能的获得,创新思维的超越,文化内涵的丰富,使语文课程从单一走向综合,体现了大语文观。

(四) 课堂文化多元化

课堂文化维度从"师生关系""生生关系""课堂气氛"三方面进行了观察。在"爱种子"课改实验初期，教师使用提炼范式前的导学案授课，课堂上普遍存在这样的现象："虽然有注意建立和谐、民主、平等的师生关系，但师生关系一般""虽然有互教互学、平等交流，但学习氛围较差""课堂学习氛围一般，师生之间、生生之间的互动交流一般"。自从使用"爱种子"教学范式后，实验老师有意识地改善课堂教学，教学由问题驱动，问题链与学生认知水平、知识结构的关系密切，教师积极指导学生开展独立思考、学习共同体共同解决问题，参与课堂学习的人数呈最大化，尽量让每一个学生都成为学习的主人，有助于学生表达自己的创新性思维，生成活跃的课堂，渐渐建立起了和谐、民主、平等的师生关系，师生关系融洽。学生和学生之间相互尊重、互帮互学、平等交流的氛围越来越好，营造了民主、平等、和谐的课堂氛围，学习氛围浓郁，师生之间、生生之间的互动交流达到了良好效果。

实践证明，用好课堂观察表，通过"观察—反思—改进"等一系列教研活动评价"爱种子"教学范式，能形成教研链条，更好地促进课堂教学的不断改进，促进教师专业的持续发展。

第四节 "爱种子"课堂观察表的应用效果

"爱种子"课堂观察对完善"爱种子"教学范式和资源、改善学生课堂学习、促进教师专业发展都有着极其重要的意义。

一、完善了教学范式和资源

"爱种子"课堂观察有利于完善教学范式和资源，推动学习形态与方法的变革，即时采集教学实施中反馈的信息，发现范式设计存在的问题。如教师在组织互动教学中，如何让学生在范式的应用场景中深化知识理解与应用（通过"清城区小学语文'爱种子'课堂观察记录表"中"学生学习行为"的观察）；是否提供充足的空间培养学生质疑问难、大胆提问、敢于发言的良好习惯（通过"清城区小学语文'爱种子'课堂观察记录表"中"教师教学行为"的观察）；在拓展课外学习材料时，是否有效达成了教学目标（通过"清城区小学语文'爱种子'课堂观察记录表"中"课程性质"的观察）；等等。教师能够根据课堂观察发现的问题完善教学范式，验证范式设计的利弊，从而引导更多教师从"点点用"到"改改用"，不断地对范式进行改进与创新，完善范式，开展更为精准的指导学习。

二、促进了教师的教学

在日常教学中，一些教师教学目标设置通常只关注课堂目标的预设，教学目标的实施过程能够大致完成就可以了，而教学目标如何完成、教学环节是否有效、目标是否有生成性等，这些问题常常被忽略。"爱种子"课堂观察重在目标的实现过程，关注教学目标是否达成预设。在观察教学目标的实现过程中，我们还注重课堂教学的生成性，包括教师教学的生成和学生创造性思维的生成，这也是"爱种子"课堂的价值所在。

我们将课堂观察表用于课堂研究和促进教师专业化发展方面，为"爱种子"优质教师资源的良性发展提供了客观依据。我们在研究过程中使用课堂观察表为教师收集及时、可靠且直接的反馈信息，不仅有助于我们对教师从"点点用"到"改改用"再到"创创用"的实验研究，同时我们也可以利用课堂观察表提供的客观依据来进行科学的评价与决策，通过课堂观察表与《清城区小学语文"爱种子""三用"评定标准及进阶条件》推动教师从"点点用"到"改改用"再到"创创用"，在教师行为的改进、课程资源的利用或课堂文化的创设方面给每一位教师一个学习探究、专业成长的机会，使教师从经验型向反思型的实践者转变，催生教学机智和教学智慧的互惠与共享，提高教师研究的有效性，切实高效地从专业精神、专业知识、专业能力、专业智慧等维度促进教师专业发展。

"爱种子"课堂的综合性需要多元的教学评价，课堂观察强调全面、合理、科学的评价体系，把过去单一、死板的教学评价转向多元、科学的教学评价，避免了片面的、主观的评价。多元评价是以小学语文课程标准为依据的，丰富的教学评价方式也充分体现了语文教学的综合素养。课堂的教学重心由教师主导向学生主体主动参与转变，由教师的单向传输向师生、生生双向交流转变。课堂的一切教学环节都是为学生的学习服务，学生成了课堂的核心，课堂形式的组织以学生为出发点。

三、促进了学生的学习

首先，课堂教学目标明确，学习效果提升。课堂观察重视教学目标的清晰度以及在实施过程中是否能够清晰化，学生的学习在具体、明确的教学目标的带领下呈阶梯式的上升状态，更好、更有效地完成了学习目标。

其次，学习方式发生改变，学生参与度得到提升。小学语文新课标要求：积极倡导自主、合作、探究的学习方式，重视学生的积极参与度。课堂观察促进了学生学习方式的转变，由机械的被动接受向主动参与转变，由单纯的知识灌输向注重情感的体验转变。例如，我们通过课堂观察，发现古诗教学如果单纯地背诵字词句的解释，学生难以感受到其中的人文关怀。教师事后加上对古诗词中的人物、情感、情节等问题的合作探究，让学生充分体会诗中的情感。学生的主动探究学习不仅收获了知识，而且提高了自身的人文素养。

最后，提高了学生的学习兴趣，塑造了良好的学习氛围。开放、对话的课堂激发了学生的学习兴趣，课堂上自主、合作、探究的学习方式让学生学会了倾听、思考、尊重。在听课和分析课的过程中，教师不仅要研究学生的学习内容，还要研究学生的学习能力，课堂观察就是不断地促使学生沿着正确的方向发展。而教师对教学的不断反思促进了课堂教学的改革，为学生带来更宽松、和谐的学习气氛。

四、提高了教师教育科研能力

（一）教师行动研究的专业化

在教育教学中，教师总是不能主动、全面地观察，而是顾此失彼。随着课堂观察理论的学习和实践的培养，教师逐渐能够根据观察到的情况随时调整教育教学行为。例如，教师通过开发观察表、深入课堂研究、课后的观察反思等研究过程，不断提高行动研究的能力。在这个过程中，教师需要依据丰富的语文学科的知识经验来制定有科学性的课堂观察表并进行科学的课堂评价，因此，教师需要不断学习各种理论知识。这样的研究可以促使教师保持清醒的专业意识和成长意识。

（二）教师的集思广益能相互提高教学能力

课堂观察中的集体教学反思有利于打破教师间"各自为政"的壁垒，让教师彼此敞开心扉。在反复的切磋研讨中，教师和研究者们由近及远、由事到情到理，走出画地为牢的狭隘，相互取长补短，从而获得更为深刻与独特的教育理解力。在此基础上，分析、综合、梳理、归纳、整合、改造，融会贯通、汲取精华，教师的教育生命在集体反思与研讨中得以提升。

"清城区小学语文'爱种子'课堂观察表"在课堂观察中作为工具使用，我们可以了解到教师运用的教学手段是否合理，学生能不能达成预设的教学目标，对学生发展的作用大不大，从而评价这堂课设计得是否合理，有没有亮点值得学习，有没有不足需要引以为戒。将课堂进行量化的分析，分析什么样的教学行为促进了学生的学习，在加深对课堂教学的描述和认识的同时，指明了教研、科研的方向。

总之，无论是教师行为的改进、课程资源的利用，还是课堂文化的创设，都是以学生课堂的有效学习为落脚点。即使所确定的观察点不是学生，其最终还是需要通过学生是否学得有效得到检验。一份优良的观察表更能紧扣学生学习而让每一位教师明确教学目标和教学要求，提高课堂教学水平，进而提升学生的学习水平，更为课堂教学的改进提供科学的数据与资料，让教研的道路更加宽广。

观察表是课堂观察这一活动的关键，它的水平决定着课堂观察的水平，也决定着教师的专业水平。我们通过课堂观察评价"爱种子"教学范式这一活动，对这一活动进行量化的分析、全面的剖析，让被观察者在大量的数据面前有所感悟，尽可能多地摒弃存在的不足，同时充分发扬已经具备的优点，进而进行有效的改进，同时也让观察者有一定的收获。

"爱种子"课堂教学改革任重而道远，教学改革初见成效，清城区"爱种子"课堂教学改革在整合、磨合、融合过程中砥砺前行，教学新形态逐渐显现。

附录一 "爱种子"主体性教学范式(部分)

●低年级自主学习:识字教学范式(40分钟)

【课前准备】

1. 自读圈画生字词。
2. 进入钉钉家校本的跟读功能,进行课文跟读,教师注意检查学生跟读情况。

一、听文认字(读文认字)(5分钟)

1. 任务要求:请同学们认真听课文朗读录音,一边听一边想象画面。听文认字对一、二年级学生很有必要,但随着学生朗读能力的提高,可逐步过渡成读文认字;对于长文,可变成读文认字。
2. 方法指导:眼看书,认真听,边听边想象画面。(边听边想象适用于画面感强的课文)
3. 任务说明:学生倾听的过程,老师巡视,并对个别同学给予听读习惯指导。

二、互教互学(10分钟)

1. 同桌互读:请你把以下生字和词语读给同桌听,同桌之间互相评价,每读对一个,同桌在课后生字表对应的字上打"√",纠正后才会读的画圈。

注意把会认字和会写字放在词语中一起呈现,不要单个字呈现,不要只呈现会认字的词语。

yīng	fú	dī	liǔ	zuì	yǒng	zhuāng	sī	tāo	cái	jiǎn
莺	拂	堤	柳	醉	咏	妆	丝	绦	裁	剪

诗	诗			村	村
童	童			碧	碧
妆	妆			绿	绿
丝	丝			剪	剪

呈现的生字词如下所示（生字上面标拼音）。

yīng	fú	dī	liǔ	zuì	yǒng	zhuāng	sī tāo
黄莺	吹拂	河堤	柳树	醉酒	歌咏	化妆	绿丝绦

jiǎn cái	shī	cūn	tóng	bì lǜ
剪裁	古诗	农村	儿童	碧绿

【示例】评一评：交换应答器评价认读情况。

考查能力	评价标准	星数
认读能力	正确认读全部的词语	☆☆☆☆☆
	读错一个词语	☆☆☆☆
	读错两个词语	☆☆☆
	读错三个及三个以上的词语	☆☆

注意：同桌纠正后会读的，一次性获得一颗星。他（她）一共可以得到（　　）☆。

2. 选择较难认的字：请你用应答器选出较难认读的字。

3. 小组互教：和小组的同学讨论"我"是用什么方法记住这些生字的，比一比谁的方法最好用。记字方法主要有加一加、减一减、猜字谜、编顺口溜、字理识字（如字的演变过程、象形、会意等，这些概念不用教给学生，而是教师用形象直观的方法引导学生习得识字方法）。教师要调动学生课前或课后识字的积极性，如进行课前自学，收集本课生字中有关字理识字的方法。教师可提示学生重点对某些适合字理识字的字进行课前资料收集。鼓励学生创造性识字，只要其方法有助于记住生字就行。会认字不同于会写字，不需要精细化指导。

（1）小组交流记字方法。

（2）全班交流。（教师指名小组代表交流，注意引导学生说出不同的识字方法）

4. 词语积累：本环节中，教师课前可布置学生针对本课生字进行词语积累；可以选择其中的生字一字组多词，或让学生选择其中的词语造句，或在具体语境中积累多音字组词、叠词、近义词、反义词等。教师要多思考，用什么方法更适合本课的生字词，不要千篇一律，形式要多样化。

三、自由读文（10分钟）

注意读准字音，不会读的字可以借助拼音读准或请教同学。该环节主要让学生在语境中巩固生字读音，学习把课文读正确、读流利，此环节建议配上合适的音乐，让学生在轻松的氛围中自由读文。随后，教师还可以开火车读等形式检测学生自由读文情况。

四、写字有方（12分钟）

该环节主要是在学生认读生字的基础上，教师对难写字进行精细化的写字指导，要求学生熟练运用字的观察方法，养成先观察后动笔的写字习惯。

1. 出示生字。（平台出示这些生字，并把这些生字标上序号）
2. 学生初写，感知易错难写的字。（学生尝试在田字格里试写一个，允许试错）
3. 学生用应答器选出较难写的字。
4. 根据学生的选择，对选出较难写的字进行写字指导。
（1）引导学生用"四看"口诀观察字：一看宽窄，二看高矮，三看位置，四看笔画。（随着学生对"四看"方法的逐步掌握，应放手让学生用"四看法"自主观察和汇报观察结果，当学生对某些生字观察不到位时，教师应做点拨和提示）
（2）教师范写，学生跟着老师的书写节奏书空。（教师可边范写边说生字的书写规则）
5. 学生练习书写难写字。（学生在田字格里描一个，写一个。课堂上点评学生之前试写的一个生字和现在写的一个生字，对比中发现进步，并让学生体会到"四看法"对写好字的重要性）
6. 教师找出有代表性的书写投影到幻灯片上，组织全班点评。
7. 学生在田字格里自主书写其余生字。（注意提醒学生书写姿势：头正、臂开、身直、足安。学生养成习惯后，可不再提醒）
8. 小组交流。以同桌或小组为单位，互相点评同学的书写作业。（星级评分）
9. 展示作品，组织评价。

全班学生拍照上传书写作业。课后，用应答器评选"最美书写"，老师拍照上传至家长群，定期为获得"最美书写"或"进步书写"的学生颁奖。

【示例】

学生听写生字词语，并进行评价。（用平台收集数据）
（1）进行听写比赛。写完后，同桌交换批改，用红笔圈出错的字词。
（2）学生用应答器进行评价：看看学生们的听写能得多少颗星。请拿出应答器，切换到数字题，每对一个词，得一颗星，看看你能得多少颗星。（用平台收集数据）

评价表示例。(具体评价标准根据实际制定)

考查能力	评价标准	星数
识字能力	正确书写五个词语	☆☆☆☆☆
	正确书写四个词语	☆☆☆☆
	正确书写三个词语	☆☆☆
	正确书写两个词语	☆☆
	正确书写一个词语	☆

五、元认知评价(3分钟)

(略)

●低年级课文互动探究教学范式

【活动一】复习与导入(5分钟)

1. 复习生字词。通过指名读、开火车读、齐读等方式,复习巩固上一节课所学的生字词。

2. 导入。本环节主要是结合课文内容,通过谈话、图片等多种方式,充分调动学生的学习兴趣,然后导入课题。

【活动二】初读与感知(11分钟)

1. 初步朗读课文,整体感知课文内容。可以是听课文录音、老师范读等多种方式,目的是让学生初步感知课文内容。

2. 提出一个思考问题,然后交流汇报。目的是让学生读准字音,通读课文,帮助学生理清文章脉络。根据学段内容,可以提出以下问题:你知道了什么?课文一共有几句话?课文一共有几个自然段?请针对课文内容提出一个问题。

【活动三】阅读与理解(12分钟)

本环节主要是结合课后思考题,抓住课文重点词句,帮助学生积累好词好句,理解词句,学习表达方式,指导学生朗读,让学生在读中悟、悟中读,培养阅读感受能力。该环节要注意采用学生喜欢的学习形式,注意朗读形式的多样性,如全班读、个别读、小组读、开火车读、接读、师生合作读、比赛读、分角色读等。教师的读前引导语可以是"看谁读得比他更流利(有感情)"。评价语言有"你读的时候不但注意了感情,还配上了动作""你把这句话读得很美""听了你的朗读,我仿佛看到(听到)了……""你朗读时声情并茂"。让学生通过你的评价知道怎么朗读。该环节要重视放手让学生点评同伴的回答或朗读,学生点评不到位的,教师再做补充。

相机进行学生朗读评价。【用平台收集数据】

（1）学生朗读。

（2）学生用应答器进行评价：请拿出应答器，切换到数字题，对照评价标准，评一评你的朗读能得多少颗星。【用平台收集数据】

评价表示例。（具体评价标准根据实际制定）

考查能力	评价标准	星数
朗读能力	我能读正确	☆
	我能读流利	☆☆
	我能读得有感情	☆☆
合计以上，我一共能得		（　　）颗☆

【活动四】表达与拓展（10分钟）

1. 表达。学习课文重点词句的表达方式，可以是仿说词语、仿说句子、练写句子等，训练学生对语言文字的运用能力，落实"一课一得"。

2. 拓展。按照"1＋X"的模式，以课文为"1"，拓展一篇或多篇课外阅读文本，提高识字、理解和阅读能力，丰富语言积累，增加课外阅读量。

建议增加评价环节：可在该环节中，设置便于小组内互评的内容，通过应答器评价学生在"表达与拓展"中的学习效果。

评价表示例。（具体评价标准根据实际制定）

考查能力	评价标准	星数
阅读能力	我积累了AABB式的词语	☆
表达能力	我能用词语说一句话	☆☆
	我能用词语写一句话	☆☆
合计以上，我一共能得		（　　）颗☆

【活动五】元认知评价（2分钟）

●中高年级自主学习：单元导读范式

课前准备：单元导读预习单。

中高年级自主学习：单元导读
课前预习任务单

学校：_____ 班级：_____ 姓名：_____ 第___单元

通览单元	※ 任务说明：浏览单元导语、课文、口语交际、习作、语文园地的内容，请把你了解到的单元主题记录下来。 ※ 预习记录：
通读课文	※ 任务说明：自由朗读单元的课文，了解课文大意，请你尝试概括每篇课文的主要内容并记录下来。 ※ 预习记录：
提出疑问	※ 任务说明：通过单元预习，你最感兴趣的内容是什么？你对哪些内容有疑问？把你在预习中的发现或疑问记录下来。 ※ 预习记录：
课外拓展	※ 任务说明：根据单元的学习需要，可查阅相关的课外资料，把你在预习时查找到的相关资料记录下来。 ※ 预习记录：

一、通览单元，感知主题（约5分钟）

课前，学生已对照单元导读预习任务单，对整个单元内容进行整体的浏览感知。

该环节教师需引导学生借助单元导语的指向，并与课文、口语交际、习作、语文园地的内容有机融合，帮助学生感知单元的主题。

同桌互换应答器评价课前单元导读预习任务单预习情况。

【示例】评一评：交换应答器，评价预习情况。

考查能力	评价标准	星数
独立思考能力	能找出单元主题、语文要素、习作要求	★
概括能力	能概括出每篇文章主要内容	★
质疑能力	能提出一个问题	★
搜集资料的能力	能搜集到相关资料	★

他（她）一共可以得到（　　）★。

二、交流分享，整体感受（约 18 分钟）

该环节是教师紧扣单元语文要素设置相关的交流话题，并通过小组交流与全班交流等方式，让学生在交流中，或边浏览课文，或结合课文插图，与同伴们分享阅读的体验，并由此获得对整组课文内容的整体感受。

【示例】应答器：自评本人在小组内交流学习情况。

考查能力	评价标准	星数
朗读能力	课前预习时，我能正确、流利、有感情地读课文	★
积极参与讨论	我能在同学面前大胆说出自己的想法	★
倾听能力	我能认真倾听同学的发言	★
学习态度及概括能力	我能独立思考，概括文章主要内容	★
交际礼仪和表达能力	汇报时，我能做到大方得体、语言流畅	★
对共同体的贡献	我帮助了同学，为共同体争了光	★

我可以获得（　　）星。

三、引导质疑，提升感悟（约 15 分钟）

该环节是在学生对单元内容获得整体感知的基础上，教师引导学生围绕单元内容提出疑问，学生在自读生疑中引发有意义的思考，提升了对单元内容的感悟。这里的质疑与单篇课文的"初读与质疑"不同之处是：这里的质疑是紧扣单元导读的语文要素，针对整个单元的所有内容进行的质疑，而自主学习课的"初读与质疑"是紧扣单元语文要素和课后思考题，针对单篇课文的质疑。

在该环节中，教师可把学生提出的问题进行收集与梳理，提交到平台，以便教师根据学情进行备课优化，真正做到以学定教，把课堂还给学生。

【示例】
1. 学习了这个单元的内容，你最感兴趣的是什么？
（1）组内分享感兴趣的地方。
（2）全班交流。
2. 小组交流：根据课文的内容，请你提出一个问题。
要求：轮流发言，组长收集组员的问题，并上传到平台展示。
（1）小组长收集组员提出的问题。

_____小组的问题收集

记录员：（　　）

我组的问题收集如下：

①_____
②_____
③_____
④_____

师：若提出的问题在组内已经独立解决了，请在问题后面注明已解决。

（2）展台展示问题。

（3）梳理问题。

教学预设：学生提出的问题其实是同一个问题，只是问法不同，这时教师要帮学生梳理出有价值的问题，即主问题。文中已经有明显答案或者与本单元学习内容没关系的，教师要帮助学生删去或建议学生通过其他方式解决。

3. 为了学好本单元，你打算做些什么？

该环节要营造交流问题的氛围，让学生在交流中倾听他人的问题，通过不同的问题引发学生的思考，训练学生的思维能力，培养学生的问题意识。通过对问题的梳理，教师适当渗透质疑的方法，让学生学到提问的技巧，从而提高提出问题的质量。在交流中引发他们探究问题的欲望，教师鼓励学生能独立解决的问题先在组内解决，提高学生独立解决问题的能力。

四、元认知评价（约2分钟）

1. 学生自评。老师根据平台"查看结果"进行小结。

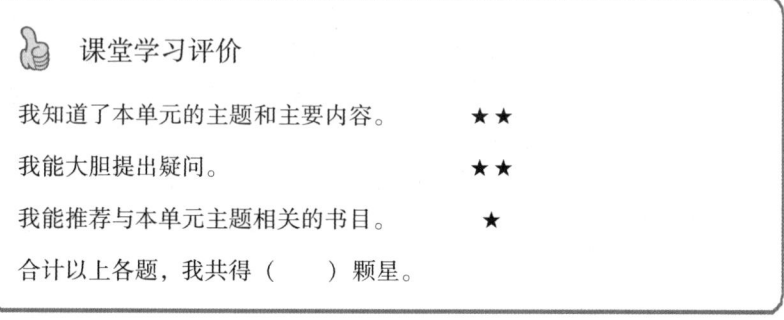

2. 老师根据平台"班级报表"数据反馈，表扬本节课的优秀个人和优秀小组。

●中高年级自主学习：识字教学范式（40分钟）

课前预习：自读圈画，即自由朗读课文，一边读一边圈画课文里的生字词。

注意：在教学设计时，中高年级一般是2课生字组合，因为学生已经有了一定的识字能力，这样的整合可以提高识字效率，初始进行生字整合教学的班级要注意循序渐进。

以下环节识字部分是针对初用此范式的班级设计的,待学生熟悉该范式学习后可根据实际对识字部分的某些环节做适当取舍。

一、读文认字(5 分钟)

学生自主读文,注意把生字读正确。

二、互教互学(10 分钟)

1. 同桌互读:请你把以下生字和词语读给同桌听,同桌互相评价,每读对一个,同桌在课后生字表对应的字上打"√",同桌纠正后才会读的画圈。

注意把会认字和会写字放在词语中一起呈现,不要单个字呈现,不要只呈现会认字的词语。

yīng	fú	dī	liǔ	zuì	yǒng	zhuāng	sī	tāo	cái	jiǎn
莺	拂	堤	柳	醉	咏	妆	丝	绦	裁	剪

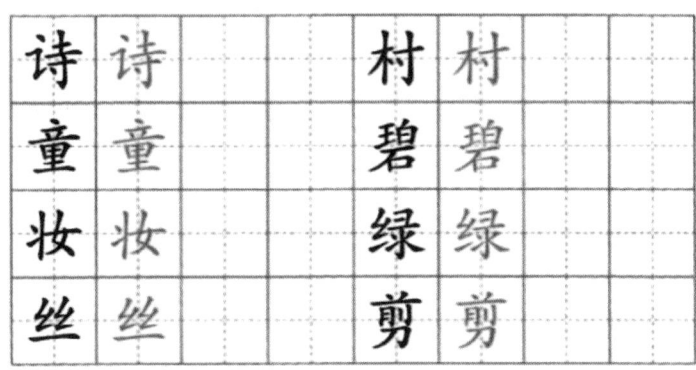

呈现的生字词如下所示(生字上面标拼音)。

yīng　　fú　　　dī　　　liǔ　　　zuì　　　yǒng　　zhuāng　　sī tāo
黄莺　　吹拂　　河堤　　柳树　　醉酒　　歌咏　　化妆　　　绿丝绦

jiǎn cái　　　shī　　　cūn　　　tóng　　　bì lù
剪裁　　　　古诗　　　农村　　　儿童　　　碧绿

评一评：交换应答器，评价认读情况。

考查能力	评价标准	星数
认读能力	正确认读全部的词语	☆☆☆☆☆
	读错一个词语	☆☆☆☆
	读错两个词语	☆☆☆
	读错三个及三个以上的词语	☆☆

注意：同桌纠正后会读的，一次性获得一颗星。

他（她）一共可以得到（　　）☆

2. 选择较难认的字：请你用应答器选出较难认读的字。（平台收集）

3. 小组互教：和小组的同学讨论，用什么方法记住这些生字，比一比谁的方法最好用。

4. 词语积累：本环节可以选择其中的生字一字组多词，或让学生选择其中的词语造句，或在具体语境中积累多音字组词、叠词、近义词、反义词等。

三、写字有方（10分钟）

课前，教师必须认真用"四看法"观察本节课所学生字，充分了解生字的写法，预估学生书写中可能出现的问题。

教学流程分初学型和熟练型两种情况。

第一种情况，初学型教学流程。（对于刚使用"四看法"的班级，必须严格按照以下环节进行）该环节主要是在学生认读生字的基础上，教师对难写字进行精细化的写字指导，要求学生熟练运用字的观察方法，养成先观察后动笔的写字习惯。

1. 出示生字。（平台出示这些生字，并把这些生字标上序号）

2. 学生初写，感知易错难写的字。（学生尝试在田字格里试写一个）

3. 学生用应答器选出较难写的字。

4. 根据学生的选择，教师选出较难写的几个字进行写字指导。

（1）引导学生用"四看"口诀观察字：一看宽窄，二看高矮，三看位置，四看笔画。（随着学生对"四看"方法的逐步掌握，应放手让学生自主观察和汇报观察结果）

（2）教师范写，学生书空。（教师可边范写边说生字的书写规则）

5. 学生练习书写难写字。（学生在田字格描一个，写一个。课堂上点评学生之前试写的一个生字和现在写的一个生字，在对比中发现进步）

6. 教师找出有代表性的书写投影到幻灯片上，组织全班点评。

7. 学生在田字格里自主书写其余生字。（注意提醒学生书写姿势：头正、臂

开、身直、足安）

8. 小组交流。以同桌或小组为单位，互相点评同学的书写作业。（星级评分）

9. 展示作品，组织评价。

全班学生拍照上传书写作业。课后，用应答器评选"最美书写"，老师拍照上传至家长群，定期为获得"最美书写"或"进步书写"的学生颁奖。

第二种情况，学生已经熟悉利用"四看法"观察字并已开始养成先观察后书写的习惯，书写姿势习惯已经初步养成，并按以下环节进行。

1. 教师继续提醒用"四看法"观察生字后，书写所有生字。

2. 教师巡视写字情况，留意学生书写中出现的共性问题，找出体现共性问题的个别学生的书写，在屏幕上展示。

3. 教师组织学生观察和点评，展示学生书写的字，观察有哪些好的地方，有哪些不足之处，有什么需要提醒的地方。如果点评的学生没有发现明显的问题，教师再做点拨。

4. 全班对照有关提示，自我观察或同桌之间互相点评，在此基础上，再书写。

四、初读与质疑（15 分钟）

该环节主要用于精读课文，让学生有更多时间学习课文。

初读。该环节是教师在导入课题后，让学生通读全文，整体把握课文内容，初步感知课文。可用以下句式提问："读了课文，你知道了什么？了解到什么？课文主要讲了什么？"这里的提问可更具开放性。

质疑。本环节的重点是教师要紧扣语文要素，以课后问题和本课教学重点为依据引出文本的主问题。主问题指向的答案一定是语文的本体性内容，一定是突出教学重点的核心问题。主问题的提出可以是学生，也可以是教师，视学情而定。比较理想的状态是：教师能抓住学生的质疑，因势利导巧妙提炼主问题。该环节教师应抓住关键问题的切入点质疑，注意提问的技巧。要预设学生可能问些什么问题，要紧扣下一节课的互动探究的主问题，该问题就是下一节阅读课中要重点探究解决的主问题。主问题提出要遵循以下原则。

1. 主问题的答案一定是要让学生通过找出课文的语句并结合自己的感受来回答。

2. 主问题的答案所指向的一定是本文重点和关键的语句和段落。

3. 主问题指向的答案一定与教学重点一致。

4. 必要时，主问题可以根据教学需要拆分成两个问题，分解到"品读与探疑"环节中解决。

5. 主问题的提出尽量干脆利落，不要做太多细碎的无价值的铺垫。

●中高年级课文互动探究教学范式（一）

一、复习与引入（约5分钟）

该环节主要是巩固生字词。如果是本单元第一课互动探究，则回顾上节"初读与质疑"环节提出的主问题，引出本节要探究的主问题；如果是本单元第二课互动探究，则直接在该环节提出主问题。

二、品读与探疑（约20分钟）

该环节是教师引导学生围绕主问题展开品读和探究，教师应着眼于阅读理解、感受、欣赏、评价和积累运用，设计有效的言语实践活动。在进行言语实践活动时，教师要重视对课文语言的品读，在读中理解和感悟，以读促悟，以悟促读。学生在默读、朗读（形式包括全班读、个别读、小组读、开火车读、接读、师生合作读、比赛读、分角色读等）、浏览等多种阅读形式的交替中，通过自主圈点勾画批注、小组交流探讨等方法，积累语言经验，学习语言文字的运用。教师要注重培养学生感受、理解、欣赏和评价的能力。

在该环节中，教师应加强对学生阅读的指导、引领和点拨，但不应以教师的分析来代替学生的阅读实践，不应以模式化的解读来代替学生的体验和思考；在解决重要而有必要进行合作解决的问题时，要善于通过合作学习解决阅读中的问题，但也要防止用集体讨论来代替个人阅读。教师要把学习的主动权交给学生，做到精讲巧问，避免问无价值的问题，防止碎片化的过多过滥的提问，防止自始至终都是教师问、学生不假思索地集体回答的现象发生。教师要记住：学生懂的教师不讲，学生不懂的教师讲，教师讲了学生都不懂的不讲。备课时，教师要充分预估学情，如学生在解决主问题时，可能会遇到哪些情况，如回答不对、不全，体会不到位等。遇到这些情况，教师如何启发、点拨和引导？教师要找出应对策略，并在导学案中加以列出。这是实现顺学而导、以学定教的前提条件。

品读与探疑基本步骤如下所示。

1. 教师出示主问题，并提出自学要求。如找出有关语句并做批注等。（自学的要求必须有利于学生抓住重点语句和重点词语，在品读感悟中解决主问题。自学时间要充分，切勿走过场）

2. 学生按要求自学。

3. 小组合作，交流自学情况。

学生自学完毕，组织学习小组进行讨论交流。教师提示小组长组织好组员开展交流活动，保证每位学生都有机会与同伴交流学习结果。对于学困生，组长注意组织组员对其进行细化指导。教师要巡视，了解小组合作情况，并对小组合作交流进行适时的点拨、引导。

4. 小组代表汇报交流学习情况。

小组交流完毕，该环节教师要注意放手让学生进行汇报，通过学生们的互相补充、互相点评、相互辩论等，解决主问题。在此过程中，教师要做好组织协调和适时的点评激励。当学生在汇报交流过程中出现学习困难时，如理解不到位、体会不深刻、品词品句有困难，不能抓住重点处进行品读感悟等，教师做适时的启发、引导和点拨。

评价表示例（具体评价标准根据实际制定）。

考查能力	评价标准	星数
倾听能力	认真倾听同学发言	★
表达能力	汇报时大方得体、语言流畅	★★
思维能力	交流时在互相启发、补充、点评中解决问题	★★

他（她）一共可以得到（　　）★。

三、交流与感悟（约 5 分钟）

紧扣单元语文要素（教学重点），就围绕主问题（突出教学重点）的探究结果进行归纳、小结。如紧扣语文要素，感悟本文的阅读策略或习作策略、表达特点、表达效果等，以此架设课内向课外延伸的桥梁，体现一课一得，为"拓展与提升"环节做好铺垫和过渡。

四、拓展与提升（约 7 分钟）

该环节是课内阅读与课外延伸的有效结合。课内外的结合点一定要紧扣教学重点。教师紧扣"交流与感悟"中的阅读感悟，紧扣"一课一得"中的"一得"；或拓展一篇或多篇课外阅读文本，或进行读写结合，从课文习得写法后进行相应的练笔……实现语文能力的迁移和提升。

在该环节中，教师设置便于小组内互评的内容和标准，用应答器评价学生在"拓展与提升"中的学习效果。

五、元认知评价（约 2 分钟）

该环节旨在结合本课学习目标，让学生对课堂学习活动的情况进行自我评价。

六、作业布置（约 1 分钟）

（略）

●中高年级课文互动探究教学范式（二）

为提高课堂教学效益，让学生有更充分的自主、合作和探究的时间，让教师提前了解学情，更好地做好课中指导，教师在课前可做好以下工作：

一是充分发挥个体作用，围绕本课的主问题设计相应的预习单，把"品读与探疑"中"自主学习"环节的学习要求进行前置性学习。上课前，教师了解预习情况，以利于课堂针对学生共性问题进行精准指导。

二是录制微课。把互动探究课中一些必要的知识储备或预习时需要使用的学习方法，通过微课的形式推送给学生学习。

一、复习与引入（约5分钟）

该环节主要是巩固生字词，回顾上节"初读与质疑"环节提出的主问题，引出本节要探究的主问题。

二、品读与探疑（约20分钟）

（如果教师从预习单了解到学生预习较充分，可省去自主学习环节，直接进入小组合作环节）

该环节是教师引导学生围绕主问题展开品读和探究，教师应着眼于阅读理解、感受、欣赏、评价、积累、运用，设计有效的言语实践活动。在进行言语实践活动时，教师应重视对课文语言的品读，在读中理解和感悟，以读促悟，以悟促读。学生在默读、朗读（形式包括全班读、个别读、小组读、开火车读、接读、师生合作读、比赛读、分角色读等）、浏览等多种阅读形式的交替中，通过自主圈点勾画批注、小组交流探讨等方法，积累语言经验，学习语言文字的运用，注重培养学生感受、理解、欣赏和评价的能力。

在该环节中，教师应加强对学生阅读的指导、引领和点拨，但不应以教师的分析来代替学生的阅读实践，不应以模式化的解读来代替学生的体验和思考；在解决重要而有必要进行合作解决的问题时，要善于通过合作学习解决阅读中的问题，但也要防止用集体讨论来代替个人阅读。教师要把学习的主动权交给学生，做到精讲巧问，避免问无价值的问题，防止碎片化的过多过滥的提问，防止自始至终都是教师问、学生不假思索地集体回答等现象发生。教师要记住，学生懂的教师不讲，学生不懂的教师讲，教师讲了学生都不懂的不讲。备课时，教师要充分预估学情，如学生在解决主问题时，可能会遇到哪些情况，如回答不对、不全、体会不到位等。遇到这些情况，教师如何启发、点拨和引导呢？教师要找出应对策略，并在导学案中加以列出。这是实现顺学而导、以学定教的前提条件。

品读与探疑基本步骤如下所示。

1. 教师出示主问题，并提出自学要求。

如找出有关语句并做批注等。（自学的要求必须有利于学生抓住重点语句和重点词语,在品读感悟中解决主问题。自学时间要充分,切勿走过场。)

2. 小组合作,交流自学情况。

学生自学完毕,组织学习小组进行讨论交流。教师提示小组长组织好组员开展交流活动,保证每位学生都有机会与同伴交流学习结果。对于学困生,组长注意组织组员对其进行细化指导。教师要巡视,了解小组合作交流情况,并对小组合作交流进行适时的点拨、引导。

3. 小组代表汇报交流学习情况。

小组交流完毕,教师要注意在该环节放手让学生进行汇报。教师要根据实际需要,组织汇报,通过学生间的互相补充、互相点评、相互辩论等,解决主问题。汇报者可以是小组推荐,也可以是教师指定组员汇报。在此过程中,教师做好组织协调和适时的点评激励。当学生在汇报交流过程中出现学习困难时,如理解不到位、体会不深刻、品词品句有困难,不能抓住重点进行品读感悟等,教师要做适时的启发、引导和点拨。

4. 小组汇报环节,要注意以下问题。

第一,因为小学课文篇幅一般都不长,如非必要,教师不需要一定按照课文的先后顺序组织学生进行线性汇报,应尽量把主问题指向的文段,看成一个整体。因此,教师在学生汇报完毕后,应组织其他组员就该生找到的有关语句进行品读、交流,体现顺学而导、以学定教的思想。在品读交流中,教师要抓住重点词句进行充分品味,读中悟、悟中读,培养学生理解、感悟、欣赏和评价的能力。主问题的解决往往需要全班多人交流汇报才能完成,因此,同一个语句,往往需要多人的多元解读才能做到深入理解、领悟到位。教师应组织广泛而深入的交流,不应止步于个别学生,应让学生在文本中多走几个来回。小组汇报环节应该是书声琅琅、议论纷纷的。

第二,要注意处理好个别学生和全体学生的关系。当个别学生汇报时,教师要组织其他学生认真倾听,做好对发言的点评和补充的准备。此时,教师不但要关注发言者,还应把对点评者和补充者的表现放在同等重要的位置。因此,对于以上两者的表现,教师都应做出激励性评价,只有这样,才能充分调动全体学生的积极性,让每个学生自始至终都有事可干。

第三,要注意重点突出,主次分明。小组汇报过程中,教师要注意分清主次,详略得当,应把功夫用在重点语句的品读感悟上,非重点的语句应简略,与主问题无关的语句或段落不需要讲,不需要面面俱到,这才是真正体现一课一得。

评价表示例（具体评价标准根据实际制定）。

考查能力	评价标准	星数
倾听能力	认真倾听同学发言	★
表达能力	汇报时大方得体、语言流畅	★★
思维能力	交流时在互相启发、补充、点评中解决问题	★★

他（她）一共可以得到（　　）★。

三、交流与感悟（约 5 分钟）

紧扣单元语文要素（教学重点），就围绕主问题（突出教学重点、核心问题）的探究结果进行归纳、小结。例如，教师紧扣语文要素，感悟本文的阅读策略或习作策略、表达特点、表达效果等，以此架设课内向课外延伸的桥梁，体现一课一得，为"拓展与提升"环节做好铺垫和过渡。

四、拓展与提升（约 7 分钟）

该环节是课内阅读与课外延伸的有效结合。课内外的结合点一定要紧扣教学重点。教师紧扣"交流与感悟"中的阅读感悟，紧扣"一课一得"中的"一得"，或拓展一篇或多篇课外阅读文本，或进行读写结合，从课文习得写法后进行相应的练笔……实现语文能力的迁移和提升。

在该环节中，设置便于小组内互评的内容和标准，用应答器评价学生在"拓展与提升"中的学习效果。

五、元认知评价（约 2 分钟）

该环节旨在结合本课学习目标，让学生对课堂学习活动的情况进行自我评价。

六、作业布置（约 1 分钟）

（略）

●中高年级单元主题拓展教学范式

中高年级的主题拓展课，主要是在教师的组织、启发和点拨下，由各阅读小组向全班分享探究学习成果，目的是调动学生语文实践活动的积极性，产生学习成就感，开阔知识视野，拓展学习思路，提升语文素养和策划、组织、合作、思维等能力。在互动探究课学习完毕，教师围绕单元语文要素、人文要素或挖掘本单元中有价值的问题，设计适合学生开展探究活动的问题，并布置学习小组或个体完成探究任务。探究活动以课外活动为主。教师注意设计好学习任务单，让学生有充分的时间开展探究活动和做好课堂汇报的准备。学生探究活动开展期间，教师要做好探究活动和成果展示的指导。

一、回顾探究活动，导入汇报主题（约 5 分钟）

该环节主要是教师借助学生提供的活动图片资料，边展示边回顾学生前段时间参与探究活动的过程，通过回顾合作小组或个体参与探究活动的环节、开展探究活动的途径和形式、参与探究活动的情感态度等，对整个阅读活动进行梳理和小结。

二、宣布活动奖项，激发探究动力（约 2 分钟）

回顾导读课中设置的奖项，发挥学生主人翁角色，把评价主动权交给学生，让学生用心倾听和思考，在分享交流的过程中，积极参与评价。

三、分享探究成果，开展合作交流（约 26 分钟）

该环节以学习小组为单位汇报阅读探究成果。汇报时，教师可以先介绍阅读过程中值得和同学们分享的信息，如小组是怎样合作的，经历了哪些困难或困惑，最后如何解决的等。高年级成果分享的主要形式可以是研究报告、思维导图、手抄报等。教师可以借助思维导图和手抄报复述内容梗概、主要情节、人物特点、写作特点、文章异同等；可以研究报告的形式，汇报探究成果。撰写研究报告是一种很有价值的成果展示形式，研究报告除了能训练学生的书面表达能力外，对促进学生深度学习及高阶思维的发展也很有帮助。因此，教师应多鼓励有能力的学生以此种形式汇报学习成果。在学生分享阅读成果的过程中，教师应对他们的汇报进行适当的点评、启发、点拨，指导学生今后更好地分享。

四、参与学习评价，促进协同发展（约 5 分钟）

各组或个体汇报完毕，教师组织学生根据奖项进行评价，可先由个别学生进行评价，说出哪个小组应该得到哪个奖项，并说明理由，也可小组自荐。该环节要尽量让学生说出给予有关小组某个奖项的理由。在此基础上，教师利用应答器，全班参与评价，得票多者得奖。教师要关注没有获奖人员或小组的想法，适时激励。

五、元认知评价（约 2 分钟）

该环节让学生对参与本次主题拓展活动的情况做自我评价，主要从合作精神、探究过程的态度和能力、课堂参与评价与发表见解的情况进行自我评价。

【注意事项】

（1）围绕单元语文要素、人文要素或挖掘本单元有价值的地方设计探究问题。设计的探究问题要有利于学生深度学习，培养高阶思维。

（2）探究活动应以语文实践活动，如听、说、读、写为主，有意识引导学生利用互联网海量资源搜集有价值的信息。探究活动应有利于学生拓展知识视野，丰富语言经验和提升语言运用能力，促进思维（尤其是高阶思维）的发展。

（3）成果展示形式要能紧扣探究问题，体现探究活动的成果，可以是研究报告、思维导图、手抄报、角色扮演、说话写话、复述、作文、借助绘画进行表达、创编故事、读书笔记、图表、童谣、剧本编写和表演等。成果汇报形式力求用语文的形式汇报。教师要鼓励学生多写研究报告，多对探究的问题进行分析、综合、论证并得出结论。

（4）为激发学生产生持续的探究动力，建议探究活动开始前，教师公布本次主题拓展活动的奖项设置，如最有创意奖、最有价值奖、最佳合作奖、最佳进步奖等。

●中高年级常规习作教学范式

关于习作教学，我们建议教师连续开展两节，共80分钟。第一课时是习作指导，教师指导学生认真审题，明确写什么；第二课时是习作讲评，通过交流互评，教师指导学生明确写作方法。三年级学生是否使用思维导图帮助习作，视本班学生实际接受情况而定。

第一课时：习作指导
（互动探究+自主学习）

本课时的指导内容是教师通过互动探究学习，指导学生认真审题，明确写什么，再让学生自主学习，独立完成习作。

一、互动探究：审清题意，确定内容（约20分钟）

1. 读习作要求，找出关键词。

本环节要求学生学会审题，阅读课文的习作要求，在习作要求中明晰本次习作是关于写什么的，如是记叙文还是应用文，是写人、写事、写景，还是写物。学生要紧扣习作要求，做好审题的工作，确保习作的大方向不会错，不会写跑题。同时，学生要养成先读题目要求，找出关键词，学会审题的良好习作习惯。

2. 头脑风暴，发散思维。

本环节是学生运用思维导图发散思维，明晰习作可选择的题材。学生在习作要求中找出关键词，思考所给的题目。教师引导学生理解本次习作的写作范围：如果是写应用文，则要引导学生明确应用文的格式；如果是写记叙文，如写一件事，要引导学生从事情的范围、地点、数量、性质等方面发散思维，教师把可以写的事件从不同的角度罗列出来，启发学生的思维，再现可供习作的题材；如果是写物的习作，则引导学生从身边最熟悉的事物入手，通过联想和想象，不断丰富学生脑海中的事物；如果是写人的习作，则要根据习作要求，选取合适的人选，找出人物的特点，从人物特点发散思维，通过学生的交流，相互启发，再现可供习作的材料。

3. 确定中心词（关键词），完成思维导图。

头脑风暴后，学生脑海中的信息量很大，可供选择的题材很多，教师引导学生思考，根据习作要求选出学生最感兴趣的、最想表达的、最熟悉的、最具特点的事物来写。

4. 选材，确定（中心）主题。

学生完成简单的思维导图，小组讨论以下内容。

评价标准	"√"或"×"	修改建议
事件是否与中心词匹配		
事例是否引起同伴兴趣		

5. 完善思维导图，完成提纲。

学生选定中心词、选好题材后，进一步完善思维导图，勾画出习作的框架结构。

二、自主学习：学生自主习作（约20分钟）

习作时间共计40分钟，学生在本节课的习作时间为20分钟，下一节课为20分钟。在学生习作过程中，教师巡视，了解学生习作情况。

第二课时：习作讲评
（自主学习+主题拓展）

本课时的内容主要是在学生自主学习完成习作之后，再进行主题拓展环节，通过同桌互评、小组合作、交流互评，让学生明确怎么写。

一、自主学习：学生继续自主习作（20分钟）

学生自主习作时可充分暴露学生在习作时的问题。教师巡视，了解习作情况，收集学生写作过程中出现的共性问题，做到心中有数，以便有针对性地指导、评讲。

二、主题拓展：交流评改，明确怎么写（19分钟）

1. 小组互评。（约3分钟）

学生习作完毕后，每位成员在四人小组中分享自己习作中写得最满意的片段，获得习作成就感。

2. 同桌互改。（约3分钟）

同桌交换看习作，向对方提出修改建议。

3. 自主修改。（约2分钟）

学生根据同桌的意见，结合自己的思考，自主修改习作。

4. 小组分享。（约2分钟）

在四人小组内分享自己修改得最满意的地方。

5. 全班交流点评。（9分钟）

教师以班上一篇优秀习作和一篇中等水平的习作为例，组织全班互评。教师选取的中等水平的习作必须是带有共性问题的习作，选取的优秀作文必须是能为学生解决共性问题并提供指引的习作。

（1）教师先后在幻灯片中出示优秀习作和中等水平的习作，由学生本人自己读。

（2）组织全班交流："你觉得这篇文章写得怎样？""好在哪里？""有没有按本次要求写？""有什么建议？"

（3）在组织全班点评的过程中，教师因势利导，引导学生就突出的共性问题进行交流。

每组织点评完一篇习作，教师做点评，主要围绕共性问题进行有针对性的点评，如"优秀的习作好在哪里""中等水平的习作需要注意哪些地方"。

三、作业布置（1分钟）

结合班上的交流互评，自我反思，修改习作。

●习作策略单元教学范式

习作策略单元教学课时安排

第一课时：精读课文　自主学习（自主学习）
第二课时：精读课文　互动探究（互动探究）
第三课时：精读课文　自主学习（自主学习）
第四课时：精读课文　互动探究（互动探究）
第五课时：交流平台　初试身手（主题拓展）
第六课时：习作例文（互动探究）
第七课时：习作指导（互动探究+自主学习）
第八课时：习作讲评（自主学习+主题拓展）

第一课时：精读课文　自主学习
（自主学习）

一、读文认字（5分钟）

1. 任务要求：请同学们认真读课文，不会的生字可以圈画出来。
2. 方法指导：眼看书，认真听，解决生字词。
3. 任务说明：学生自由朗读课文的过程，老师巡视，并对个别同学给予指导。

二、互教互学（14分钟）

1. 同桌互读：请学生把以下生字和词语读给同桌听，同桌之间互相评价，每读对一个，同桌在课后生字表对应的字上打"√"，同桌纠正后才会读的画圈。

注意：学生把会认字和会写字放在词语中一起呈现，不要单个字呈现，不要只呈现会认字的词语。

呈现的生字词如下所示（要求会认读、会写的生字标拼音）。

yīng	fú	dī	liǔ	zuì	yǒng	zhuāng	sī tāo
黄莺	吹拂	河堤	柳树	醉酒	歌咏	化妆	绿丝绦

jiǎn cái	shī	cūn	tóng	bì lǜ
剪裁	古诗	农村	儿童	碧绿

2. 选择较难认的字：请你用应答器选出较难认读的字。（平台收集）

3. 小组合作学习：小组讨论各自是用什么方法记住这些难认读的生字，比一比谁的方法最好用。

4. 词语积累。（本环节可以选择其中的生字一字组多词，或让学生选择其中的词语造句，或在具体语境中积累多音字组词、叠词、近义词、反义词等）

三、写字有方（10分钟）

中高年级学生已经熟悉利用"四看法"观察字，并已开始养成先观察后书写的习惯，书写姿势习惯已经初步养成。教师按以下环节进行。

1. 教师继续提醒用"四看法"观察字后，书写所有生字。

2. 教师巡视写字情况，留意学生书写中出现的共性问题，找出体现共性问题的书写，在屏幕上展示。

3. 教师组织学生观察和点评所展示的字，有哪些好的地方，有哪些不足之处，有什么需要提醒的地方。（如果点评的学生没有发现明显的问题，教师再做点拨）

4. 全班学生对照有关提示，自我观察或同桌互相点评，在此基础上，再书写。

5. 展示作品，进行评价。

全班评选"最美书写"。教师将作品张贴在班级宣传栏或拍照上传班级家长群，定期为获得"最美书写"或"进步书写"的学生颁奖。

四、初读与质疑（10分钟）

初读。该环节是教师在导入课题后，让学生通读全文，整体把握课文内容，初步感知课文的内容、行文结构或表达特点等。

质疑。该环节是学生初读课文时，教师引导学生关注本单元的导读中提及的语文要素，并围绕语文要素提出主体问题。由于本单元是习作策略单元，所以，教师选择和关注的语文要素应该是与习作有关，把主体问题的设置指向习作方法，突出本单元习作方法的学习和应用。

五、课堂评价（1分钟）

（略）

第二课时：精读课文 互动探究
（互动探究）

一、复习与引入（约5分钟）

和普通单元以字词为主的复习环节有所不同，该环节主要是明确本单元语文要素。本单元指向习作，围绕语文要素，体验习作方法在文中的运用以及方法的总结，因此，课文的理解、主问题的设置都应该为习作服务。

1. 以本单元的"语文要素"为切入点，回顾第一课时内容。

2. 引导学生围绕习作方法在文中的应用，突出要解决、要探究的主问题。

二、品读与探疑（约 20 分钟）

该环节是教师引导学生围绕主问题展开品读和探究。教师应着眼于语文要素中关于习作方法的理解、运用，让学生领悟习作方法在文中的表达，设计有效的语言实践活动。

在进行言语实践活动时，学生要重视对课文语言的品读，在读中理解和感悟，以读促悟，以悟促读。学生在阅读文本时，通过自主圈点勾画批注、小组交流探讨等方法，积累语言经验，学习本单元语文要素中的习作方法的运用和总结。具体步骤如下所示。

1. 教师提出主问题，并提出自主学习的要求。
2. 学生自主学习，圈画语句。
3. 小组交流，合作学习。
4. 小组汇报交流学习的情况。
5. 抓住主要的语句，进行品读、交流。

学生在默读、朗读（形式包括全班读、个别读、小组读、开火车读、接读、师生合作读、比赛读、分角色读等）、浏览等多种阅读形式的交替中，教师引导学生领悟本单元习作方法在文中的表达及应用。

该环节教师应加强对学生习作方法在文中如何应用表达的指导。对习作方法的指导应具有明确的导向性，防止像其他普通单元的精读课文一样，品读词句段。小组合作探究的问题应该是围绕主问题而进行，探究关于习作方法在文中的体现。

三、交流与感悟（约 5 分钟）

教师紧扣单元语文要素（教学重点）中关于习作方法的运用表达，总结习作方法，体会习作方法的应用，以此架设课内向课外延伸的桥梁，体现一课一得。

四、拓展与提升（约 9 分钟）

该环节是课内阅读与课外延伸的有效结合。课内外的结合点一定要紧扣教学重点，紧扣语文要素。教师紧扣"交流与感悟"中的阅读感悟，拓展一篇或多篇课外类文，在阅读的过程中再次理解、领悟语文要素在文章中的运用，学生通过讨论探究，拓展语文要素中其他相应的方法。

五、作业布置（约 1 分钟）

（略）

第五课时：交流平台　初试身手
（主题拓展）

一、复习与梳理（10 分钟）

本环节主要通过回顾课文，以交流平台作为切入点，梳理本单元所学习的语文要素，凸显本单元的习作方法。通过复习本单元最能体现语文要素的文段句子，梳理出本单元的语文要素的体现方法，明确本单元习作所需的方法以及习作方法在文中的应用。

1. 结合交流平台，总结本单元要求学习的语文要素。

学生出示"交流平台"的内容，回顾本单元课文是如何渗透语文要素的；找出本单元最能体现语文要素的段落、句子，体现语文要素的运用。

2. 小组讨论。

小组回顾单元课文中的相关片段，找出能体现本单元语文要素的其他句子、段落，进行比较，感受本单元学习的语文要素。

3. 小组汇报、反馈。

学生汇报本小组找出的能体现语文要素的句子、段落。

4. 教师梳理。

教师根据学生的汇报情况进行归纳、总结、拓展，突出本单元习作的方法以及应用，为学生的习作打下坚实的基础。

二、拓展与提升（10分钟）

本环节教师通过阅读课外类文，找出与本单元相同的习作方法以及运用，拓展本单元习作方法的相关方法，补充本单元习作方法，适当拓展运用，加深学生对本单元习作方法的理解。

1. 类文展示，体会不同之处。

类文作为本单元阅读的拓展与延伸，所选类文应该是既有本单元语文要素的学习要点，也有对本单元语文要素的补充，教师着重引导学生对补充的语文要素进行学习，拓展语文要素，丰富学生有关习作知识或方法。

2. 领悟方法，尝试口头运用。

学生尝试在教师的引导下，运用本单元所学或拓展的语文要素进行口头表达。

三、交流与表达（18分钟）

本环节主要是学生通过学习明确"初试身手"中提到的习作方法，并在"初试身手"这一环节中进行读写练习。

1. 小组结合课前任务单探讨交流，根据所学方法交流"初试身手"中的练习。

2. 学生根据"初试身手"的要求进行"牛刀小试"。

3. 小组交流互评。

4. 全班汇报，学生点评、补充建议。

5. 教师总结。

四、课堂评价（2分钟）

（略）

第六课时：习作例文
（互动探究）

一、情境与导入（2分钟）

本环节主要是通过创设情境导入习作例文的学习，或者通过回顾本单元的语文要素的学习，引出习作例文的学习。

二、品读与探疑（20分钟）

本环节中，教师通过品读与探疑，提炼出例文能体现语文要素的主问题，借助旁批，理解语文要素、习作方法在文中的运用。

1. 教师引导学生学习第一篇习作例文，提出本文的主问题。
2. 教师通过交流互动探究，要求学生找出能体现语文要素的语句。
3. 教师读旁批，引导学生借助旁批了解语文要素在例文中的运用。
4. 教师抓关键词句品读作者如何体现语文要素。
5. 教师用同样的方法学习第二篇例文，第二篇例文挖掘的要点可以是对第一篇例文的语文要素运用方法的补充，也可以是对语文要素运用方法的拓展。
6. 小结方法。

三、交流与表达（12分钟）

本环节通过"初试身手"所写的文段，迁移运用本课所学的语文要素在文中运用的方法，学生根据方法对自己所写的片段进行二次修改，领悟语文要素在习作中的运用。

1. 学生对上一课时"初试身手"的作品进行小组讨论，讨论的内容是"如何运用所学的语文要素把文段写得更好"。
2. 小组汇报。
3. 学生尝试运用刚学的方法对自己在"初试身手"的文段进行修改。
4. 学生展示修改后的作品。

四、拓展与提升（5分钟）

1. 教师总结方法、重点。
2. 教师推荐篇目，拓展阅读，感受方法。

五、课堂评价（1分钟）

（略）

第七课时：习作指导
（互动探究+自主学习）

本课时指导内容是教师通过互动探究学习，指导学生认真审题，明确写什么，再让学生进行自主学习，独立完成习作。

一、互动探究：审清题意，确定内容（约20分钟）

1. 审题：读习作要求，找出关键词。（2分钟）

本环节要求学生学会审题。学生在习作前需要先审题，阅读课文的习作要求，明晰本次习作是关于写什么的，如是记叙文还是应用文？是写人、写事、写景，还是写物？教师紧扣习作要求，引导学生做好审题的工作，确保习作的大方向不会错，不会写跑题，同时，培养学生先读题目要求，找出关键词，学会审题的良好习作习惯。

2. 选材：头脑风暴，发散思维。（5分钟）

本环节是教师运用思维导图发散学生的思维，明晰习作可选择的题材。学生在习作要求中找出关键词，思考所给的题目。教师引导学生理解本次习作的写作范围：如果是写应用文，则要引导学生明确应用文的格式；如果是写记叙文，如写一件事，要引导学生从事情的范围、地点、数量、性质等方面发散思维，在脑海中挖掘相关事件，教师把可以写的事件从不同的角度罗列出来，启发学生的思维；如果是写物的习作，则引导学生从身边最熟悉的事物入手，通过联想和想象，不断丰富学生脑海中的事物；如果是写人的习作，则要根据习作要求，选取合适的人选，找出人物的特点，从人物特点发散思维。

3. 确定中心词：选好关键词，完成思维导图。（6分钟）

头脑风暴后，学生脑海中的信息量很大，教师引导学生思考，根据习作要求选择学生最感兴趣的、最想表达的、最熟悉的、最具特点的事物来写。

小组讨论，明确选材与（中心）主题的关系。

评价标准	"√"或"×"	修改建议
事件是否与中心词匹配		
事例是否引起同伴兴趣		

4. 选用方法：回顾本单元习作方法，指导学生学以致用。（3分钟）
5. 搭建框架：完善思维导图，完成提纲。（4分钟）

学生选定中心词、选好题材、确定习作所选用的方法后，完善思维导图，勾画出习作的框架结构。（提纲可在思维导图的基础上完善）

二、自主学习：学生自主习作（约20分钟）

习作时间共计40分钟。本节课的习作时间是20分钟，下一节课是20分钟。学生习作过程中，教师巡视，了解学生习作情况。

第八课时：习作讲评
（自主学习+主题拓展）

本课时主要是在学生自主学习完成习作之后，再进行主题拓展环节，通过同桌互评、小组合作、交流互评，让学生明确怎么写。

一、自主学习：学生继续自主习作（20分钟）

学生自主习作，充分暴露问题。教师巡视，了解习作情况，收集学生写作过程中出现的共性问题，做到心中有数，以便有针对性地指导、评讲。

二、主题拓展：交流评改，明确怎么写（19分钟）

1. 小组互评。(约3分钟)

学生习作完毕后，每位成员在四人小组中分享自己习作中写得最满意的片段，获得习作成就感。

2. 同桌互改。(约3分钟)

同桌交换看习作，向对方提出修改建议。

3. 自主修改。(约2分钟)

学生根据同桌的修改意见，自主修改习作。

4. 小组分享。(约2分钟)

在四人小组内分享自己修改得最满意的地方。

5. 全班交流点评。(9分钟)

教师以班上一篇优秀习作和一篇中等水平的习作为例，组织全班互评。选取的中等水平的习作必须是带有共性问题的习作，选取的优秀作文必须是能为学生解决共性问题并提供指引的习作。

（1）教师先后在幻灯片中出示优秀习作和中等水平的习作，由学生本人自己读。

（2）组织全班交流："你觉得这篇文章写得怎样？""好在哪里？""有没有按本次要求写？""有什么建议？"

（3）在组织全班点评的过程中，教师因势利导，引导学生就突出的共性问题进行交流。

每组织点评完一篇习作，教师做点评，主要围绕共性问题进行有针对性的点评，如"优秀的习作好在哪里""中等水平的习作需要注意哪些地方"。

三、作业布置（1分钟）

结合班上的交流互评，学生自我反思，修改习作。

附录二 "爱种子"辅助性教学范式（部分）

●识字课常用评价语

教育心理学研究表明：正确的、公平合理的课堂教学评价，可以调动教师课堂教学的积极性，激起学生进行学习的内部动因，维持教学过程中学生适度的紧张状态，可以使教师和学生把注意力集中在教学任务的某些重要部分。在识字、写字课里，教师的即时性评价语能够指引学生重视识字方法、方式的运用，根据教师评价语的提示，明白写字要注意的笔画、构字、书写态度、书写动作要领等多方面的要求。合适、恰当而又具有影响力的评价语可以使学生在课堂上更乐学、更愿学。

1. 后鼻音读得真准，能当小老师了，请你带领大家读一遍，好吗？
2. 你的记字方法很奇妙。
3. 你观察得很仔细，不但发现"趣"字是半包围结构，还提醒我们写"走"字旁时一捺要写得长一些。
4. 你能知道这是个形声字真是太了不起了！
5. 这位同学写字时腰挺得多直啊，而且写字时的"三个一"他都做到了，大家要向他学习。
6. 别把你课外识字的聪明才智藏起来！
7. 你的识字能力真让我惊讶！
8. 你的识字方法多样，真厉害！
9. 别泄气，识字的机会还在等着你。
10. 你的字如果能写大一点就更漂亮了。
11. 再试一次，一定会比刚才读得更好！
12. 这也是很好的识字方法，你很会学习。
13. 你敢于向难写的字挑战，我要向你学习。
14. 只要你认真细心，再难写的字也难不倒你！
15. 错别字小老鼠跑出来了，谁能消灭它呀？
16. 瞧瞧，谁是火眼金睛，最快发现最多的形声字？
17. 你的耳朵非常灵敏，听准了老师的发音。
18. 你真会观察汉字，是个爱识字的孩子。
19. 你是用加一加的方法来记字的，好方法。

20. 你写的字很秀气，再认真点写，会更出色。
21. 难写的字最怕态度认真的人，你就非常认真。
22. 他非常细心，注意到这个字的笔画变化。
23. 听着同学们的拼读，真是一种美的享受。
24. 这几位小朋友发音很标准。请大家跟读一遍。
25. 你认识的字真多，真是名副其实的识字大王！
26. 小朋友真好学，老师还没教，就已经会读了。
27. 你想知道这个字可以组什么词，是吗？你是个爱动脑、会提问的好孩子，掌声送给你。
28. 猜一猜，想一想，写一写，识字之门就被你打开了。
29. 同学们，让我们一起帮助他，让他把这个字读准吧！
30. 同学们，真了不起，用了熟字加笔画的方法，真聪明！
31. 你们认识那么多字，这么棒呀！这么了不起！我真为你们感到骄傲！
32. 才思敏锐，洞察力强，能迅速发现这个汉字的书写要领。
33. 你能积极举手，勇气可嘉！字宝宝可想和你交朋友呢！
34. 同学们养成了良好的学习习惯，作业本很干净，书写也端正。
35. 对，你看出了这个字的结构，你是一个"火眼金睛"的孩子。
36. 你找出的形声字可真多！可见你非常注意在生活当中积累识字。
37. 只要你努力，我想你识记生字的能力一定会有所提高的。
38. 这次你的听写成绩有很大的进步，老师为你的进步感到高兴。
39. 你又想出了新方法，真会动脑筋，能不能给大家讲一讲？
40. 这么好的识字方法，为什么不大声地、自信地讲出来呢？
41. 思维的网线连接你我他，让彼此的思维火花在学习生字中碰撞。
42. 你真聪明！想出用这么妙的方法记字，真是个爱动脑筋的同学！
43. 你们都是细心的孩子，已经学会了很多我们没有学过的生字。
44. 恭喜你们，答对了！真聪明。看来平时你们对识字很有研究。
45. 你太了不起了，小小年纪，铅笔字就写得这么工整。
46. 多精彩的汇报啊！你们不仅有自己独特的识字方法，还互相补充完善交流，值得小朋友们学习。
47. 你真有毅力！虽然几次读错，但这次终于纠正了读音。
48. 你能用不同的方法识记新字，能把学到的知识应用到实际中去，真了不起！
49. 你会用联想的方法识记汉字，思维真活跃。你是名副其实的识字能手。
50. 汉字的世界真神奇，变笔画、换部首都能变出不同的字。孩子们，还想继续走近汉字的世界一起去发现、去探索吗？

●阅读课常用评价语

　　教师课堂评价语言，是教师教学机智、口语技巧、教育智慧的全面展示，是教师文化底蕴、人格魅力、爱生情怀的真实体现。精彩的课堂评价语言是一门能让学生积极主动地参与课堂教学活动的艺术。独立意识尚未形成的小学生非常看重教师的评价，所以在课堂中教师的评价语言会直接影响到小学生对知识技能的掌握及思想感情的发展。许多名师的课堂教学，都有一种内隐的"魔力"——让学生积极主动地参与课堂教学活动。形成这种魔力的重要原因之一，就是教师精彩的课堂评价语言。在语文的阅读课中，如何培养学生的阅读、朗读兴趣，指导学生读出感情，体会文章的思想感情呢？恰当、有力的即时性评价语起着关键的作用。

1. 我真喜欢你努力钻研的精神。
2. 老师向你学习，你的宝典真多！
3. 你会读又会评，真是全能的孩子。
4. 你的办法真好，考虑得真全面！
5. 老师很欣赏你实事求是的态度！
6. 你可以尝试从多角度去考虑问题吗？
7. 回答错了没关系，我会帮助你的！
8. 你的眼睛真雪亮，发现这么多问题！
9. 你在学习上的这种尝试精神很可贵。
10. 果然不出所料，你比老师读得还好呢！
11. 会提问的孩子，就是聪明的孩子！
12. 你的想法很独特，老师都佩服你！
13. 你有自己个人的想法，真了不起！
14. 你很会思考，真像一个小科学家！
15. 你连这些都知道，真不愧是班级小博士！
16. 你的回答特别清楚，让大家一听就懂！
17. 你读得真好！准确、流利，还很有感情！
18. 你读得不错，再来一遍会更好的！
19. 你的发言给了我们很大启示，谢谢你！
20. 同学们读得真美，很有味道，很有诗意。
21. 你读得比以前好多了，要保持下去。
22. 你能提出这么有价值的问题来，真了不起！
23. 你的这种探索学习方式很值得我们学习。

24. 你的发言给了我很大的启发，真谢谢你！
25. 你真爱动脑筋，老师就喜欢你思考的样子！
26. 多么好的想法啊，你真是一个会想的孩子！
27. 你真聪明，用学过的知识解决了今天的难题。
28. 这个问题很有价值，我们可以共同研究一下！
29. 这个自然段挺难读的，你却出错很少，真不简单！
30. 你提的问题很有思考价值，我们共同研究一下。
31. 你的思维很活跃，你能具体说说自己的想法吗？
32. 你的回答一针见血！很善于捕捉关键性的问题。
33. 让我们一起来欣赏这位同学富有感情的朗读吧！
34. 你发现了这么重要的方法，老师为你感到骄傲！
35. 如果在诵读时不紧张，你的诵读将是非常精彩的。
36. 啊！你的课外知识真丰富，都可以成为同学们的老师了！
37. 你的见解独到，观点新颖，这些都让大家受益匪浅。
38. 你们的问题很有价值，看来你读书时是用心思考的。
39. 你知道的真多！知识真丰富！我们大家要向你学习！
40. 你听得最认真，第一个举起了小手，请你回答！
41. 你敢于向老师提出个人见解，非常了不起！
42. 我想他一定在思考，我们再给他一点时间，好吗？
43. 这么好的想法，为什么不大声地、自信地表达出来呢？
44. 没关系，大声地把自己的想法说出来，我知道你能行！
45. 你的回答正确，而且遣词造句简洁，真是一字千金啊！
46. 你的语言组织得这么好，可见你的语言表达能力非常强。
47. 你那富有感染力的朗读，把我们带进了一个美妙的世界！
48. 你又想出新方法了，真会动脑筋，能不能讲给大家听一听？
49. 你真聪明！想出了这么妙的方法，真是个爱动脑筋的小朋友！
50. 你能想出这么好的办法，真不简单。老师看到了你的进步。

●习作课常用评价语

习作评价是习作教学的重要环节，是对学生阶段性学习成果的一种认定，是习作指导的继续和深化，同时也是教师作文教学成效的归纳，是连接教师、学生的纽带和中介，是语文习作能力研究的重头戏。作为课程的具体落实者——小学语文教师，我们应充分发挥习作评价的功能，对学生的习作，做出实事求是而又充满智慧的评价,指出学生的进步和存在的问题,更重要的是充分激发学生的写作欲望,为学生的不断进步做出不懈的努力。

1. 写景状物,入木三分。
2. 层次井然,结构严谨。
3. 简洁流畅,意义深长。
4. 内容曲折,耐人寻味。
5. 叙述紧凑,扣人心弦。
6. 布局得当,描写逼真。
7. 文情并茂,感人肺腑。
8. 遣词造句,行云流水。
9. 文从字顺,言简意赅。
10. 取材丰富,文字生动。
11. 句句有力,字字精辟。
12. 你的构思很好,希望写得更好。
13. 你的写作目标很明确,就按照你的想法,选择素材着手写作吧!
14. 这是很不寻常的见解,可以展开写。
15. 题目很有意思,让人忍不住想看下去。
16. 你的错别字越来越少了,语句通顺,进步很大。
17. 你的选材真有意思,看来你的准备很充分。
18. 你起的题目太奇特了,老师很喜欢。
19. 你的习作有不少的进步,要继续加油啊!
20. 能恰到好处地模仿课文句式,学以致用,这也是创新的开端。
21. 全文选材新颖,结构巧妙,看得出你真费了一番心思。
22. 流畅生动的语句,好似庐山瀑布,飞流直下,通顺极了!
23. 精心的构思、深邃的思索显示出你在写作天地中正在不断成长。
24. 用自己的笔写自己心里的话,这一点很重要,给人一种真诚的感受。
25. "有纳才能吐",有积累才能够表达。你作文中的词语是丰富的,看得出你在课外有较大的阅读量。
26. 你的习作写得非常有韵味,句子表达流畅、清晰。
27. 大家都佩服你,因为你的习作处处与众不同,写得那么出色,老师为你感到骄傲。
28. 看了你的游览作文,让人仿佛身临其境。
29. 你越来越棒了!你的作文真使我大开眼界。
30. 你的眼睛真亮,发现了生活中的细节,这些细节都可以成为我们写作的素材。

31. 你的想象真丰富，而且用了比喻、拟人的写法，多好呀！
32. 你的习作层次分明，语句生动，情节自然。
33. 写文章的目的是与别人交流，将自己的感情和思想用文字表达出来，让别人了解。
34. 你从生活中找写作材料的本领很大，即使一件不起眼的小事，你也能留心观察，作为原始材料积累起来，选的写作材料总是那么新鲜、独到。
35. 你把人物的神态描写得很生动，让听者能清晰地了解文章中的人物，好样的。
36. 作家总不忘在记录生活点滴之后整理好资料。看，这一小组就做到了，而且做得很好！
37. 你的文字是美好的，你笔下的语言是美丽的，让我们感受到很恬静的画面，我们为你鼓掌。
38. 你阅读广泛，积累了大量的词句，因而在描写人物的动作、神情时，能用贴切的词形象地表达出来。
39. 关键词语拿捏准确，还适时运用成语、名言，使文章更具感染力，老师佩服你。
40. 你是生活的有心人，爱观察周围的事物；你又是个小书迷，注重积累好词佳句。
41. 你平时一定有大量的课外阅读，才会有现在这么优美的文笔和独到的见解。
42. 你的细致观察，加上不断练习、广泛阅读，才能写出这么真实生动的文章。
43. 你的想象力是那么奇特、大胆、丰富，绘声绘色的描述，让人觉得新鲜、有趣。
44. 你的习作对人物刻画入微，栩栩如生。
45. 老师为你骄傲，希望你不断努力，用你的笔描绘出多彩的生活，多彩的世界！
46. 你太了不起了！读着你写的作文，细细品味其中的好词佳句，老师简直不敢相信竟是小小年纪的你写出来的。
47. 你写的校园一角真美。你是个会观察、会生活的人，老师、同学都很欣赏你！
48. 书写如此工整，表达如此流畅，感受如此深刻，你的写作态度与语言基本功告诉老师：你是一位很有天赋的小作家。
49. 今天老师在欣赏你的佳作时，好紧张、好激动，仿佛置身在那激烈的赛场上。
50. 老师从这一段日记中，看出你是个细心的学生，能够细心捕捉到日常生活中的每一件小事,并能用平实的语言表达出你内心的感受。这段日记篇幅短小精悍,语言平实,能引起心灵的共鸣。

●口语交际课常用评价语

苏联教育家苏霍姆林斯基认为:人的内心深处都有一种根深蒂固的需要,那就是渴望被人赏识。儿童的这种需要更为强烈。人人都想得到别人的赏识,人人都需要他人的鼓励。课标也指出:"对学生的日常表现,应以鼓励、表扬等积极的评价为主,采取激励性的评价,尽量从正确方面加以引导。"因此,教师充满激励的评价语言能让学生不断获得前进的动力,在自信中走向成功。亲切明朗、热情洋溢的话语,学生听后怎么会不被感染?怎么会不努力?怎么会不上进呢?在口语交际课中,学生通常都表现得拘谨,缺乏表达自己的兴趣和自信。这时,赏识性的评价语对学生能起很大的鼓励作用。同时,教师针对口语交际课的特点,通过评价语教授学生说话的技巧、态度、方式等,这样的课堂怎能让孩子们不喜爱?怎能不提高孩子们的说话能力呢?

1. 同学们真会想办法。
2. 你听得真仔细呀!
3. 你说的话真让人佩服。
4. 你说话的技巧有很大进步!
5. 同学们说得可真热闹。
6. 你们的语言是智慧的火花。
7. 别急,再想想,你一定可以说好!
8. 你表达得这么清晰流畅,真棒!
9. 让我们为他们精彩的辩论鼓掌。
10. 你不但会想象,还善于描绘,很好。
11. 你描述得很美,比老师描述的句子生动多了。
12. 你说话的时候表现得很有礼貌,很有风度。
13. 同学们,我为你们飞扬的想象力喝彩。
14. 从你的话里我们深深地感受到了你对同学的真诚。
15. 努力争取,相信自己,你会说得很好的。
16. 今天,你的表达又有了进步,真为你高兴。
17. 他说话很亲切又有礼貌,值得大家学习。
18. 大家在小组里都能畅所欲言,做得真好。
19. 你说得不错,再来一遍好吗?

20. 你说得很流利，动作和表情也很准确，确实很棒。
21. 同学们说得真好，看问题看得比老师还准。
22. 你真棒！不仅能把话说清楚，还说得很具体。
23. 你评得真好，看来你是认真听了，用心思考了。
24. 你很有创见，这非常可贵，请再响亮地说一遍！
25. 老师发现你不仅听得仔细，还能具体细致地说出来！
26. 他听得可认真了，会听的孩子是会学习的孩子！
27. 你瞧，通过努力，你成功地展现了自己的口才。
28. 这个话题选得好，贴近生活，引起了大家的共鸣。
29. 这两个同学观察得很认真，相信他们也能表达得很好。
30. 这里说得真奇妙！用丰富的语言表现出了事物的特点。
31. 他的声音很响亮，如果能把话说完整，那就更好了。
32. 说得好！你能结合自己听后的感受和生活实际来说。
33. 如果能组织好语言，你会表达得更有条理、更有说服力！
34. 不用着急，慢慢地说，大家相信你一定可以讲清楚的。
35. 在语言表达方面，简洁是一种美，具体生动也是一种美！
36. 谢谢各位同学的评价，我也觉得这两位同学的对话很出色！
37. 你讲得很有条理。如果你能把语速放慢一点，其他同学就能听得更清楚了。
38. 你是个富有创造力的孩子，如果能多练习用语言表达，你将会是个出色的孩子。
39. 你说得真精彩，让我们都感受到人物的活泼可爱！
40. 你敢于反驳他人的观点，并发表自己的意见，值得大家学习。
41. 你倾听得真仔细，耳朵真灵，这么细微的地方你都注意到了！
42. 真是个好孩子，学会了宽容，接受别人道歉时也很有礼貌。
43. 刚才这两位同学一问一答，态度大方又有礼貌，合作得多好呀！
44. 你的表达能力进步得真快，没想到你这么聪明！相信你能说得更好！
45. 大家注意到了吗，他不但说得认真，听得也认真，这可是尊重他人的表现呀！
46. 很好，你提醒我们劝说要注意礼貌，的确，以礼待人是我们和别人交往的敲门砖。
47. 你的脑筋转得可真快。你要是能再说得清楚具体些，那该多好啊！再试一次好吗？
48. 你的自信心强，这是你最大的优点，但也要学会与其他人沟通、合作。
49. 倾听是分享成功的好方法，看这位同学正在分享着大家的快乐，我相信他已经有了很多收获！

50. 是啊，同样的意思有多种表达方式。刚才，同学们说得真精彩。看来，哪一种表达方式最合适，要根据当时的实际情况而定。以后如果同学们遇到类似的情况，可以开动脑筋想办法，然后灵活运用各种表达方式来表达自己的想法和意见。

●综合性学习课常用评价语

课标在评价建议中明确指出，综合性学习的评价应着重考察学生的探究精神和创新意识。我们要尊重和保护学生学习的自主性和积极性，鼓励学生从不同的方面，进行多样化的探究。综合性学习的评价着眼点主要是：学生在活动中的合作态度和参与程度，包括学生能否在活动中主动地发现问题和探索问题，能否积极地为解决问题去搜集信息和整理资料，能否根据现有的课内外资料形成自己的假设或观点，语文知识和能力综合运用的表现，学习成果的展示与交流。教师要在课堂上运用有针对性的评价语，对学生学习成果做出恰当的评价。

1. 你讲得很有道理，如果你能把语速放慢一点，其他同学就能听得更清楚了！
2. 要学会欣赏别人，对于同学的回答，我们该怎么表达？
3. 你的记录很有特色，可以获得"牛津奖"！
4. 你的汇报完整、精彩，是我们学习的榜样！
5. 谁愿意为大家做个示范，展示一下自己的本领？
6. 你真的很理解他人，而且能和同学合作得非常好！
7. 科学家总不忘在研究后整理好材料。看，这一组就做到了，而且做得很好！
8. 你是一个很负责的小组长，每一次收集资料后你都能把资料整理得很好！
9. 你汇报时的表现很出色，老师特别欣赏你！
10. 我们今天的讨论很热烈，参与的人数也多，说得很好，我为你们感到骄傲！
11. 你完成得非常好，如果能帮助你的同桌，那就更好啦！
12. 你是一个很优秀的记录员，不仅把观察到的内容都详细地记录了下来，而且还写得非常端正、清晰！
13. 你研究的课题很有价值，请继续研究！
14. 这是你们合作成功的果实，老师为这份成果而欢喜，更为你们积极参与的精神而叫好！
15. 你真有毅力，能坚持研究这么久！
16. 研究碰到困难时，别退缩，相信自己，一定能行！
17. 你搜集的资料可真全面，自主学习的能力很强，课下把你的学习方法介绍给同学们，好吗？

18. 我从你的资料中看出来，你的心中一定有与其他同学不一样的看法，请你勇敢地站起来向大家汇报你们小组的学习心得。

19. 你们都是生活的有心人，通过这次的综合性学习，发现了当中如此全面的问题。

20. 心动不如行动，让我们继续研究吧。

21. 第一组组长按照题目的难易程度，给本组同学分了工，而且组织本组同学模拟训练，很有工作方法。

22. 第二组同学的合作意识很好，学习好的同学充分利用时间帮助本组学习有困难的同学，大家就能共同进步。

23. 第三组同学讨论得非常深入。他们善于动脑思考，不轻易相信别人的观点，大胆发表不同见解，通过辩论，对问题理解更深刻。

24. 你不但在课外阅读中得到了乐趣，而且获得了那么丰富的知识。你能边读书边思考，真是个会学习的孩子，值得大家学习。

25. 你们的小组很团结，你们完成的作品质量好，有创新意识，希望你们积极向上，努力进取。

26. 这组讨论的气氛真热烈，每个同学都参与了发言。

27. 这个小组的同学齐心协力，第一个把问题解决了，我们祝贺他们。

28. 发挥一下团队精神，再试试，别怕。

29. 你们的表演很成功，这是你们合作成功的果实，老师为这份成果而喜悦，更为你们的积极参与叫好。

30. 你们这一组同学说得非常具体，把作者对父亲说的话理解得很透彻。真佩服你们这一小组的学习能力呀！

31. 你的课外知识真丰富，说得多具体呀！都可以当我的老师了！

32. 这是你们合作成功的果实，老师为这份成果而欢喜，更为你们积极参与的精神而叫好！

33. 集体的力量真大，把这个问题的方方面面都想到了，真羡慕你们的小集体。集体的智慧不可低估，只要你肯投入进去，你就会有所收获。

34. 你们分工很明确，但能不能合作得更好些？

35. 小组合作时，你听得认真，看得仔细，能否也发表一些见解呢？

36. 你们小组分工具体恰当，如果能把各个想法有序地组织起来，就更妙了。

37. 组员之间要分工合作，这样才能发挥小组的优势呀！

38. 如果你们能分工明确，那合作得会更顺利。

39. 合作为什么不成功，能好好反思一下吗？

40. 能接纳别人见解的小组，才是最有合作精神的小组。

41. 多精彩的汇报啊！你们不仅有自己独特的想法，还能互相补充完善，值得小朋友学习。

参考文献

[1] 陈健. 利用网络资源让学生快乐学语文的探索［J］. 广西教育，2014（7）.

[2] 高梅梅. 教师如何锤炼自己的教学语言［J］. 考试周刊，2015（A1）.

[3] 韩春天. 课堂及时评价在小学语文教学中的应用研究［J］. 祖国，2017（23）.

[4] 黄大龙. 生态课堂：教育的又一种追求［J］. 人民教育，2008（6）.

[5] 林君芬. "爱种子"模式广东省互联网+义务教育教学改革行动［R］. 清远：清城区"爱种子"课堂教学模式培训会，2018.

[6] 罗爱珍. 拓宽学习空间，落实语文核心素养［R］. 清远：清城区小学语文"爱种子"教学资源使用培训会，2020.

[7] 谭可治. 数字化学习资源在语文教学中的应用［J］. 计算机光盘软件与应用，2013（15）.

[8] 叶惠文. "爱种子"课堂教学模式创建思想［R］. 清远：广东省"爱种子"教学模式清城区实验区数据指导教学专题研讨活动，2019.

[9] 叶惠文. 基于数据可视化的教学策略与方法［R］. 清远：广东省"爱种子"教学模式清城区实验区数据指导教学专题研讨活动，2021.

[10] 叶惠文. 认识"爱种子"，深化课堂革命行动［R］. 清远：清城区"爱种子"教学实验第二阶段推进会，2019.

[11] 赵国庆. 别说你懂思维导图［M］. 北京：人民邮电出版社，2015.

[12] 中华人民共和国教育部. 义务教育语文课程标准：2011版［S］. 北京：北京师范大学出版社，2011.

[13] 中华人民共和国教育部. 义务教育语文课程标准［S］. 北京：北京师范大学出版社，2012.

[14] 中华人民共和国教育部. 中小学幼儿园教师培训课程指导标准：义务教育语文学科教学［S］. 北京：高等教育出版社，2018.

[15] 邹建成. "爱种子"语文教学模式广东省互联网+义务教育教学改革行动［R］. 清远：清城区"爱种子"课堂教学模式培训活动，2019.

后　记

　　一直以来，笔者心中常被一个问题困扰着。《义务教育语文课程标准》已经出台了20多年，语文课堂生态却没有多大改观，"穿新鞋走老路"的现象依然普遍。除了一些经过精心打磨的公开课，真正常态化践行新课标倡导的自主、合作、探究的学习方式这一理念的教师为数不多，"满堂灌"的教学方式仍然大行其道。虽然教研活动搞了不少，以学生为主体的理念也为教师所熟知，在教学行为上，教师却依然被陈旧的教学思维和观念所束缚。如何让区域教师整体上把以学生的学习为中心、教为学服务的思想真正落到实处，成为一种教学习惯，这是笔者一直思考的问题，虽苦苦探寻，但问题的解决之道却不得其解，因而常常产生一种无力感。

　　所幸的是，"爱种子"项目落户了清城区。飞来峡试验区课堂生态的喜人变化让笔者坚信，"爱种子"模式是解决以上问题的"钥匙"。于是，三年来，我和导师团成员、实验教师，一路风雨兼程，一路披荆斩棘，在飞来峡这片有点贫瘠却又充满希望的土地上精耕细作，乐此不疲。在那里，有我们失落后不懈的坚守；在那里，有我们成功后的尽情欢笑；也是在那里，"爱种子"终将根深叶茂，成为参天大树。

　　一路走来，与广东省基础教育与信息化研究院（以下简称"基信院"）的项目组人员因"爱种子"而结缘。胡钦太院长，叶惠文、林君芬副院长等一批"爱种子"项目的牵头人，为促进我省基础教育公平和高质量发展，倾注了大量心血。他们的学识、素养和敬业精神让我深深感动。感谢胡钦太院长百忙之中依然抽空为本书作序；感谢叶惠文教授对我们耐心细致的指导和帮助；感谢林君芬副院长和名师团队，在实验遇到困难时，及时予以解决。感谢基信院给予了我们自由而广阔的改革空间！

　　本书得以出版，是上下一心、共同努力的结果。当中，离不开清城区教育局领导的大力支持，离不开区教研部门杨寿固主任的专业指导和鼓励，离不开编写团队的不怕艰辛和精诚协作。感谢他们！书中的每个章节，都是几易其稿，有的甚至推倒重来。我们希望尽最大努力与读者们分享我们的教改实践经验，让读者有所收获，共同为我省基础教育更美好的明天而奋斗！

罗爱珍
2021年5月16日